Marolleau · Die Zukunftsgesellschaft

Jean Marolleau

Die Zukunftsgesellschaft

Econ Verlag · Düsseldorf · Wien

Aus dem Französischen übersetzt von P. Kamnitzer
Titel der im Verlag MAME, Tours/Paris erschienenen
Originalausgabe:
LA CITÈ PROSPECTIVE

1. Auflage 1971

Gesamtherstellung: Butzon & Bercker, Kevelaer
Printed in Germany
ISBN 3 430 16330 7

Inhalt

Einleitung

Seit beinahe einer Million Jahren leben Menschen auf der Erde, aber alle Erfindungen und Entdeckungen wurden in den letzten zehn Jahrtausenden gemacht.

Vergessen wir nicht, daß erst vor etwa achttausend Jahren Metall bearbeitet wurde. Vor dieser Zeit leuchteten über der ewigen Nacht der Menschheit einige vage Feuer, an denen sich unsere Ahnen wärmten und ihre Nahrung zubereiteten.

Vergessen wir nicht, daß vor den Anfängen der Wissenschaft und der Technik bis zum Ende des 19. Jahrhunderts ungeheure Fortschritte erzielt wurden, daß sie sich aber bei weitem nicht mit denen unseres Jahrhunderts vergleichen lassen.

Der bekannte Physiker Oppenheimer veranschaulichte diese Tatsache, indem er sagte, daß die Hälfte aller Physiker, die jemals diese Erde bevölkert haben, heute noch lebt! Diese Behauptung ist keineswegs aus der Luft gegriffen; der unglaubliche Aufschwung der zeitgenössischen Wissenschaft ließe die kühnsten Geister des vergangenen Jahrhunderts sprachlos!

Dabei handelt es sich nicht um eine plötzliche Beschleunigung des Fortschritts, wie man manchmal vorgegeben hat, sondern um einen »Sprung nach vorn«, um eine phantastische Mutation, die zum guten Teil auf den Anbruch des Atomzeitalters zurückzuführen ist.

Man könnte meinen, der Mensch habe nach jahrhundertelangem Suchen und Tasten endlich den ersten Zugang zu einem behüteten und geheimnisvollen Bereich entdeckt, ohne jedoch auf ein Schild zu achten, auf das eine weise Hand mit Feuerzeichen das Wort »Gefahr« geschrieben hat.

Ein jeder von uns gibt sich mehr oder weniger Rechenschaft darüber, daß die neuesten Errungenschaften der Wissenschaft in sich Gefahren bergen: Man denkt gewöhnlich zuerst an die unheimliche Zerstörungskraft der nuklearen Waffen.

Wir fühlen alle, daß irgend etwas an der Menschheit krank ist, aber wir fürchten beinahe ausschließlich die akute Krise und vergessen leider nur allzu oft die pathologischen Symptome, die uns auf Schritt und Tritt begegnen: den Wettlauf zur Überproduktion, die Konjunkturüberhitzung, die Rückständigkeit der Dritten Welt, usw., die die eigentlichen, immerwährenden Gefahren für den Menschen unserer Zeit darstellen.

Um die tückischen, wuchernden Krankheiten der modernen Welt zu heilen, brauchen wir Ärzte, keine Kurpfuscher. Jede Krankheit führt nicht unbedingt zum Tode, aber die heutige Lage erheischt eine genaue Diagnose und eine wirksame Therapie. Ein Buch wie der »Défi Américain«* mußte geschrieben werden, sei es auch nur, um an Hand von Dokumenten und Tatsachen zu zeigen, daß der Graben zwischen der amerikanischen und europäischen Wirtschaft aufgrund einer unterschiedlichen Auffassung vom wirtschaftspolitischen Denken und Handeln immer größer wird.

Die öffentliche Meinung mußte von der Existenz dieses Grabens unterrichtet werden, dessen Auswirkungen zunächst wirtschaftlicher Art sind; wenn die Entwicklung jedoch in diesem Sinne weiterschreitet, könnte sie zu einem Bruch in der westlichen Welt führen.

Die wirkliche »Herausforderung« liegt jedoch, so scheint es uns, auf einer völlig anderen Ebene. Diese »Herausforderung« kommt auch nicht von Amerika, sondern ist eine weltweite Erscheinung: Was heute in Frage gestellt wird, ist der gesunde Menschenverstand, die menschliche Logik, das menschliche Dasein überhaupt.

* »Die Amerikanische Herausforderung« von Jean-Jacques Servan-Schreiber, Hamburg 1969.

Wir leben zweifelsohne in einer aufregenden, emotionsreichen Zeit. Die explosive Entwicklung der modernen Wissenschaft läßt großartige Errungenschaften voraussehen, und der alte Traum der Menschheit scheint näherzurücken: ihr Vorstoß ins All. Die verschiedenen kosmologischen Theorien stimmen alle insoweit überein, als sie unserer Milchstraße ein Alter von wenigstens zehn Milliarden Jahren geben. Man hat andrerseits berechnet, daß unsere Sonne, die pro Sekunde 600 Millionen Tonnen Wasserstoff »verheizt«, noch Brennstoffreserven für mehrere Milliarden Jahre besitzt.
Mit anderen Worten: Falls nicht eine unerwartete Katastrophe eintritt, hat unser Sonnensystem noch eine schöne Zukunft vor sich. Es ist denkbar, daß sich in der Zwischenzeit die Lebensbedingungen auf unserem Wandelstern ändern (Temperatur, Lichtverhältnisse), aber kein Fachmann glaubt, daß das Leben als solches auf Erden durch irgendwelche (kosmischen) Ereignisse vor mehreren Millionen Jahrhunderten gefährdet werden könnte.
Wir können also mit Nachdruck feststellen, daß die große »Weltuntergangsangst« vom Jahre Tausend ein purer Irrsinn, eine Kollektivhysterie war. Sind wir absolut sicher, daß der gleiche Wahn die Menschheit nicht im Jahre 2000 erfassen wird?
Das Abenteuer der Menschheit hat in unseren modernen Zeiten etwas Diabolisches! Man braucht sich nicht zu einer mechanistischen Weltanschauung zu bekennen, um die Auffassung zu vertreten, daß der Mensch und seine Umwelt sich noch in einem frühen Stadium ihrer Entwicklung befinden. Die Biologen wollen wissen, daß die Natur einer sehr viel größeren »Zerebralisation« des »Homo sapiens« zusteuert, daß das menschliche Hirn über eine Unzahl von »freien«, heute noch unbenutzten Neuronen verfügt und daß sich die bestehenden Neuronen außerdem vervielfältigen könnten. So muß man logischerweise annehmen, daß

der Mensch aus dem Jahre 1 000 000 über größere und vor allem umfassendere geistige Kräfte als der heutige verfügt, ohne daß er deshalb von einer übertriebenen Brachyzephalisation befallen sein müßte.

Alles scheint also darauf hinzudeuten, daß sich die Entwicklung fortsetzt, welches auch immer ihr Tempo sein mag. Und dennoch leben viele mit einem Gefühl der Angst, niemand kann mit Sicherheit voraussagen, daß die Menschheit das Jahr 2000 erleben wird.

Die Gefahr ist überall, im Osten, im Westen, in uns selbst; der unversöhnliche Feind, der uns nachstellt, ist überall zugleich, er ist weder amerikanisch, noch chinesisch, russisch oder japanisch. Unser eigentlicher Feind ist der *Mißbrauch der Wissenschaft*; um uns gegen ihn zu wappnen, müssen wir auf allen Fronten rüsten. Unsere Waffen sind Sport und Kultur, unsere Logistik Erziehung und Freizeit.

Dabei denke ich an die skandinavischen Länder, die von diesen Waffen einen besseren Gebrauch als Amerika, Rußland oder Frankreich machen. Ich denke auch an unsere »Maisons de la Culture« (Kulturzentren), die ein sprechendes Beispiel einer »bewußten Intelligenz« liefern, die mehr für unsere Zukunft tun als Düsenjäger und Bomben. Vor allem aber denke ich an die »Zukunftsplanung«, eine neue, wirksame Disziplin im Kampf für die Menschheit, da sie ausschließlich den Menschen und seine Zukunft im Auge hat.

Dieses Buch will nichts anderes, als über die Zukunft nachzudenken helfen; es geht uns darum, die Ursachen unserer Krankheit aufzudecken und auf Mittel zu sinnen, die ihrer Verbreitung Einhalt gebieten; an zweiter Stelle erst soll das Übel durch eine langsame, aber natürliche Therapie ausgerottet werden.

Im ersten Teil gehe ich – vielleicht etwas zu ausführlich – auf die Überlegungen und Erwägungen ein, zu denen mich die Entwicklung in Amerika anregte. Es handelt sich dabei wohl um eine örtlich begrenzte Erscheinung, die in vieler Hinsicht bereits von den Ereignissen überholt ist. Aber sie gibt mir Gelegenheit, mein Augenmerk auf den Menschen zu richten, den Menschen, der gewöhnlich immer hintan gestellt wird.

Mit der französischen Krise berühre ich bereits den Kern des Problems, die weltweite Protesthaltung, die ihrerseits eine Folge des internationalen Mißbehagens ist, das weder durch Zwang, noch durch schöne Reden oder Versprechen beseitigt werden kann, sondern nur durch eine völlige Umwandlung unseres Denkens, unserer Ethik, unserer Methoden.

Der Gegenstand unserer Betrachtungen führt uns zu einer Dialektik, einer revolutionären Waffe, von der ich Widerspruch und Kritik erwarte; nur so können berufenere Geister bessere Waffen für die Erhaltung der Menschheit schmieden.

Im zweiten Teil des Werkes unternehme ich den Versuch, die Zukunftsaussichten gewisser Teilaspekte unserer Verhaltensweise und unserer Methoden im wirtschaftlichen und erzieherischen Bereich aufzuzeigen. Wenn ich in meinen Darlegungen häufig auf das Schachspiel zurückgreife, so deshalb, weil ich ihm einen spezifisch erzieherischen und kulturellen Wert zuschreibe.

Wahrscheinlich gehorche ich unbewußt dem gesunden Mutterwitz meiner bäuerlichen Vorfahren, wenn ich die wesentlichen Heilmittel für alle Übel, an denen die Menschheit in unseren Tagen kränkelt, in zwei lapidare Gebote zusammenfasse:

»Der Lebenswut Schranken setzen!« – »Die Lebenslust fördern!«

Worum geht es?

Es scheint heute eine Selbstverständlichkeit, daß sich der Durchschnittserdenbewohner von allen Ereignissen angesprochen fühlt, die irgendwo auf unserem Globus Hoffnung, Freude oder meist Angst verheißen. Das gedruckte und gesprochene Wort, Rundfunk und Fernsehen verbreiten eine solche Summe von Nachrichten, daß der Durchschnittsbürger (zumindest in den Industrieländern) ebenso gut vom Bruderkrieg in Nigeria, von der Hungersnot in Indien, von einem Erdrutsch in den peruanischen Anden wie von Katastrophen im eigenen Lande unterrichtet ist. Der Mensch lebt mit seiner Zeit. Er fühlt sich bei Schicksalsschlägen solidarisch, er fühlt sich mitverantwortlich, wenn seine Artgenossen über ihresgleichen Not und Unglück bringen.

Aber das moderne Nachrichtenwesen begnügt sich nicht mit einer rein informatorischen Funktion; es übt auf die Denkweise des Menschen unserer Zeit einen ständigen Druck aus: Der Mensch wird informiert und denkt so über die weltweite Auswirkung aller Probleme nach.

So gesehen trägt das Nachrichtenwesen zur Bildung eines »Kollektivgewissens« bei, was eine durchaus begrüßenswerte Entwicklung ist. Für Millionen Menschen aller Farben und Religionen hat der Krieg in Vietnam seine politische oder juristische Berechtigung; als Krieg jedoch verstößt er gegen das moralische Gefühl, denn ein Krieg ist immer ein Völkermorden. Die gesamte Menschheit fühlt sich berufen, an der Wiederherstellung des Friedens zu arbeiten.

Es geht heute im wesentlichen um den Begriff des *Überlebens*: das kann gar nicht genug erfaßt werden. Alles scheint von diesem Begriff abzuhängen.

Niemand kann die Gefahren verkennen, die dem Gleichgewicht der Welt in Form von unzähligen Diskriminierungen und technisch-soziologischen Gegensätzen drohen; letztere treten besonders in der »Dritten Welt« in Erscheinung, man begegnet ihnen aber in abgeschwächter, jedoch deutlich wahrnehmbarer Gestalt auch in Europa.

Wer könnte sich des Gefühls der Angst erwehren, wenn er sich klarmacht, daß die kollektive Entwicklung der Menschheit durch unverantwortliches Handeln einzelner in Frage gestellt werden kann? Denn das genau ist der Preis, den wir vielleicht eines Tages für die wachsende Entfremdung zwischen Wissenschaft und Moral, zwischen Erforschung der Welt und Erforschung des Menschen zu zahlen haben, wenn wir nicht die nötigen Schutzvorkehrungen treffen!

Außerdem wird die Menschheit von einer weniger instinktiven, aber dennoch reellen, für das 20. Jahrhundert typischen Angst geplagt, die eine unmittelbare Folge der Beschleunigung des Fortschritts ist: Man weiß nicht mehr, gegen was und gegen wen man Front machen soll, gegen die Überfülle der neuen Errungenschaften der Wissenschaft oder gegen den Wettbewerb von außen, der sich auf allen Ebenen, besonders aber auf der technologischen und wirtschaftlichen auswirkt?

Ein Land kann heute auf zwei verschiedene Arten zugrunde gehen: es kann brutal und plötzlich vernichtet werden, aber diese plötzliche Vernichtung ließe den Bürgern den traurigen Trost, daß es dem Gegner nicht besser ergeht; oder es kann langsam erdrückt und wirtschaftlich abgewürgt dem Erstickungstode anheimfallen, das Los des Schwächeren, des Lebensunfähigen erleiden. Es wird das Opfer der unerbittlichen Zuchtwahl auf kollektiver Ebene, seines technologischen Rückstandes, gegen den es von einem gewissen Punkt an keine Rettung mehr gibt.

Wer immer sich für die Zukunft der Menschheit interessiert, ist sich dieser Bedrohung und ihrer Folgen bewußt.

Daher auch der Riesenerfolg eines Werkes wie die »Amerikanische Herausforderung« von J.-J. Servan-Schreiber und ähnlicher Bücher.

Allerdings muß ich gestehen, daß mir die systematische Angstmacherei, die die »amerikanische Herausforderung« kennzeichnet, einen üblen Geschmack auf der Zunge zurückgelassen hat: Man kann sich nicht völlig des Eindrucks erwehren, daß der Verfasser vor der Bedrohung letztlich die Resignation, ja den Defätismus predigt. Der Gesamttenor des Werkes scheint besagen zu wollen, daß die »Schwelle« überschritten ist, jenseits derer es kein Heil mehr gibt. Es handelt sich hierbei um ein Bild, das an die Ausdrucksweise eines braven Gymnasiallehrers erinnert, der behauptete, eine schlechte Tertia sei ein nicht mehr zu überbrückendes Handikap für alle späteren Studien.

Wenn man bedenkt, über wie wenig Gewißheit die Menschheit verfügt, wie brüchig ihre Wissenschaft, wie problemvoll ihre Technik ist, so erfordert es ein gerütteltes Maß von Überheblichkeit oder Leichtsinn, von einer »Schwelle« zu sprechen, nach der es kein Zurück mehr gebe. Denn der Begriff der »Schwelle« schließt den des unüberbrückbaren technologischen Rückstandes und des unentwegten Vormarsches einer Wissenschaft ein, von der niemand weiß, ob sie überhaupt die richtige Richtung eingeschlagen hat, d. h., ob sie sich der Wahrheit nähert oder wenigstens in Richtung der Wahrheit bewegt: »Wir wissen nicht, wir glauben zu wissen.«

Man kann höchstens feststellen, daß es beim heutigen Stand der Dinge Niveauunterschiede zwischen diesem und jenem Land gibt, daß diese Unterschiede heute und in naher Zukunft Nachteile mit sich bringen können: Aber damit hört unser Wissen auf.

Zeigen wir an Hand eines dem Schachspiel entnommenen Beispiels die Gefährlichkeit des Begriffes der »Unwiderruflichkeit« auf: Wer glücklich genug ist, über hinreichende

Schachkenntnisse zu verfügen, um das Talent, ich möchte beinahe sagen, das Genie hochbegabter Schachmeister zu erkennen, weiß, wie vorsichtig man bei Meisterpartien in der Verwendung von Worten wie »ausweglose Lage« sein muß, wenn man von einigen Konstellationen absieht, die zwangsläufig zum Matt führen.

Die in jeder Position verborgenen Möglichkeiten sind ungeheuer zahlreich, und die Stärke des Großmeisters liegt gerade darin, in ihrer Erkenntnis etwas weniger blind als das Gros der Schachspieler zu sein. In der Fülle der taktischen Möglichkeiten sieht auch der Schachmeister nur einige wenige, aber sein Blick reicht immerhin so weit, daß er eine gegebene Situation völlig anders beurteilt als wir. Eine Position, die wir für gut halten, wird oft im Nu durch eine geniale Zugfolge von Grund auf umgemodelt und in ihr Gegenteil verkehrt. Beim Schach, wie überall auf Erden, liegt der tarpejische Felsen oft nahe beim Kapitol.

Es ist äußerst selten, daß sich jemand einen *entscheidenden* Vorteil gesichert hat, wie auch selten eine Lage unwiderruflich verdorben ist. Ein Funke Phantasie, eine Neuentdeckung verwandeln oft einen beängstigenden Rückstand in einen bedeutenden Vorsprung.

Solchen Beispielen begegnet man häufig in der Politik, in der Wissenschaft, in der Wirtschaft. Oft genügt eine technologische Neuerung, um einen verkümmerten Industriezweig in einen blühenden Wirtschaftszweig zu verwandeln. Wenn sich ein Verfasser wie Servan-Schreiber mitten im 20. Jahrhundert auf einen veralteten Determinismus beruft, wie ihn ein Laplace vertrat, so verkennt er in hohem Maße die Unzulänglichkeit und den provisorischen Charakter unseres gesamten Wissens: die Vorstellung von einer »Schwelle«, jenseits derer es kein Zurück mehr gibt, wird der Wissenschaftler mit größter Skepsis aufnehmen, aber sie mag Leser von geringerem Bildungsniveau zu beeindrucken. Obschon sie jedes Sinnes entbehrt, löst sie womöglich bei ihm ein Gefühl der Furcht und Resignation aus; sie ist außerstande, irgendeine Krankheit zu heilen, aber sie kann sie unerträglich machen.

Die Feststellung, daß der große technologische Vorsprung und die unglaubliche wirtschaftliche Expansion in den Vereinigten Staaten, in Japan oder Schweden auf ein glückliches Zusammenspiel von politischen und wirtschaftlichen Faktoren, auf weise staatliche, fiskalische oder organisatorische Maßnahmen zurückzuführen ist, läuft ein wenig darauf hinaus, die Verbrennung durch den Brennstoff zu erklären oder doch wenigstens bei der Wirkung anzuhalten, ohne auf die Ursachen einzugehen.

Wenn man einmal alle Scheinargumente und Äußerlichkeiten beiseite läßt und den Dingen, wie man zu sagen pflegt, auf den Grund geht, so würden die Wirtschaftler mit ihren glänzenden Ideen und geistreichen Exposés nicht sehr weit kommen. Denn Politik und Wirtschaft sind nichts anderes als Spiegel des menschlichen Verhaltens.

Man braucht sich keineswegs auf die Thesen der Behavioristen oder ihrer Gegner zu berufen, um sich darüber klarzuwerden, daß sich die erheblichen Verhaltensunterschiede zwischen einem Nordamerikaner und einem Franzosen grundsätzlich auf *rein psychologischer* Ebene erklären lassen und daß sich niemand wundern darf, wenn das *Individuum* zum großen Teil das Verhalten des *Kollektivs* bestimmt.

Die Aggressivität

Ich möchte eingangs auf ein besonders interessantes Ergebnis der modernen Forschung hinweisen: Konrad Lorenz, der neben anderen Gelehrten seit vielen Jahren das soziale Verhalten unzähliger Arten von Wirbeltieren untersucht, ist zu dem Schluß gekommen, daß einer der verborgensten Mechanismen des individuellen Verhaltens in der Gesellschaft die *Aggressivität* ist. Unter Aggressivität ist hier nicht etwa eine Anlage zur Brutalität oder Bedrohung zu verstehen, sondern eine natürliche Neigung zum Handeln, zum Unternehmen, zum Kampf. Eines der wichtigsten Bücher zu diesem Thema schrieb Anthony Storr: *»Lob der Aggression«* (Econ Verlag 1969).

Freud hatte bereits in der Aggressivität eine der Triebfedern des menschlichen Handelns erkannt, aber er richtete sein Augenmerk hauptsächlich auf die negativen Aspekte dieser Disposition. Das Verdienst von Konrad Lorenz und Anthony Storr besteht eben darin, nachgewiesen zu haben, daß die »Aggressivität« eine der Voraussetzungen für das Überleben ist. Der Ausdruck »Überleben« ist ambivalent, und wir müssen zwei Aspekte des »Überlebens« unterscheiden: Das Überleben

- des Individuums
- der Gattung.

Ob man nun irgendeine Gattung von Wirbeltieren oder den HOMO SAPIENS ins Auge faßt, vieles scheint darauf hinzuweisen, daß das Überleben, die Erhaltung der Gattung gewissermaßen den Vorrang vor dem Überleben des Individuums hat.

Der Zufall *allein,* lehren große Biologen wie Jean Rostand, de Noüy und viele andere, kann die Entstehung des Lebens nicht erklären: vom statistischen Standpunkt aus ist das Leben eine höchst unwahrscheinliche Erscheinung; die Erhaltung dieses Lebens, d. h. das Überleben ist sogar noch unwahrscheinlicher. Was würde zum Beispiel geschehen, wenn sich das ontogenetische Programm nicht beständig der von der Phylogenese vorgesehenen Ordnung anpaßte? Wir müssen also annehmen, daß das Genom eines jeden Individuums zwei verschiedene Orientierungen oder besser gesagt zwei »Programme« enthält:

– ein phylogenetisches, gänzlich erbliches »Programm«, dessen Änderungen nur im Verlaufe von biologischen Zeiträumen* erkennbar sind. Die strenge Beachtung dieses Programms ist eine absolute Notwendigkeit, weil es die Erhaltung der Art, die Entwicklung des Phylums bedingt.

– ein ontogenetisches, teilweise erbliches »Programm«; der erbliche Teil dieses Programms ist in Wirklichkeit eine Unterabteilung des phylogenetischen; der nichterbliche Teil des Programms ist mit einer gewissen Bildsamkeit ausgestattet, die sich bereits im »individuellen Zeitraum« erkennen läßt. Er hängt mit den im Laufe des Lebens erworbenen Eigenschaften zusammen.

Die Verhaltensweise jeden Individuums, die unter dem Einfluß einer Reihe von Stimuli steht, entspricht also einem Reaktionsvorgang, der einzig und allein dem ontogenetischen Programm untergeordnet ist. Die Bildsamkeit läßt Raum für den freien Willen, sie ist aber nicht erblich übertragbar; so müssen zum Beispiel individuelle Neigungen zum Selbstmord oder zum Völkermord als Ausnahmeverhalten gewertet werden, die dem bildsamen Teil des ontologischen Programms entsprechen und folglich die Zukunft des Phylums nicht beeinflussen (dies wäre wenigstens wünschenswert!).

Aufgrund dieser Feststellung würde ich die Aggressivität folgendermaßen definieren: »Aggressivität ist ein ontoge-

* Der Begriff des »biologischen Zeitraums« wird von den Puristen beanstandet, obschon er zu keinerlei Verwechslung Anlaß geben kann.

netischer Reaktionsmechanismus, der das individuelle Verhalten in der Weise orientiert, daß das Überleben des Individuums als Voraussetzung für die Entwicklung des Phylums gewährleistet wird. Unter dem Einfluß verschiedener informationsbedingter Stimuli kann dieser Mechanismus eine funktionelle Bildsamkeit an den Tag legen, welche die Anpassungsfähigkeit des Individuums an seine Umgebung charakterisiert.«

Diese durchaus persönliche Definition der Aggressivität scheint es mir zu ermöglichen, auf der Ebene unserer Erörterungen über die Zukunftsaussichten die *Ursachen* des »amerikanischen Phänomens« zu erklären.

Eine zukunftsweisende Erklärung der Aggressivität

Zwischen *Leben* und *Überleben* besteht ein Wesensunterschied, ein Unterschied der Dimensionen.

Wenn man also das Denken als einen hinreichenden Beweis für das Sein betrachtet, cogito ergo sum, so mag man ohne Risiko annehmen, daß die metaphysische Angst beim Menschen – vielleicht findet sie sich in einer organgebundenen, im biologischen Leben verwurzelten Form in jedem Lebewesen –, daß unser natürliches Verlangen nach einem zukünftigen Fortbestand unseres jetzigen Seins, unseren Willen zu überleben in der Angst, nicht mehr zu leben, ausdrückt.

So ist das Leben eine dreidimensionale Erscheinung, während das Überleben eine vierte Dimension, die Zeit, voraussetzt. Dies gilt auf der phylogenetischen Ebene. Wenn wir uns nun der engeren Bahn der Ontogenese zuwenden, ist das Leben ein *Zustand*, das Überleben eine Tätigkeit. Daraus erhellt, daß die Aggressivität nichts anderes ist als der instinktive Mechanismus der Vorwegnahme der Zukunft, die Sicherstellung des Fortschreitens der Evolution, oder kurz gesagt, das spezifische Mittel, um das ontogenetische Teilprogramm zu verwirklichen.

»Die Aggressivität ist gewissermaßen die *zukunftsweisende* Haltung alles normal für das Leben ausgerüsteten Seienden.«

Ich verwende das Wort »zukunftsweisend« in meiner Definition der Aggressivität nicht, weil ich dadurch ihren Sinn näher bestimmen will, was völlig überflüssig wäre, sondern um den engen Zusammenhang zwischen den beiden Begriffen zu verdeutlichen.

Die Aggressivität ist also gewissermaßen der gemeinsame Nenner aller Motivationen, Handlungen und Verhaltensweisen; seit Freud darf man wohl sagen, daß diese Feststellung beinahe einer Tautologie gleichkommt.

Der Wunsch, zu essen, zu lernen, zu wissen, zu besitzen, der Hunger nach Taten, nach Herrschaft und was dergleichen mehr ist, sind sekundäre, individuelle Reaktionen, die unmittelbar der natürlichen Aggressivität entspringen und unser Verhalten, d. h. unser Handeln bedingen.

Wie ich bereits hervorhob, ist die Aggressivität bildsam. Daraus folgt, daß die im Verlaufe des individuellen Lebens gesammelten Informationen die Aggressivität oder, was auf dasselbe hinausläuft, unser Verhalten verändern können und tatsächlich verändern.

Es leuchtet ein, daß diese natürliche, allen Lebewesen gemeinsame Fähigkeit wie jede andere bildsame Fähigkeit durch verschiedene soziologische Faktoren wie Milieu, Erziehung usw. entwickelt, unterhalten und ausgebildet werden kann.

Ich möchte also zunächst durch einige konkrete Beispiele zeigen, wie der Zwang der Umweltbedingungen durch die Umbildung der Aggressivität die Verhaltensweise der einzelnen den örtlichen Bedingungen anpassen kann.

Die Kollektivseele

Wir kennen nur allzugut die Auswirkungen der Routine, des sozialen Stillstands, des Herdengeistes, als daß es nötig wäre, hier auf die im allgemeinen verheerenden Konsequenzen einzugehen, die all diese Faktoren nach sich ziehen. Alle Demagogen haben es stets verstanden, sie sich nutzbar zu machen. So wird zum Beispiel die an sich ungeheuerliche Zumutung des Krieges von den künftigen Opfern dieses Verbrechens gegen die Menschheit mit einer geradezu erstaunlichen Leichtherzigkeit akzeptiert.

Der Konflikt zwischen Phylogenese und Ontogenese nimmt in diesem Fall die dramatische Form eines *Opfers* an, das der einzelne zum angeblichen Segen der Gemeinschaft auf sich nehmen soll, wobei man diese Gemeinschaft einfach mit der Gattung identifiziert.

Die natürliche Aggressivität wird auf diese Weise in ganz bestimmte Bahnen gelenkt: Unter dem Druck der Umwelt verwandeln sich die Schafe in Wölfe, man tötet unter dem Vorwand, dem Überleben zu dienen. Das Herdenverhalten, das beim Menschen ein Überbleibsel seiner vergangenen Tierhaftigkeit darstellt, findet sich in allen Sparten des materiellen, ja sogar des geistigen Lebens wieder: Je mehr die »ausgerichtete« Information in Haus und Wohnung eindringt, desto mehr verliert das allgemeine Wahlrecht an Sinn!

Ein sozialer Stimulus, der normalerweise Verwirrung und Unwillen auslösen sollte, ruft, wenn die Information hinreichend »ausgerichtet« wurde, nur eine schwache Reaktion hervor oder prallt an der Mauer völliger Gleichgültigkeit ab. Politik und Werbung haben aus diesem Tatbestand ihre wirksamsten Waffen geschmiedet.

Die Religionen

Niemand wird bezweifeln wollen, daß die Religionen und die von ihnen abgeleiteten Moralbegriffe das Verhalten der Individuen, seien sie nun gläubig oder ungläubig, in vielfacher Weise bestimmen, da sie eine gewisse gesellschaftliche Ethik schaffen, die von der Gesamtheit mehr oder weniger anerkannt wird.

Am Anfang jeder Religion steht sicherlich ein besonders deutliches Bewußtwerden der Chromosominformation, eine klare Schau des gesamten Phylums in der Vergangenheit, Gegenwart und Zukunft sowie eine Auslegung dieser Information (Moral).

Wenn man von der Seele und ihrem ewigen Bestehen spricht, so weist man damit zugleich auf den Fortbestand der Gattung und den sakralen Charakter der Information hin. Daher ist es auch nicht verwunderlich, wenn die Religionen jeder Dialektik widerstehen, und sei sie noch so überzeugend, denn das Religiöse ruft im menschlichen Wesen ein tiefes, schon in den Chromosomen begründetes Echo hervor. Es stellt also keineswegs etwa den Ausdruck einer banalen, auf das Individuum beschränkten Hoffnung dar, sondern liegt in der Natur des Menschen begründet.

Deshalb ist es auch nicht verwunderlich, wenn die religiöse Komponente gelegentlich auf die Aggressivität einwirkt, sie verändert und in einigen Fällen so gut wie völlig aufhebt (Beispiel: die Religionen des Fernen Ostens und der Islam).

Der materielle Druck

Von einigen wenigen Ausnahmen abgesehen fallen die Völker der tropischen Zonen durch einen gewissen Widerwillen gegen jede lange Anstrengung auf, besonders aber ge-

gen jede intensive geistige Betätigung (ich denke hier ganz besonders an die Völker Schwarzafrikas).
Menschen, die unter solchen klimatischen Verhältnissen leben, sind nicht dümmer oder schwächer als andere, sie sind lediglich anders veranlagt und beweisen dies in beinahe allen Aspekten des täglichen Lebens. Echter Unternehmungsgeist ist in den Tropen äußerst selten!
Wenn in den warmen Ländern eine Revolution ausbricht, wird sie meist von außen hineingetragen, es sei denn, sie entspräche einer für lebenswichtig angesehenen Notwendigkeit. Die heute so gut wie abgeschlossene Befreiung der afrikanischen Völker entspricht politisch zweifellos einem unabwendbaren geschichtlichen Entwicklungsprozeß, aber auf der biologischen Ebene war sie keineswegs fällig, ganz im Gegenteil.
Denn Politik ist *Menschenwerk*: Die Befreiung der afrikanischen Völker beruhigt bis zu einem gewissen Grad unser moralisches Empfinden. In Wirklichkeit wird sie völlig unvorbereiteten Bevölkerungen aufgenötigt, die so gezwungen sind, bewußt oder unbewußt vorerst in einem permanenten Zustand des psychosozialen Ungleichgewichts zu leben. Der Mensch der tropischen Zonen ist nicht dazu geschaffen, in unserem Sinne zu besitzen oder zu unternehmen; er kommt auf die Welt, um in weiten Landstrichen in Freiheit zu leben; für den Weißen ist die dem Einheimischen geraubte und kürzlich wiedergegebene Freiheit ein übles Mittel, sich vor seinem Gewissen zu rehabilitieren. Durch die Befreiung der Schwarzen glaubt er, einen vor langem begangenen Fehler, die Kolonisation, wiedergutmachen zu können. Die Summe dieser beiden Fehler ist ein weiterer Fehler, dessen Ungeheuerlichkeit die beiden anderen noch übersteigt. Es wäre – nebenbei bemerkt – wünschenswert, daß sich die reichen Länder auf ihre Verantwortung besännen, die sehr viel weiter geht, als man auf den ersten Blick annehmen könnte. Die Weißen haben die

Verpflichtung, im Namen ihrer hochheiligen »Moral« die vergangenen Fehler wiedergutzumachen. Das heißt, sie haben ein wichtiges Erziehungswerk zu vollbringen; noch wichtiger aber ist im Augenblick, daß sie ohne zu murren die Last einer Dritten Welt auf sich nehmen, über die sie durch ihre doppelte Leichtfertigkeit und Schuld Verwirrung und Unordnung gebracht haben.

Soll das besagen, daß die Schwarzen der heißen Zone jene Aggressivität *nicht* besitzen, die die Weißen dazu trieb, sie ihrem Gesetz zu unterwerfen? Keineswegs! Aber das Klima hemmt ihre natürlichen Impulse, und ihre Aggressivität wirkt sich nur auf das Naheliegende, Lebensnotwendige aus: Wenn es um die nackte Existenz geht, kann der Eingeborene der Tropen Energien an den Tag legen, die die Möglichkeiten eines Europäers unter ähnlichen klimatischen Verhältnissen übersteigen*.

Die Aggressivität trägt also den klimatischen Verhältnissen Rechnung und paßt sich der Außenwelt an, um das Überleben des Individuums zu gewährleisten. Das Überleben ist in warmen Zonen leichter als in gemäßigten oder kalten. So versteht man auch, warum sich die Aggressivität, der Unternehmungsgeist, der Drang zu herrschen und zu besitzen bei Völkern der warmen Zonen abgeschwächt haben, da ja der Fortbestand des Phylums durch die Jahrhunderte niemals in Frage gestellt wurde und das ontogenetische Programm auf keine wesentlichen Schwierigkeiten stieß.

Wenn alle großen Invasionen des christlichen Zeitalters stets vom Osten und im besonderen von Zentralasien ausgingen, wenn der große europäische Eroberer – vor Hitler – Napoleon Bonaparte war, wenn die angelsächsischen Völker das größte Kolonialreich aller Zeiten aufbauten, wenn schließlich die skandinavischen Länder, Japan und die

* Siehe den Bürgerkrieg in Nigeria.

USA im Begriff sind, sich einen beachtlichen Vorsprung vor dem alten Europa zu sichern, so wäre es mehr als naiv, diese Tatsachen einzig dem Zufall zuzuschreiben.

Es ist durchaus wahrscheinlich, daß sich die Holländer unter dem provenzalischen Himmel, am Ufer eines milden, sonnigen Meeres, niemals entschlossen hätten, jene gigantischen Arbeiten in Angriff zu nehmen, dank derer sie dem Meere die wertvollen Polder abringen konnten.

In gleicher Weise darf man annehmen, daß die unglaubliche Vitalität Israels die unmittelbare Folge der Härten ist, unter denen das tapfere israelische Volk stets zu leiden hatte (Wüsten, internationaler Rassismus, Panarabismus) und die seine Existenz ständig in Frage stellen.

Es ist bemerkenswert, daß Schweden mit 7,5 Millionen Einwohnern einen technologischen Vorsprung von zehn Jahren vor Frankreich hat, daß Norwegen mit der Hälfte Einwohnern die zweitgrößte Handelsflotte der Erde besitzt (wobei die Schiffe nicht eingerechnet sind, die nur aus opportunistischen Gründen unter der norwegischen Flagge segeln), obschon diese Länder von der Natur in keiner Weise verwöhnt wurden.

Es hat seine guten Gründe, wenn Japan trotz mangelnder Bodenschätze, trotz der Verwüstung des letzten Krieges, trotz seiner ganz von den verarbeitenden Industrien abhängigen Wirtschaft heute als einziger Konkurrent der Vereinigten Staaten auftritt, wenn die Bundesrepublik Deutschland heute das wirtschaftlich dynamischste Land des Gemeinsamen Marktes ist; wenn die USA sich in weniger als zwanzig Jahren einen wissenschaftlichen, technologischen und industriellen Vorsprung gesichert haben. All diese Tatsachen (und die von uns aufgestellte Liste ist bei weitem nicht erschöpfend) sind nicht das Werk der göttlichen Vorsehung, beileibe nicht: ihre gründliche Analyse wird uns vielleicht jenen Kontakt mit der Wirklichkeit zurückgeben, den wir offenbar verloren haben.

Die aufgezählten Erscheinungen lassen sich alle auf *einen* Nenner bringen: immer haben wir es mit der Auswirkung des Unternehmungsgeistes, dem Drang zu wagen und zu herrschen zu tun! Immer wirken die geographischen (die Weite des Landes oder im Gegenteil die Begrenztheit einer Insel) und geophysische Gegebenheiten (rauhes Klima, geringe Bodenschätze, schwierige Lebensbedingungen) als Stimuli auf die natürliche Aggressivität: Widerwärtigkeiten stählen die Gemüter, die von der Natur aufgetürmten Schwierigkeiten spornen den Willen an, wenn nicht irgendein hemmender Faktor überwiegt.

Die Vereinigten Staaten

Wenn jemand sagt, daß die wirtschaftliche Expansion Nordamerikas auf die Maßnahmen der amerikanischen Regierung, auf das hohe amerikanische Organisationsniveau oder auf den Unternehmungsgeist der amerikanischen Industriellen zurückzuführen ist, so erklärt er damit gar nichts, sondern stellt lediglich eine Tatsache fest.

Wir müssen uns darüber klarwerden, daß man erst dann von einer wissenschaftlichen Erklärung des Phänomens sprechen kann, wenn man sich bemüht, es nicht bei einer oberflächlichen Analyse der Situation zu belassen, sondern den Ursachen nachgeht, die zu dieser Situation geführt haben.

Wenn die amerikanischen Industriellen zu besseren Resultaten als ihre europäischen Kollegen kommen, so liegt die Vermutung nahe, daß sie besser organisieren, daß sie eine größere Risikomarge in Kauf nehmen, daß sie über eine größere Manövrierfreiheit verfügen.

Warum aber organisieren sie besser? Warum wagen sie mehr? Warum sind amerikanische Industrieunternehmen (wenigstens, was die Produktivität anlangt) besser geleitet als die unseren? Bevor wir all diese Fragen nicht befriedigend beantwortet haben, sind wir den wirklichen Ursachen nicht näher gekommen, und es wäre utopisch, unseren Rückstand durch die Einführung amerikanischer Arbeitsmethoden aufholen zu wollen. Außerdem wären beim augenblicklichen Fortschrittstempo heute übernommene Methoden bereits morgen überholt, selbst wenn man sie den europäischen Verhältnissen anpaßte. Auf einen fahrenden Zug aufzuspringen ist ein Risiko, daß niemand vernünftigerweise auf sich nimmt! Ich muß hier auf einen sonderbaren Mangel an Logik bei gewissen Beobachtern hinweisen: jeder ist sich völlig darüber im klaren, daß man den hungerleidenden Völkern in der Welt am besten zu Hilfe kommt, indem man sie lehrt, die für ihren Lebensunterhalt nötigen Dinge zu produzieren, und nicht durch die Lieferung von Fertigerzeugnissen.

Wie kann man sich da der Einsicht verschließen, daß es sich im vorliegenden Falle um etwas ganz Ähnliches handelt, daß der erhebliche Vorsprung der Vereinigten Staaten letztlich auf einen Unterschied in der Verhaltensweise der Menschen zurückzuführen ist (denn all unsere Überlegungen münden notwendigerweise immer in den Bereich des Menschlichen!), daß der amerikanische Vorsprung nicht durch die Übernahme amerikanischer Arbeitsmethoden, sondern nur durch die Umwandlung unserer psychisch-sozialen Umwelt bewältigt werden kann.

Eine solche Umwandlung ist um so eher möglich und berührt uns um so näher, als der amerikanische Durchschnittsbürger wie wir europäischen Ursprungs ist. Meiner Meinung nach erklärt sich die größere »efficiency« des Amerikaners im Vergleich zum modernen Europäer durch die größere Aggressivität des ersteren. Sie läßt sich meines Erachtens auf drei Hauptfaktoren zurückführen:

1. den Erbfaktor
2. den dimensionalen Faktor
3. den psychologischen Faktor.

1. Der Erbfaktor

Vergegenwärtigen wir uns einmal, was es bedeutete, in eine unbekannte, von tödlichen Gefahren heimgesuchte Welt auszuwandern und noch dazu das Risiko einer furchterregenden Seefahrt zu einer Zeit auf sich zu nehmen, als die Reise von Paris nach Marseille noch ein Abenteuer war. Die weitaus größte Zahl der Amerika-Auswanderer waren keine Heiligen, sondern brave oder weniger brave Bürger;

aber *alle* waren echte Abenteurer, und die, die das Abenteuer siegreich bestanden, verdankten es ihrem Mut und ihrer genauen Abschätzung der Gefahren. Jeder neue Schub von Pionieren besaß notwendigerweise in hohem Grade jene wertvolle Gabe der Vorausschau, die allein den siegreichen Kampf ermöglicht, die dem Wagemut Flügel gibt und so die Voraussetzung zum Erfolg schafft. Mit anderen Worten, die Amerika-Auswanderer verfügten über jene Aggressivität, ohne die sie den Entschluß auszuwandern niemals gefaßt hätten.

Wir sehen also, daß der Durchschnittsamerikaner einem streng ausgewählten Phylum angehört, in dessen Erbmasse die Veranlagung seiner Vorfahren, der Pioniere der Gründerzeit, weiterleben.

So ist es auch nicht verwunderlich, wenn die moderne amerikanische Zivilisation von der uralten Aggressivität durchdrungen ist, die ein hohes Potential von Wagemut, Begeisterungsfähigkeit und Brutalität in sich trägt. Und das unterscheidet sie von den meisten europäischen Zivilisationen, aus denen sie hervorging.

Der Amerikaner ist weniger empfänglich als der Europäer für soziale Unterschiede, aber er nimmt sie ebenfalls wahr; freilich verhält er sich dem Problem gegenüber aggressiv und nicht passiv und resignierend wie der Durchschnittseuropäer. Um ihm beizukommen, verlegt er sich nicht aufs Sparen, er trägt nicht einen Heller nach dem anderen zur Sparkasse, er verläßt sich nicht wie wir auf die soziale Gesetzgebung. Er sucht eine dynamische Lösung durch eine allgemeine Hebung des Lebensstandards, er bemüht sich weniger, die Vermögensunterschiede auszugleichen, als den niedrigen Gehaltsstufen ein ausreichendes Auskommen zu sichern. Es liegt in der Natur des Amerikaners, daß er sich viel weniger mit seinen Ausgaben als mit seinen Einnahmen beschäftigt. Der Amerikaner zieht immer die Offensive der Defensive vor!

Daher ist auch die amerikanische Zivilisation keine Zivilisation des Sparens, sondern eine Zivilisation des Produzierens und Verbrauchens. Daher liebt der Amerikaner leidenschaftlich das Neue, das noch nie Dagewesene, ja sogar das Abstruse; daher übt jede Bewegung auf den Amerikaner eine magische Anziehung aus: die großen Wanderungen nach dem Far West haben die Geistesart des Amerikaners ein für allemal gezeichnet.

Wir haben hier das Gegenstück zur statischen Gemütsart des Europäers: in Amerika ist alles beweglich, wechselvoll, schwankend, ob es sich um Verbrauchsgüter, um Rekordmänner, um Politiker oder Arbeitskräfte handelt. Denn die Bewegung, die Tat, der Drang zum Risiko ist in die Genen des amerikanischen Menschen eingeschrieben und bestimmt seine kosmologische Schau.

So sind auch alle wissenschaftlichen und technologischen Bemühungen an erster Stelle auf die Techniken und Disziplinen der Bewegung, der Tat hin orientiert; so entstehen jene riesigen Industriekomplexe, die uns überdimensioniert erscheinen, in Wirklichkeit aber die amerikanische »Religion der Bewegung« verkörpern. Selbst die schönen Künste sind diesem Einfluß ausgesetzt, was die Schöpfungen eines Calder und seiner Schule beweisen.

Amerika ist ein Land im Aufbruch, denn für den Amerikaner bedeutet *Leben* an erster Stelle *Wandel*, Unternehmen: Der wahre Kult der Veränderung, der uns beim Amerikaner oft verwirrt, scheint mir eine unmittelbare Folge des phylogenetischen Beitrags der Pioniere zu sein, der Ahnen dieser wirklich neuen Menschen, in deren Herz stets – in leichtem Schlaf – ein *Pionier* schlummert ...

2. Der dimensionale Faktor

Die Aggressivität ist wohl zum guten Teil durch die weiten Räume und das Fehlen jeder hemmenden Begrenzung bedingt.

Die Europäer, denen das Glück und die Chance geboten wurde, in Ländern mit weiten Horizonten zu leben, empfinden bei ihrer Rückkehr nach Europa die Engstirnigkeit ihrer in der Metropole verbliebenen Landsleute als eine schmerzliche Überraschung. Freilich, es gibt Ausnahmen, aber diese sind so selten, daß der frühere Kolonist sich in der Atmosphäre spießbürgerlicher Vorsicht und Bequemlichkeit nur wenig wohl fühlt.

Wenn man von dem Grundsatz ausgeht, daß in der Wirtschaft Produktivität und Wirksamkeit an erster Stelle stehen, so hat es ganz den Anschein, als sei z. B. der Franzose außerstande, die wirtschaftlich wertvollen Kräfte von den Nieten zu unterscheiden. Ein großer Teil seiner Energie wird mit Unwesentlichem, mit Kleinkrämerei und Altüberkommenem vergeudet und vertan.

Da es ihm an weiten Räumen fehlt, schafft er sich im Rahmen der europäischen Mosaikpolitik seinen individuellen Lebensraum und transponiert in ihn seine innere Komplexität: er zieht die Bewegung des Geistes der des Körpers vor, läßt einen Valéry oder Proust seine »Western« schreiben, kultiviert nach der Art eines Montaigne seinen eigenen kleinen Garten.

Diese Geisteshaltung hat im übrigen auch ihre positiven Seiten. Es ist mehr als wahrscheinlich, daß die hervorragenden französischen Leistungen in den analytischen Disziplinen, in der Feinmechanik, den schönen Künsten, dem Schrifttum, der Feinschmeckerei gerade auf diese etwas in sich gekehrte, eigenbrödlerische Mentalität zurückzuführen sind.

Der besseren Produktions- und Managementtechnik der

Vereinigten Staaten stellt der Franzose gern seine bessere Lebensart, die Akribie seines Denkens entgegen. Du Bellay hat zu diesem Thema herrliche Dichtungen verfaßt, aber das 16. Jahrhundert ist leider längst vorüber, und es scheint schwierig im Zeitalter des Tempos und des Wettbewerbs, lange die »douceur angevine«* zu bewahren, ohne in die Arena hinabzusteigen und mitzukämpfen: denn nur so läßt sich heute eine Zukunft bauen.

Allein die Tatsache, daß der längst überholte und völlig anachronistische Begriff der »französischen Unabhängigkeit« noch heute das Steckenpferd unserer politischen Führer sein kann, beweist zur Genüge, daß unsere Regierung gegen den Strom der Geschichte schwimmt. Das Echo wiederum, das dieses abgedroschene und kindlich utopische Schlagwort bei der breiten Masse findet, zeigt, wie sehr unsere subjektive Schau der Welt und ihrer Entwicklung noch unter dem Einfluß jener diffus verbreiteten Skepsis steht, die auch heute die überkommenen Vorstellungen den neuen vorzieht. Wir können uns der Gewohnheit nicht entledigen, rückwärts der Zukunft entgegenzugehen.

Für die Amerikaner liegen die Dinge völlig anders. Die nationale Unabhängigkeit ist für sie eine ebenso leere Hülse wie für uns, da das Konzept der Unabhängigkeit als solches illusorisch geworden ist. Nur weiß der in den unendlichen Weiten seines Landes verlorene Bewohner der Vereinigten Staaten aus Erfahrung, daß der Mensch die Ereignisse in ihrer ganzen Tragweite nur dann erfaßt, daß er auf sie nur den einen Einfluß auszuüben vermag, wenn er durch die Tat über sich selbst hinaustritt und seinen Wirkungskreis durch dynamisches Handeln erweitert. Die Weite der geographischen Dimensionen führt den Menschen unweigerlich dazu, seine eigenen Grenzen zu sprengen. Das

* Man könnte diese dichterische Umschreibung frei mit »die Süße des beschaulichen Provinzdaseins« übersetzen. Anm. d. Übers.

Handeln war für den Amerikaner niemals ein Schaustück, sondern ein ihm aufgezwungenes Los: Nur durch Handeln konnte und kann er überleben. Hier finden wir auch die Erklärung des Paradoxes, daß die Bewohner unendlich weiter Länder häufig als Eroberer auftreten. Die Geschichte liefert uns dafür zahlreiche Beispiele. Große geographische Räume lassen oft keine andere Wahl als die Ausweitung oder den Stillstand, d. h. auf die Dauer den Tod.

Außerdem haben wir noch eine vierte Dimension, die *Zeit*, mit anderen Worten, das Risiko, das es in Kauf zu nehmen gilt. Die französische Bankpolitik ist in dieser Hinsicht sehr aufschlußreich. Mit Ausnahme einiger Geschäftsbanken, die ihr Unternehmungsgeist zu Reichtum und Ansehen geführt hat, ist das Wort »Bank« bei uns ein Synonym von Sparsamkeit, Vorsicht, einer Vorsicht, die praktisch dem Verzicht auf jedes Risiko gleichkommt. Und meine Landsleute stimmen dieser Bankpolitik im stillen zu, da sie der Meinung sind, auf diese Weise ließen sich am besten »Katastrophen« vermeiden . . . Als ob das Risiko eines Unfalls jemanden davon abhalten sollte, in einen Wagen oder in ein Flugzeug zu steigen, als ob das Verkehrsmittel als solches dadurch seine wirtschaftliche Bedeutung verlöre!

Diese Mentalität finden wir auf allen Sektoren des Wirtschaftslebens wieder, ob es sich um den Staat oder um die Privatwirtschaft handelt. Wir Franzosen glauben letztlich nur an die Vergangenheit und zeigen uns überaus skeptisch in allen Zukunftsspekulationen, selbst auf wissenschaftlichem Gebiet. Für uns ist die Zukunft etwas völlig Aleatorisches, dem Zufall Ausgesetztes, und das Aleatorische erscheint uns stets bedrohlich. Auch hier ist die Denkweise der Amerikaner von der unseren grundverschieden.

Für den Amerikaner ist der dynamische Lockruf der Zukunft unendlich viel größer als ihr aleatorischer Aspekt. Der Ausdruck »wohlabgeschätztes Risiko« hat für den Amerikaner eine völlig andere Bedeutung als für den Europäer. In Europa bedeutet er, daß Risiken nur dann eingegangen werden, wenn die Rechnung ergeben hat, daß man nichts riskiert. Erst wird gerechnet, dann entschieden. Der Amerikaner sieht die Dinge anders. Er ist von vornherein bereit, das Risiko auf sich zu nehmen, er will sich nur über seine Höhe eine klare Vorstellung machen. Das Schwergewicht liegt bei ihm auf dem Worte »Risiko«, während der Europäer erst einmal »rechnet«.

Ein treffliches Beispiel für die unterschiedliche Haltung der Amerikaner und der Europäer liefert uns das Bild von zwei Roulettspielern. Der erste spielt hurtig drauflos, weil er der Überzeugung ist, eine ausgezeichnete Gewinnmethode entdeckt zu haben, der zweite setzt immer weniger und hört zum Schluß ganz zu spielen auf, weil er Angst hat zu verlieren.

Diese Unterscheidung mag etwas subtil anmuten, aber die kleine Nuance in der Verhaltensweise führt – in vieltausendfacher Wiederholung – den Amerikaner schließlich dazu, überall hohe Risiken einzugehen und vor allem aus dem Risiko eine ständige Gewohnheit zu machen.

Wir sind in unserer Anschauungs- und Verhaltensweise wesentlich *dreidimensional,* während die Amerikaner im Vierdimensionalen schwelgen. Unsere grundsätzlich ablehnende Haltung gegenüber so selbstverständlichen Begriffen wie »Supranationalität« findet in dieser Tatsache eine sehr einfache Erklärung; unsere geschickten Verzögerungsmanöver können nicht über unsere hoffentlich vorübergehende Unfähigkeit hinwegtäuschen, die Zukunft in rosigen Farben zu sehen. Unsere Auffassung von einem eng begrenzten Raum-Zeit-Universum führt zu einer gewissen Form der Introvertiertheit, die sich gewöhnlich in einer egozentrischen Selbstgefälligkeit und einem jedem Fortschritt abholden Konservativismus äußert.

Immerhin war es vorauszusehen, daß die Nachfahren von abenteuerscheuen Stubenhockern, deren Ideal sich oft ausschließlich aus bürgerlicher, problemloser Bequemlichkeit zusammensetzt, mehr Neigung verspüren, sich in einem befestigten Mikro-Universum zu verschanzen, als einen Schritt hinaus in die Welt zu wagen, die man für feindlich hält, weil sie groß ist, für gefährlich, weil sie ständigen Wandlungen unterworfen ist.

3. Der psychologische Faktor

Man darf heute feststellen, daß die ersten Amerikaner als Träger europäischer Kultur einen historischen Bruch im anthropologischen Sinne des Wortes erlebten: von ihrer Heimat abgeschnitten, standen sie plötzlich vor einem neuen, unermeßlich großen, unbekannten Land ohne Zivilisation und ohne Vergangenheit. Da es den ersten Pioniergenerationen vor allem darauf ankam, ihren persönlichen Fortbestand zu sichern, verwendeten sie alle ihre Kräfte darauf, ein Land nach dem Bilde des Landes zu schaffen, das sie verlassen hatten – abgesehen natürlich von seinen Dimensionen. Ihre Arbeit galt also, solange die materiellen Probleme das Feld beherrschten, einzig und allein der Gegenwart.

Nachdem sich aber die äußeren Lebensbedingungen gebessert hatten und das Lebensnotwendige nicht mehr alle Energien in Anspruch nahm, begannen die jungen Generationen, sich der ihnen dargebotenen Möglichkeiten und Chancen bewußt zu werden. Die Kolonisten verwandelten sich bald in glühende Patrioten und schließlich in aggressive Imperialisten: diese Neuorientierung hielt im spanisch-amerikanischen Krieg ihren ersten Einzug in die internationale Politik.

Die Gründe dieser ungewöhnlich raschen und umfassenden Entwicklung liegen in einer Reihe von Faktoren, unter denen die politischen und wirtschaftlichen die Hauptrolle spielten. Es ist aber durchaus möglich, daß der wiedergefundene Kontakt mit den europäischen Kulturen bei den jungen Generationen ein Gefühl der Frustration auslöste: denn Amerika hatte keine Vergangenheit und konnte nie Anspruch erheben, Staat im europäischen Sinne zu sein.

Und so kommt es, daß jeder Amerikaner vielleicht noch heute aufgrund einer Ausgleichsreaktion in Gegenwart und Zukunft eine subjektive Bestätigung seiner Persönlichkeit sucht, die ihm die Geschichte verweigert. Beim Europäer ist die Reaktion gerade umgekehrt: Er bildet sich gerne ein, mit den Lorbeeren seiner Vorfahren vorliebnehmen zu können, indem er sie gebührend verehrt.

Aus diesem Grunde strebt der Amerikaner nach *Neuerung*, während sich der Europäer mit *Renovierung* begnügt! Denn für Amerika stellt sich immer noch die Hamletfrage »to be or not to be«, während wir nur schwer unser Handikap überwinden, bereits etwas »gewesen zu sein«. Deshalb sind wir konservativ, deshalb beugen wir uns so gern über unsere Vergangenheit, über vergangene Männer und vergangene Leistungen, deshalb suchen wir ohne Unterlaß in unserer Geschichte eine Rechtfertigung für die Gegenwart und eine Beruhigungspille für die Zukunft. Deshalb ziehen wir den Hut vor eroberten Stellungen, Diplomen, Auszeichnungen. Wir verstehen nicht, wie eine amerikanische Sportorganisation knapp einen Monat vor den Olympischen Spielen einen bewährten Rekordmann ausschließen kann; wir wundern uns, wenn ein mit Orden behangener Herr auf der Anklagebank landet. In Frankreich wird viel von »jungen Kräften« gesprochen, aber die wenigsten Generaldirektoren sind unter vierzig. Von den Ingenieuren und Technikern erkennen nur die wenigsten die Notwendigkeit einer beruflichen Nachschulung*, so gut wie kein

* Nach einer glaubwürdigen Statistik vervollständigen von 300 000 Leitern und Kadern führender französischer Unternehmen nur etwa 2500 ihre berufliche Ausbildung durch eine jährliche Nachschulung.

Arbeitnehmer wechselt seinen Wohnort: Man hält am Überkommen fest.

Frankreichs strategische Vorstellungen sind beim Stellungskrieg, wenn nicht bei Vauban stehengeblieben; kann es da wundernehmen, wenn sich unsere Jugend inmitten einer verkalkten, strukturell verknöcherten Gesellschaft, die ihre vergangene Größe feiert und in einem Elfenbeinturm ihre gichtbrüchigen Glieder pflegt, eingeengt und eingeschnürt fühlt? Wir laufen Gefahr, durch unseren Chauvinismus, unsere Vorliebe für die Vergangenheit und ihre Archetypen bald in die Rolle von Handlangern abgedrängt zu werden. Unser Widerwillen, mit dem beschleunigten Tempo der Entwicklung Schritt zu halten, birgt allerdings auch eine Reihe von Risiken in sich. Welches sind diese Risiken?

Es wäre schwierig und anmaßend, auf diese Frage eine gültige Antwort geben zu wollen. Begnügen wir uns also mit einigen Überlegungen, um das Problem wenigstens näher zu umreißen.

Die Risiken

Noch vor weniger als hundert Jahren hätte es für ein Land oder einen Kontinent eine tödliche Gefahr bedeutet, in die völlige Abhängigkeit eines anderen Landes zu geraten. Vergessen wir nie, daß der Negerhandel den unglückseligen afrikanischen Kontinent 150 Millionen Menschen zu einer Zeit gekostet hat, als Frankreich, damals das zweitbevölkertste Land Europas nach Rußland, keine dreißig Millionen Einwohner zählte!
Eine Gefahr dieser Art scheint heute fern zu liegen, wir haben sicher nicht zu befürchten, daß wir eines Tages an unsere amerikanischen Freunde als Sklaven verkauft werden. Trotz alledem laufen wir Gefahr, eine gewisse Form der individuellen Freiheit, sowie die kollektive Freiheit überhaupt, und damit die Zukunft der Menschheit in Frage zu stellen.

Gefahr für das Menschengeschlecht

Es läßt sich nicht bestreiten, daß es heute um die Existenz unserer Gattung geht. Zum ersten Mal in der Geschichte ist es dem Menschen gelungen, Kräfte zu entfesseln, die die Menschheit in einem Atomkrieg vernichten könnten.
Weil der Krieg heute ein biologisches Phänomen geworden ist, weil er die Erde als Ganzes bedroht, ist eine Gewähr für unser Überleben gegeben: Die Vernunft kann sich nur noch im Schlepptau der Furcht durchsetzen.
Jeder Versuch, den Krieg zu »humanisieren«, war, solange die Welt besteht, eine widerliche Heuchelei; und die Vorstellung, ihn »verbieten« zu können, ist utopisch. Warum soll man vor der Tatsache die Augen verschließen, daß der klassische Krieg in den bisherigen Stadien der Evolution

einer biologischen Notwendigkeit entsprach und vielleicht noch entspricht. Was hindert uns, in diesem der Gewalttätigkeit bezahlten Tribut, in dieser Konzession an die tierischen Überbleibsel, die wir alle mit uns herumtragen, ein notwendiges Übel zu sehen, das durch eine noch nicht überwundene Entwicklungsphase bedingt ist? Wenn wir aber den Krieg als moralisch verwerflich verurteilen, so vertreten wir den Standpunkt, daß die Moral die Wissenschaft eingeholt hat und daß der Krieg für unsere Entwicklung nicht mehr nötig ist. Warum soll er dann noch »humanisiert« werden? Alle Versuche einer »Humanisierung« führen im Gegenteil zum Ausbruch neuer Kriege: Wenn Hitler gewußt hätte, daß die Vereinigten Staaten in den Krieg eintreten würden, hätte er ein solches Risiko auf sich genommen? Wäre den Amerikanern bekannt gewesen, daß Russen und Chinesen den Krieg durch den Krieg beantworten, hätten sie sich in das Abenteuer des Vietnam-Krieges eingelassen? Organisationen wie die UNO oder die Vereinten Nationen haben zwar eine theoretische Daseinsberechtigung, aber ihre wirkliche Nützlichkeit ist Illusion; die tatsächliche Machtlosigkeit, die sie nur allzu oft unter Beweis stellen, zeigt deutlich, daß der Mensch noch nicht jene Phase der Vernunft erreicht hat, die jede Gewalttätigkeit ausschließt.

Es ist übrigens nicht ausgeschlossen, daß eine solche Vernünftigkeit überhaupt nicht zu unserem Phylum gehört und daß unsere Chromosomeninformation die Gewalttätigkeit miteinschließt. Wenn dem so ist, steht den Leitern der Gemeinwesen von morgen keine leichte Aufgabe bevor. Sie werden entweder den klassischen Krieg wieder zu Ehre und Ansehen bringen oder dafür Sorge tragen müssen, daß der Mensch seine angeborene Gewalttätigkeit auf andere Weise abreagieren kann, da der »totale« Krieg heute nicht mehr denkbar ist. Immerhin müßte man sicher sein, daß ein mit klassischen Waffen begonnener Krieg auch bis an sein Ende ein solcher bleibt; kurz, das »Gleichgewicht der Furcht« ist unser bester Schutz, unsere letzte Hoffnung. Amerika bedeutet also für uns in dieser Hinsicht keinerlei Bedrohung. Wenn ein »totaler Konflikt« mit Wasserstoffbomben, biochemischen Waffen und anderen Liebenswürdigkeiten dieser Art ausgetragen wird, bleibt die Unterscheidung zwischen kriegführenden und neutralen Mächten zwar noch ein Argument bei Wahlkampagnen, aber irgendeine praktische Bedeutung kommt ihr nicht mehr zu, denn die Zerstörungswirkung der modernen Waffen ist viel zu groß, als daß man ihren Aktionsradius genau vorausbemessen könnte. Schweden scheint von dieser Binsenwahrheit überzeugt zu sein, denn es ist im Begriff, gewaltige antiatomare Schutzanlagen zu bauen, von denen man nur hoffen kann, daß sie sich als wirksam erweisen.

Das kollektive Risiko

Als reiches, von der Natur gesegnetes, mit einem qualitativ hochwertigen Menschenpotential ausgerüstetes Land zählt Frankreich heute zur Spitzengruppe der Industrieländer: es kann ohne allzu große Schwierigkeiten mit dem Tempo der neuen europäischen Entwicklung Schritt halten. Insofern aber die kollektive Freiheit für uns nationale Dimensionen hat, sind wir seit der Unterzeichnung der Römischen Verträge nicht mehr völlig frei.

Bis jetzt ist der europäische Gemeinschaftsgeist noch ein Zukunftsideal, aber wir geben uns sehr deutlich darüber Rechenschaft, daß der Teilverzicht auf unsere Freiheit durch unsere Zugehörigkeit zu einer Gruppe von 180 Millionen Menschen mehr als aufgewogen wird, daß sich auf wirtschaftlichem Gebiet wie auf vielen anderen das Gesetz bewahrheitet, daß »das Ganze besser ist als die Summe seiner Teile«.

Frankreichs Politiker machen jedoch keinerlei Hehl aus ihrem Unwillen, auf dem eingeschlagenen Wege voranzugehen oder die Trikolore gegen das Banner der EWG einzutauschen: Sie behaupten, Europa sei für die »Supranationalität« noch nicht »reif«. Die zur Versteifung dieser These aufgefahrenen Argumente scheinen bis dato die Mehrzahl unserer Landsleute überzeugt zu haben. Ich verzichte hier auf jede politische Diskussion über die Supranationalität und begnüge mich festzustellen, daß ihr Fehlen eine Gefahr bedeutet.

Die Aufrechterhaltung der nationalen Staatswesen und der wenig empfehlenswerten »Einstimmigkeit« der Entscheidung beraubt den Gemeinsamen Markt aller Mittel, dem amerikanischen Dynamismus einen europäischen Dynamismus entgegenzustellen. Die unverzeihliche Regel der »Einstimmigkeit« hat unweigerlich zur Folge, daß die meisten Probleme ungelöst auf der Strecke bleiben, sobald es nicht um Interessen geht, die allen unmittelbar in die Augen fallen. Eine solche Frage ist gerade die amerikanische! Ob man den amerikanischen Dynamismus nun für gefährlich hält oder nicht, es wäre natürlich (und mit Hilfe der Supranationalität möglich) gewesen, eine gemeinsame EWG-Linie auszuarbeiten, die die gegenseitigen Interessen der Vereinigten Staaten und der Europäischen Wirtschaftsgemeinschaft gewährleistet hätte.

Die europäische Uneinigkeit mußte die amerikanischen Unternehmen dazu verführen, eine ihnen so günstige Situation auszunützen. Die Folge ist, daß sie hinter dem Schutzwall unserer Streitigkeiten die europäische Unordnung nach den Erfordernissen *ihrer* Interessen organisieren und parallel zum Gemeinsamen Markt ihren eigenen »Gemeinsamen Markt« auf die Beine bringen, der tadellos funktioniert und der absoluten Fernlenkung Washingtons unterliegt. Solange sich der Gemeinsame Markt zu keiner gemeinsamen Außenpolitik entschließen kann, besteht für

Europa vielleicht eine Gefahr: aber die Schuld liegt nicht bei den Amerikanern, sondern bei uns. Bei einer Schachpartie gewinnt beinahe immer der bessere Spieler, und ich bin noch keinem Moralisten begegnet, der an dieser Tatsache Anstoß genommen hätte. Außerdem sollten wir uns vor jeder Dramatisierung hüten.

Einer der beunruhigendsten Aspekte der Wirtschaftsbeziehungen zwischen den Industrieländern und den anderen, d. h. den unterentwickelten, ist, daß der Druck der dominierenden Wirtschaft die ökonomische Struktur des beherrschten Gebietes zum Vorteil des Stärkeren verändert, was zu einer Art wirtschaftlichem Imperialismus und zur ständigen Erweiterung des Abstands zwischen den entwickelten und den unterentwickelten Ländern führt. Vergessen wir jedoch nicht, daß die Entwicklungsländer von Anfang an über keinerlei eigene Technologie verfügten und sich von vornherein mit der Rolle des Verbrauchers begnügen mußten.

In unserem Fall liegen die Dinge völlig anders.

Die europäische Wissenschaft und Technik hat einen erheblichen Anteil an der weltweiten technologischen Expansion. Auf gewissen Gebieten ist sie führend; der europäische Beitrag zur wissenschaftlichen Entwicklung in Amerika ist auch heute noch bedeutend. Aber es liegt auf der Hand, daß der »brain drain« und die Einrichtung amerikanischer Schlüsselindustrien in Europa (Elektronik usw.) auf die Dauer unser intellektuelles Potential schwächen und auf die europäischen Industriellen deprimierend wirken, so daß sich in gewissen Sektoren Amerika eine De-facto-Vormachtstellung gesichert hat. Die Folge könnte nach dem nur allzu bekannten wirtschaftlichen Gesetz der Ballung eine Vergrößerung unseres Rückstands in diesen grundlegenden Wirtschaftszweigen sein, so daß wir langsam, aber unabwendlich vom Status des Erzeugers in den des Verbrauchers zurückgedrängt werden.

Aber eine solche Gefahr scheint mir mehr theoretischer als praktischer Natur. Einmal werden sich die Europäer jederzeit zu neuen Taten aufraffen können, und wir werden später sehen, daß sie durchaus über die nötigen Mittel verfügen. Zum anderen aber scheint uns, daß die Vereinigten Staaten nicht das geringste Interesse haben, Europa zu unterjochen oder es auch nur zu versuchen!

Die Amerikaner wissen nämlich besser als irgendwer auf der Welt, daß die vom wirtschaftlichen Standpunkt aus verlockende Perspektive, die mannigfaltigen individualistischen Länder Westeuropas in ihre Abhängigkeit zu bringen, eine Illusion ist und für Amerika viel gefährlicher wäre als für Europa. Die Sowjets haben diesen Fehler 1945 begangen, und ihre interplanetaren und diplomatischen Erfolge können nicht darüber hinwegtäuschen, daß sie heute die Rechnung für ihre Irrtümer bezahlen. Für die Vereinigten Staaten würde das wirtschaftliche Hinausgreifen über den amerikanischen Kontinent keine Vergrößerung ihrer Machtstellung, sondern Gigantismus bedeuten. Und Gigantismus ist niemals Fortschritt, sondern Verfall. Ich zweifle nicht einen Augenblick daran, daß man sich im Lande eines Wiener und eines Shannon darüber völlig im klaren ist.

Die kollektive Freiheit Europas wäre nur dann bedroht, wenn sich Amerika jeder Vernunft zum Spott in ein wirtschaftliches Abenteuer einließe, das auf wirtschaftsimperialistische Ambitionen hinausliefe. Eine solche Initiative von seiten Amerikas ist wenig wahrscheinlich, aber wenn die Europäische Wirtschaftsgemeinschaft sie befürchtet, so liegt es an ihr, die Gefahr durch einen größeren inneren Zusammenhalt abzuwehren; ohne eine bessere innereuropäische Kohäsion ist eine Symbiose mit den Vereinigten Staaten nicht möglich. Hier liegt einer der wichtigsten Gründe, die einen ehrlich gemeinten, zusammenhängenden, eigenen Gemeinsamen Markt wünschenswert erscheinen lassen.

Das individuelle Risiko

Bleibt das Problem der individuellen Freiheit, das heißt der Beeinträchtigung der persönlichen Entfaltung auf der kulturellen Ebene. Wie jede lebende Kultur, so ist auch die europäische Veränderungen unterworfen. Sie kann sich unter dem Einfluß verschiedener Umstände wandeln.

Die amerikanischen Anschauungen über Bewegung, Risiko und Efficiency werden sicherlich in unser tägliches Leben Veränderungsfaktoren einführen, die unser Verhalten und damit unsere Kultur beeinflussen können. Der europäische Konservativismus muß jedoch als eine prinzipielle Ablehnung jeder Veränderung ausgelegt werden. Daher kann man heute bereits sagen, daß Europa gewisse Formen der amerikanischen Zivilisation, besonders auf technologischem Gebiet, einfach nicht akzeptieren wird. Diese Wahrscheinlichkeit ist um so größer, als unsere kulturelle Beständigkeit zum guten Teil auf dimensionale und historische Umweltsfaktoren zurückzuführen ist.

Der dimensionale Faktor wird sich *gegen* die kulturelle Beständigkeit auswirken, wenn sich zum Beispiel der Franzose der neuen europäischen Dimensionen bewußt wird; aber der historische Faktor behält seine Gültigkeit und steht jeder »Amerikanisierung« unserer Kultur als Hindernis im Wege.

Mehr noch, gerade der historische Faktor kann die Symbiose mit der amerikanischen Kultur erleichtern!

Ich habe aufgezeigt, daß die zukunftsstürmende Geistesart des Amerikaners gerade auf das für die Vereinigten Staaten charakteristische Fehlen jeder historischen Vergangenheit zurückzuführen ist. Deshalb ist der Gedanke keineswegs utopisch, daß Europa einen wichtigen Beitrag zum kulturellen Zusammenhalt des Westens leisten könnte, wenn es durch eine neue, komplexlose Atmosphäre der kulturellen Zusammenarbeit und gegenseitigen Durchdringung den Abendländern der Neuen Welt diese Möglichkeit eines Zurückgreifens auf ihre Quellen böte.

Durch eine solche Atmosphäre ließe sich am besten der Gefahr eines amerikanischen »Gigantismus« begegnen. Die westliche Welt könnte auf diese Weise zu einer gemeinsamen Marschgeschwindigkeit mit den Vereinigten Staaten gelangen, was zur friedlichen und gerechten Lösung der immer akuteren Probleme beitrüge, die die Dritte Welt den reichen Ländern stellt.

In unseren Beziehungen mit Amerika sind wir keineswegs nur Bittsteller. Auf wissenschaftlichem, technologischem und wirtschaftlichem Gebiet erweisen uns die Vereinigten Staaten den unermeßlichen Dienst, uns aus unserer Enge herauszuhelfen, uns zu zwingen, mehr und besser zu produzieren. Wir können sie uns verpflichten, indem wir ihnen zeigen, wie man besser lebt und träumt. Auf der Ebene der humanistischen Werte überragt Beethoven sicherlich Einstein, und Renoir steht einem Ford oder Teller in keiner Weise nach.

Die Mehrheit ist sich völlig darüber klar, wie gefährlich sich eine junge, falsch ausgerichtete, schlecht angewandte Wissenschaft auswirkt. Die Gefahr liegt nicht etwa in der Wissenschaft als solcher (und nicht einmal bei den Wissenschaftlern), sondern in der mißbräuchlichen und wahnwitzigen Verwendung der Ergebnisse der Wissenschaft durch *Politiker,* die weder ihre Ausbildung noch ihr moralisches Verantwortungsgefühl auf eine so große Verfügungsgewalt vorbereitet hat.

Wenn es Europa gelingt, ein einheitliches und modernes Ganzes zu werden, kann es als Hemmschuh gegen jede Übereilung, als Gleichgewicht gegen den Mangel an Maß, als Oase des Friedens und der Lebensart in einer Wüstenei unbändiger Unternehmungslust und schrankenlosen Wettbewerbs auftreten. Wer wird behaupten wollen, daß eine solche Aufgabe nicht vornehm, ja wesentlich ist?

Die außerparlamentarische Opposition

Die französische Krise

Die schwere, für viele unverständliche Krise, die Frankreich 1968 durchgemacht hat, sollte uns zur Überlegung und zum Nachdenken anregen. Weder die politischen Führer, noch die Kämpfer und Manifestanten aller Tendenzen scheinen dies getan zu haben: freilich, wenn man mitten in der Aktion steht, ist das Nachdenken oft schwierig. Werfen wir einen Blick auf die Vergangenheit.
Von einer agierenden Minderheit mitgerissen, stellt die Arbeiterschaft Forderungen. Der Vorgang ist durchaus normal und kann niemanden überraschen. Unter dem Druck der Ereignisse, die sie weder vorhergesehen noch in ihrer Bedeutung abgeschätzt haben, verlieren die Politiker einen Augenblick den Kopf. Befehle und Gegenbefehle heben sich gegenseitig auf, man empfiehlt Marianne, »sich auf die Zeit, ihren Mut und ihren König zu verlassen!«

Das Unbehagen

1. Der Bevölkerungszuwachs

1850 schätzte man die Bevölkerung der Erde auf 1,2 Milliarden Menschen. 1950 waren es 2,5 Milliarden.
In einem Jahrhundert hat sich die Zahl der Erdenbürger praktisch verdoppelt. Nach der Meinung aller Fachleute wird sie sich von 1950 bis zum Ende des Jahrhunderts noch einmal verdoppeln.
Der Bevölkerungszuwachs, eine unmittelbare Folge des Rückganges der Sterblichkeit, besonders aber der Kindersterblichkeit, stellt die Wirtschaftler vor Probleme, deren Ausmaß man heute noch nicht abzuschätzen vermag. Sie werden aber nicht ohne kurzfristigen Einfluß auf die politische Entwicklung bleiben. Der Rückgang der Kindersterblichkeit in den letzten zwanzig Jahren hat die Struktur der aktiven Bevölkerungsschichten merklich verändert und den prozentualen Anteil der Kinder und Jugendlichen um ein Erhebliches vergrößert*.
Zwei Schlüsse lassen sich aus diesem Tatbestand ziehen:
a) Mit zwanzig Jahren sind die Menschen dem Neuen zugewandt, tätig, absolut in ihrem Urteil und – in ihrer überwiegenden Mehrzahl – für alle menschlichen Probleme empfänglich. Die lebendige Erinnerung an die Schulausbildung und der Einfluß des Familienmilieus bedingen beim Jugendlichen eine Eindrucksfrische, die das Leben nach und nach abstumpft.
Daher seine oft brutalen und beinahe immer aufrichtigen Reaktionen!
b) Die Zahl der jungen Arbeitssuchenden wächst schneller

* Wobei wir das steigende Ungleichgewicht zwischen aktiver und passiver Bevölkerung unberücksichtigt lassen.

als die Zahl der verfügbaren Arbeitsplätze, so daß es überaus schwierig wird, jedem eine annehmbare Arbeitsmöglichkeit zu bieten.
Wenn man außerdem bedenkt, daß das Durchschnittsalter jährlich zunimmt und daß die Todesfälle vor der Altersgrenze immer seltener werden, so versteht man, daß die Arbeitsplätze gerade dann zu fehlen beginnen, wenn man sie am nötigsten braucht*.
Daher kann die heutige Wirtschaftslage nicht durch Dekrete oder soziale Maßnahmen, sondern nur durch Schaffung neuer Industrien verbessert werden; es sei denn, man erkläre sich bereit, unsere Anschauung über die menschliche Tätigkeit von Grund auf zu ändern, eine Eventualität, mit der wir durchaus rechnen sollten.

Die Protesthaltung

Die Studenten stellen keine Forderungen, sie protestieren. Diese Protesthaltung und Infragestellung ist kein nationales oder auf die Nachbarstaaten übergreifendes Phänomen, wir finden es in dieser oder jener Form in der ganzen Welt. Diese Haltung ist zukunftsweisend und läßt sich auf Überlegungen über die kommende Entwicklung des Menschgegeschlechtes zurückführen.
Man hat in letzter Zeit viel von dem technologischen »Graben« zwischen den Industrieländern und der Dritten Welt gesprochen; die technologische Ungleichheit kann in der Tat eine Gefahr bedeuten, wenn sie andauert und weiter um sich greift. Wir können jedoch einen weitaus weniger offenkundigen Bruch feststellen, von dem bislang nur we-

* Wir berücksichtigen bei diesen Überlegungen noch nicht einmal den technologischen Fortschritt, der vielerorts dazu führt, daß Menschen durch Maschinen ersetzt werden (Automation).

nig die Rede war, der sich aber der erstaunten Öffentlichkeit plötzlich auf dramatische Weise kundgetan hat:
Wir haben nämlich auf der einen Seite Generationen, die unsere unter dem Zeichen der Produktivität und des Gewinns stehende Zivilisation befürworten oder stillschweigend dulden. Auf der anderen die Jugend – ich meine hier die wirkliche, aufrichtige und unbefangene Jugend –, welche die von der industriellen Macht beherrschte Kultur verabscheut; und zu dieser Jugend zählen nicht nur die Studenten, sondern auch junge Landwirte, Techniker, Arbeiter, Handwerker.
Wenn man von allen theatralischen Überspitzungen, von aller Rhetorik, von allen radikalen und voreiligen Urteilen absieht, die ein noch allzu neues und fragmentarisches Wissen erklärt, so bleibt bei den Jungen unserer Zeit eine Erkenntnis, die die Zauderer mitreißt und die Zweifler überzeugt: die Erkenntnis, zur Sklaverei erzogen zu werden.
Man mag die Methoden der Jugend verurteilen, im Grunde genommen muß man ihr recht geben.
Man denkt hier sofort an die der Dritten Welt geleistete Hilfe, die so oft mehr die Form eines Almosens als die eines Beistandes im echten Sinne des Wortes annimmt.
Die »Entwicklungshilfe« besteht häufig nicht aus produktionsfördernden Maßnahmen, sondern aus Lieferungen von Verbrauchsgütern. Die »Dritte Welt« wird als ein Reservoir angesehen, in das die Industrieländer ihren unverkäuflichen Überschuß ableiten: die Folgen einer solchen Politik sind nur allzu bekannt.
Von unserem Erziehungssystem läßt sich ähnliches sagen. Es ist bemüht, die herrschende Weltanschauung zu propagieren und die Geister so zu formen, daß sie im Interesse der bestehenden Gesellschaft, »unserer Gesellschaft«, denken und handeln. Niemand fragt, ob die Jugend mit dieser Weltanschauung überhaupt einverstanden ist.
Nun ist aber die Jugend großherziger, besser informiert

und vernünftiger, als man annimmt. Sie würde gern gewisse Opfer in Kauf nehmen, wenn sie im Unterricht einen gerechten Ausgleich für ihre Bemühungen und eine echte Antwort auf ihr entscheidendes Begehren fände; mit anderen Worten, wenn die studierende Jugend als Staatsbürger im vollen Sinne des Wortes und nicht als zins- und fronpflichtige Heloten behandelt würde.

Die Studenten möchten gern in Friedenszeiten dieselbe Manneswürde erlangen, die man ihnen so eifrig zuerkennt, wenn man sie zur Austragung bewaffneter Konflikte heranzieht. Sie möchten als freie Menschen eine Stimme im Kapitel haben. Kann man es ihnen verdenken?

Die Reaktion dieser Jungen ist trotz ihrer Übertreibungen, ihrer Unbändigkeit, ja ihrer Ungeschicklichkeit gesund und zukunftsweisend. Sie halten außerdem – und das berührt uns unangenehm – unserem eigenen Gewissen einen Spiegel vor, in dem auch wir die Unschönheiten unserer Zivilisation erblicken. Im Wettspiel des täglichen Lebens stehen sie außen am Feld: sie haben Angst, den Anschluß zu verpassen (eine nur allzu berechtigte Angst) und verabscheuen zugleich das Spiel, an dem sie teilnehmen sollen. Die Spielregel verlangt von ihnen nicht, fröhlich, verständnisvoll, menschlich zu sein, sondern zu produzieren, stets mehr zu produzieren und Gewinne zu erzielen.

Wenn Industrie und Handel unter diesem Gesetz stehen, so mag das noch angehen: aber auch die Wissenschaft ist von dieser Krankheit befallen. Sogar die Kunst wird in den Wirbel der »Produktivität« hineingerissen: sie nagt wie ein Aussatz an der ästhetischen und menschlichen Schranke, die gestern noch die künstlerische Schöpfung beschützte.

Hier wurde bereits mehrmals auf den technologischen »Graben« zwischen den Industrieländern und der »Dritten Welt« hingewiesen. Er stellt zweifelsohne, wenn er sich vertieft und verbreitert, eine Gefahr für das Gleichgewicht der Welt dar und kann zu einer Katastrophe ohnegleichen führen.

Nun aber ist die von uns geschaffene Welt eine verpestete Welt, eine Welt voll keuchender Maschinen, eifriger, saubergeputzter Roboter, trockener Zahlen, lebloser Referate, anonymer Gewalttätigkeiten, eine seelenlose, eisige Welt technischer Vollendung!

Eine solche Welt, in der das industrielle Verbrechen geduldet wird, die eifersüchtig den heuchlerischen Rassismus unterhält und zynisch eine falsche Caritas predigt, kann nur die Ausgeburt einer häßlichen Zivilisation sein.

Sicherlich, die Bilanz ist nicht nur negativ, und die Freunde des *Fortschritts*, zu denen ich mich zähle, können auf ein »Haben« hinweisen, das alles in allem genommen der Menschheit zugute kommt. Vergessen wir nie das Wort Vauvenargues: »Der gute Geschmack setzt Seele voraus!«

Man kann sich gut vorstellen, daß unsere Jugend, deren Reichtum in ihrer seelischen Frische liegt, und die noch nicht von der Last der Jahre gezeichnet ist, bei einer Fabrik mehr die schwarze Fassade und die rauchenden Schlote sieht als die Vollkommenheit der technischen Organisation. Die Studenten sind noch zu jung, um bereits die »Seele« verloren zu haben, die uns so oft fehlt. Daher ihre lärmenden Proteste.

2. Das politische Dilemma

Heute beherrschen zwei politische Ideologien das Feld:

– der Kapitalismus
– der Marxismus

sowie ihre zahlreichen Abarten.

Jede moderne Gesellschaft verlangt von ihrer Jugend, zwischen diesen beiden Weltanschauungen zu wählen und sich zu der entsprechenden Ethik zu bekennen.

Dabei kann ein jeder feststellen, daß diese beiden großen Doktrinen sieche Greise sind. Der Kapitalismus schreibt mehr oder weniger offen das Trachten nach Profit auf sein Panier: eine solche Finalität paßt ausgezeichnet ins Konzept der Arrivierten, läßt aber nicht nur die Arbeiter, sondern – vielleicht sogar noch mehr – die jungen Idealisten zu kurz kommen, bei denen »das Holz noch nicht den Samt durchstoßen hat«.

Deshalb findet man die Protestler nicht nur bei den Arbeitersöhnen, sondern auch unter den Jungen der Bourgeoisie, »für die die Wahrheit nicht amerikanisch ist«*.

Die Unfähigkeit des Marxismus, seiner sich selbst gestellten Aufgabe nachzukommen, wird heute sogar in den Oststaaten, die ihm huldigen, offenbar.

Ich habe hier keineswegs nur die Sowjetunion im Auge, sondern ganz Osteuropa: Es hat keineswegs den Anschein, als ob der – abgemilderte – Leninismus Rumänen, Polen, Tschechen oder auch die Ostdeutschen (vor der Berliner Mauer) von seiner Brauchbarkeit überzeugt hat**.

Im übrigen sprechen die Existenz dieser Mauer und ihre politischen Auswirkungen bereits Bände. Der Marxismus hat deshalb nicht unbedingt Schiffbruch erlitten, er hat lediglich seine Kräfte überschätzt. »Die Wahrheit ist also weder sowjetisch, noch chinesisch.« Daher sucht man allerorten verzweifelt nach anderen Wegen ...

Unsere Jugend betrachtet die ihr vorgeschlagene politische Zweispurigkeit als überholt, den menschlichen Bedürfnissen zuwider: sie ist in ihren Augen das Werk von Leuten

* Insofern wenigstens, als man die Vereinigten Staaten als den Prototyp der Verbraucherzivilisation hinstellt.

** Stellen wir jedoch fest, daß die Theoretiker des Leninismus über »philosophische« Argumente (lies: Panzerdivisionen, Luftlandetruppen etc.) verfügen, mit denen sie etwaige Zweifler oder Skeptiker »überzeugen«. Sie sehen sich gelegentlich gezwungen, von diesen Argumenten zum Wohlbefinden des Leninismus, aber zum Unglück der Menschen Gebrauch zu machen.

ohne Phantasie (verzeihlich!) und ohne Seele (unverzeihlich!).

Die soziale Ungerechtigkeit

Unparteiische Beobachter aller politischen Richtungen haben mit Verwunderung die bemerkenswerte Resonanz festgestellt, die die studentische Protestbewegung in der Arbeiterwelt gefunden hat. Die Tatsache allein, daß sich unter den Studenten viele Arbeitersöhne befanden, kann die heftige Reaktion der Arbeiterklasse nicht erklären, die sogar die Arbeitergewerkschaften unvorbereitet fand.
In Wirklichkeit haben die Studenten ganz einfach ausgesprochen, definiert, konkretisiert und an den Pranger gestellt, was die Arbeiter seit langem unbewußt empfinden: »daß sie nach festgelegten Riten, mit zweifelhaften Mitteln für unkontrollierbare Zwecke eingespannt werden«. Die Forderungen der Studenten sind mehr moralischer als materieller Art.
Das aus den Tiefen seines Wesens aufsteigende, berechtigte Trachten des modernen Menschen nach Erfüllung seiner Persönlichkeit und Verwirklichung seiner Freiheit hat zu einer sozialen Situation geführt, die sich mit dem Ablauf der Zeit noch weiter präzisieren wird und der Regierung und Arbeitgeberschaft von nun an Rechnung zu tragen haben.
Herablassender Dünkel, geschickt formulierte, zeitgewinnende Versprechungen, Teilkonzessionen werden in Zukunft nicht mehr genügen. Der Arbeiter trachtet nach Menschenwürde, nach Gerechtigkeit und Recht; die Ereignisse haben ihn gelehrt, daß er sie fordern kann. Er wird sich zweifellos ihrer erinnern.

Hier berühren wir einen heiklen Punkt, den es nüchtern ins Auge zu fassen gilt. Seit zwanzig Jahren lebt Europa ohne Krieg. Eine lange Zeit für die menschliche Bestie!

Die Gewalttätigkeit, deren Schauplatz Europa heute ist (um nur von Europa zu sprechen!), hängen sicherlich mit den soeben erwähnten moralischen Problemen zusammen, aber ihre tiefste Motivation ist wohl in der natürlichen Aggressivität der Jugend zu suchen, der (ihrer Meinung nach) die beiden obenerwähnten Zivilisationstypen kein geeignetes Betätigungsfeld mehr bieten.

Wenn der Zwanzigjährige heute gegen seinen Vater, seine Lehrer, die Gesellschaft rebelliert, so ist das zweifellos *seine* Art zu protestieren; aber er wird vielleicht auch von dem inneren Drang, von der inneren Notwendigkeit getrieben, sich im Kampf zu messen, Gefahren zu begegnen, Front zu machen, herauszufordern.

In ihrer Aufmachung, ihrem Gehabe, ihrem Protest gegen die Tradition, in ihren Übertreibungen wollen die Jungen herausfordern; (seit mehreren Jahren) werfen sie der staatlichen und gesellschaftlichen Ordnung den Fehdehandschuh zu. Was sie treibt, ist weniger eine nihilistische Weltanschauung als das Bedürfnis, durch Gewalttätigkeit zur Sprache zu kommen, denn die Gewalttätigkeit ist in unsere Gene eingeschrieben; sie gehört zur Natur des Menschen und kann auf die Dauer nicht in Schranken gehalten werden.

Von diesem Gesichtspunkt aus gesehen, sind die letzten Gewaltausbrüche unserer Jugend der beste Beweis für ihre Gesundheit und Lebensfähigkeit.

Niemand kann leugnen, daß die Information heute eine der wichtigsten soziologischen Gegebenheiten geworden ist. Leben ist heute gleichbedeutend mit »sich informieren«. Die Tatsache als solche ist nicht neu, sie tritt heute lediglich deutlicher in Erscheinung. Zur Zeit der Postkutschen genügte eine Petroleumlampe, um den Weg zu erleuchten; es liegt auf der Hand, daß sich ein mit 150 Stundenkilometern dahinbrausendes Fahrzeug nicht mit so kümmerlichen Lichtverhältnissen begnügen kann. Es bedarf mächtiger Scheinwerfer, um den Fahrer über die Ereignisse auf der Straße zu »informieren«.

Im Zeitalter des Tempos erlebt der Mensch in zehn Jahren mehr Umbrüche, Neuerungen, Veränderungen als früher in einem Jahrhundert! Daher müssen sich die Staatslenker »informieren«: Regieren heißt nicht nur vorausschauen, regieren heißt, sich über die Mutationen und Veränderungen unterrichten; mit der herkömmlichen »Vorausschau« ist es heute einfach nicht mehr getan.

Die unumgängliche Notwendigkeit für die Staatsleiter, sich über die Ereignisse auf dem laufenden zu halten, wird auch vom »Mann auf der Straße« empfunden, der ohne Nachrichten nicht mehr leben kann. Erwähnen wir zwei Faktoren, die das Bedürfnis nach Information noch verschärfen:

1. Man appelliert niemals vergebens an die Neugierde der Menschen, und wenn sie sich erst einmal an etwas gewöhnt haben, halten sie an ihrer Gewohnheit fest: die Nachricht ist heute eine Droge, ohne die niemand mehr auszukommen glaubt;

2. Die soziologische Bedeutung der Information wurde von den Volksführern früh erkannt, die daraus ihre Lieblingswaffe schmiedeten; diese Waffe ist eine der gefährlichsten, die es auf Erden gibt, denn sie vermag das psychologische

Klima eines Landes in ein paar Stunden völlig zu verändern.

Es ist unmöglich zu verkennen, daß der »Nachrichtendruck« gleichsam mit dem Fortschritt wächst, was man leider nicht vom kritischen Scharfsinn der Staatsbürger behaupten kann.

Die Wissenschaft schreitet viel schneller voran als die Erziehung, die unsere Jugend noch häufig mit den Methoden aus vergangenen Jahrhunderten verarztet: sie gibt den jungen Menschen nicht die nötige geistige Ausbildung auf den Lebensweg mit, die es ihnen erlauben würde, den Schwall der Nachrichten und Informationen, der sich stündlich über unsere Köpfe ergießt, zu filtrieren und zu sichten.

Erste Schlußfolgerung:

Wir haben zwar die unschönen Seiten unserer Zivilisation aufgezeigt und an den Pranger gestellt, aber auf keine der wesentlichen Fragen geantwortet.

Ein Krebsgeschwür ist sicherlich etwas Entsetzliches: was soll man aber von einer Therapie halten, die darauf abzielt, den Kranken umzubringen.

Wenn man die augenscheinlichsten Fehler unserer Gesellschaft für gefährlich hält und sie ausmerzen will, muß man zu einer geeigneten ärztlichen Behandlung und in schweren Fällen zu einem chirurgischen Eingriff bereit sein. Dazu sind jedoch wissenschaftliche und technische Kenntnisse erforderlich: diese setzen voraus, daß man das gesamte kulturelle Erbe nicht verwirft, das im Laufe der Jahrhunderte mühsam zusammengetragen wurde.

Freilich müssen neue, vor allem menschlichere Methoden erdacht werden, aber ohne zu arbeiten, zu forschen und auszuwählen kann das Leben nicht bestehen; denn leben heißt nun einmal kämpfen! Diese Binsenwahrheit steht über jeder Ideologie, über jeder Weltanschauung – wenn man vom Nihilismus absieht.

Ist schon jemals etwas abgetragen worden, ohne daß die Pläne und die Mittel für das nächste Bauwerk bereit lagen?

Wir kommen also zu folgendem Schluß:

Die Jugend, Intellektuelle wie Arbeiter, stellen die moderne Gesellschaft in Frage.

Sie sind auf der Suche nach einer neuen Menschenwürde und finden keinerlei Gefallen mehr an den überkommenen Systemen, die da heißen Kapitalismus und Marxismus. Muß man der Jugend recht oder unrecht geben? Ist der Augenblick nicht gekommen, »die Grundkonzepte der Dialektik zu unterziehen«, wie es G. Bachelard für die wissenschaftliche Erfindung vorschlägt?

Die Mutation

Die Suche nach Menschenwürde ist in Wirklichkeit eine Sorge, die den Menschen aller Zeiten und aller Rassen stets am Herzen lag.
Ist die Geschichte der Menschheit etwas anderes als ein langsamer Aufstieg des Menschen zur Selbsterfüllung?
Nach einer uralten Gepflogenheit wurde dieser Aufstieg stets mit der Suche nach Wahrheit, nach Fortschritt auf allen Gebieten und besonders im Bereiche der Wissenschaft identifiziert.
Und in diesem Bereich hat eine völlige Umwandlung stattgefunden, die die Mutation all unserer Konzepte erheischt: die letzten Errungenschaften der Wissenschaft, der Eintritt ins Zeitalter des Atoms, geben dem Menschen eine Gewalt, deren Mißbrauch den Bestand des gesamten Menschengeschlechts in Frage stellen würde.
Es ist heute also nicht mehr möglich, den Fortschritt der Wissenschaft ohne ausdrückliche Vorbehalte mit dem Aufstieg zur Selbsterfüllung des Menschen zu identifizieren.
Da unsere Ethik der Wissenschaft nachhinkt, kann letztere, wenn man nicht größte Vorsicht walten läßt, zu einem Zauberlehrling werden, dessen Experimente der Menschheit Verhängnis bringen können. Wir stehen hier vor dem Problem der *Wissenschaft im Lichte der Moral*, und mehr noch vor dem der Verantwortung der Volksführer. Der Vorwurf, daß unsere Zivilisation den Keim des Völkermordes in sich trägt, ist also nicht so ungerechtfertigt, wie es auf den ersten Blick hin scheinen mag.
Philosophen, Wissenschaftler und Denker haben genügend Geistesschärfe an den Tag gelegt, um die Schwere dieser Anklage zu ermessen. Daher steht auch die Zukunft unserer Zivilisation und die des Menschen im Mittelpunkt einer neuen Wissenschaft, der Zukunftsplanung.

Die Zukunftsplanung

Jedem scharfsinnigen Beobachter ist es heute klar, daß man den Menschen in den Dienst einer unmenschlichen Sache gestellt hat. Aus diesem Grunde ist es unerläßlich, die Prinzipien unserer Gesellschaft anzufechten, denn nur so läßt sich der Fortschritt »abbremsen«: wenn dies nicht geschieht, führt uns das Wettrennen unweigerlich einem verfrühten und grauenvollen Ende entgegen. Mit einem Wort, wir müssen uns entschließen, endlich in ethischen Kategorien zu denken.

Metaphysiker und Moralisten sahen hierin von Anfang an ihre Aufgabe. Seit einigen Jahren haben sich die Zukunftsplaner dieser Schau angeschlossen. Es hat durchaus den Anschein, als sei diese plötzliche Erkenntnis einiger besonders scharfsinniger Geister und ihr fester Entschluß, der Zukunft der Menschheit ihre ganze Aufmerksamkeit zu schenken, im wesentlichen auf die Angst zurückzuführen, die die Struktur der modernen Zivilisation den noch heilen Gehirnen einflößt.

Ist es nicht die Reaktion eines schlechten Gewissens, wenn die Zukunft, die man früher nur so wenig beachtete oder mit einem herablassenden Lächeln abtat, von heut auf morgen der Gegenstand eines regelrechten Kults wurde?

Das hohe Ziel der Zukunftsplanung kann auf keinen Fall als eine banale Suche nach Wohlstand angesehen werden.

Die Zukunftsplanung trachtet *an erster Stelle danach,* dem Menschen seinen Platz in der Zukunft zu sichern; oder, besser ausgedrückt, sie möchte die Zukunft *um den Menschen* organisieren: »Die Zukunftsplanung ist eine neue Wissenschaft im Dienste eines Humanismus der Erneuerung.«

Die zukunftsplanende Haltung läuft also auf Folgendes hinaus:

– Die wirtschaftspolitischen Notwendigkeiten der werdenden Gesellschaft zu berücksichtigen
– die Menschenwürde zu bewahren und zu fördern.

Der eigentliche Gegenstand dieser neuen Wissenschaft ist, die Definition der notwendigen Änderungen und, wenn möglich, die Voraussetzungen zu schaffen, die die unerläßlichen Mutationen hervorrufen.

Die Zukunftsplanung als Wissenschaft der Entwicklung muß also das Politische in ihre Disziplinen einführen.

Wir möchten hier eine eigenartige Feststellung vorausschikken: Wenn der Mensch von seinem unstillbaren Wissensdurst getrieben die Geheimnisse von der Entstehung und Entwicklung der Arten zu durchdringen sucht, wenn er nach dem Ursprung des Lebens forscht*, wenn er all seine Findigkeit daransetzt, die genetische Veranlagung zu entziffern, ja auf seine eigene biologische Entwicklung einzuwirken**, wenn er nicht zögert, zu diesem Behufe alle Hilfsmittel der modernen Wissenschaft, vor allem aber die Mathematik auf den Plan zu rufen, ist es da nicht überaus seltsam, daß er gewöhnlich meint, die politische Entwicklung als Summe gesellschaftlicher Makroerscheinungen entziehe sich den Erkenntnissen der Wissenschaft?

Haben nicht viele politische Führer der Logik den Laufpaß gegeben und einen mutwilligen Opportunismus zu ihrem Leitstern erhoben?

Der Staat, so meinen sie, hat Gründe, die nichts mit Vernunft und Logik zu schaffen haben!

So kommt es, daß die englischen Labourführer ganz naiv die konservativsten Maßnahmen treffen, daß der demokratische Präsident der Vereinigten Staaten eine noch aggressivere und gefährlichere Politik betreibt als sein unglückseliger republikanischer Rivale, daß die französische Regierung eine ostfreundliche Politik betreibt, von der die

* Siehe auch Boschke: Die Herkunft des Lebens, Econ 1970.
** Siehe auch Rosenfeld: Die zweite Schöpfung, Econ 1970.

Kommunisten nicht zu träumen wagten, daß dieselben Kommunisten von Demokratie, Gewerkschaftsrecht und »Freiheit« sprechen, obwohl sie öffentlich das Einparteien-System, das Streikverbot, die Zensur, den Überfall von »sozialistischen« Ländern auf »Bruderländer« billigen, die der »reinen« Lehre treu blieben. »Wenn du Linkspolitik betreiben willst, laß rechts wählen!« könnte die Devise eines modernen Julius Cäsar sein (insofern die Bezeichnung »links« und »rechts« heute überhaupt noch einen Sinn hat). Was uns persönlich betrifft, so sind wir außerstande, uns in diesem Gewirr von Unlogik zurechtzufinden, und wir haben es uns zur Gewohnheit gemacht, die Entwicklung der politischen Systeme im Lichte der Zukunftsplanung zu untersuchen. Das hat uns zu folgenden Betrachtungen geführt:

Das kapitalistische System

Dieses System, das von dem Doppelgespann Gewinn-Risiko gezogen wird, zeichnet sich durch das Fehlen jeder ideologischen Einheitlichkeit aus, was drei wichtige Konsequenzen nach sich zieht:

a) Die Vielfalt der Systeme: es gibt ebensoviel kapitalistische Systeme, wie es kapitalistische Gesellschaften gibt.

b) Wie jedes andere lebende System ist auch das kapitalistische der Entwicklung unterworfen; diese Entwicklung vollzieht sich ungeordnet und chaotisch, wie man es beim Fehlen jeder doktrinalen Einheitlichkeit auch nicht anders erwarten konnte.

c) Das Fehlen einer ideologischen Grundlage führt wie jede andere Form der Anarchie zur Tyrannei; in diesem Fall zur Tyrannei des Geldes und des persönlichen Profits; daher die geradezu unglaubliche Verschwendung der Mittel. Das schlechte Gewissen oder häufiger noch die Gefahr unvermeidlicher Explosionen führen – meist mit Ach und Weh – zur Ergreifung eiliger Maßnahmen, die ein wenig Salbe auf die klaffendsten Wunden des Systems streichen sollen. Es handelt sich da aber gewöhnlich nur um Notbehelfe (Sozialversicherungen) oder Pflaster, die teils utopischen, teils dämagogischen Charakter tragen (z. B. gewisse Formen der Gewinnbeteiligung). »Im Nebel, in der Nacht verloren, ohne Kompaß, ohne Magnetnadel, wie soll man da den rechten Hafen anlaufen?«

*Das marxistische System**

Anfangs besaß der Marxismus vor dem Kapitalismus den unbestreitbaren Vorteil, sich auf eine einheitliche und gedanklich gut unterbaute Lehre zu stützen.
Der dialektische Materialismus hat den Marxismus zu einem Mutationsfaktor erhoben, der für gewisse Länder zu einem gewissen Zeitpunkt ihrer Entwicklung unentbehrlich sein mochte. Durch seine Doktrin hat er der sozialen Entwicklung einen *Sinn* verliehen und dadurch die kollektive Energie gesammelt und auf ein Ziel ausgerichtet, die sich zuvor in örtlich beschränkten, unorganisierten Kämpfen verzettelte.
Die Tatsache, daß Hunderte von Millionen Menschen in wenigen Jahrzehnten einen Rückstand von vielen Jahrhunderten aufholen konnten, wie dies in Rußland und später in China der Fall war, läßt sich nur durch die katalytische Wirkung des Marxismus erklären, der ungeheure Energien freisetzte. Wenn wir die unmenschlichen Seiten der stalinistischen Zeit auch mit letzter Strenge verurteilen,

* Ich spreche hier nicht vom marxistischen *Ideal,* sondern von der marxistischen Wirklichkeit, wie sie uns im Lichte der letzten Ereignisse erscheint. Die unglückseligen Tschechen haben sich nach vielen anderen von dem Abgrund überzeugen können, der zwischen dem marxistischen Ideal und der marxistischen Praxis klafft.

so dürfen wir dennoch nicht vergessen, daß die »stählerne Härte« des Diktators wahrscheinlich – zu Anfang – unerläßlich war, um dem System zur Wirksamkeit zu verhelfen.
Allerdings ist auch der Marxismus der Entwicklung unterworfen; seit dem Tage, da Lenin seine berühmte Definition aussprach: »Sozialismus = Kommunismus + Elektrizität«, hat sich mancherlei gewandelt.
Heute sehen wir allerorten neue marxistische Tendenzen auftauchen, die von den Vertretern der angeblichen »Orthodoxie« als »abweichlerisch« abgetan werden.
Die marxistische Lehre ist in ein Entwicklungsstadium der Wucherung getreten, zu dem sich folgendes sagen läßt:
a) Die Überfülle von Doktrinen ist in der konkreten Politik wie in allen Bereichen des Handelns und der Tat kaum weniger schädlich als das Fehlen jeder Lehre.
b) Das nicht zu leugnende Nebeneinander grundverschiedener Auffassungen vom Marxismus stellt die dem Materialismus zugeschriebene Fähigkeit in Frage, die Entwicklung der Völker zu erklären.
Haben die Sowjets durch ihre »Entstalinisierung« nicht selbst die Auffassung bestärkt, daß der internationale Kommunismus nicht aus dem Dilemma herausfindet:
– orthodox zu bleiben und zu verkalken (wobei sein Bestand nur künstlich durch die Diktatur gewährleistet werden kann, die jedoch über kurz oder lang zu inneren Unruhen, zu unaufhaltbarer Anarchie und schließlich zur Auflösung des Regimes führt)
– oder die Orthodoxie fallenzulassen und einen Evolutionsprozeß in die Wege zu leiten, der die Schwächen des Regimes bloßstellt (da ja der Begriff »Evolution« zur Wiedereinführung der kapitalistischen Grundbegriffe von »Verbrauch« und »Profit« führt, über die man zehn Jahre früher Zeter schrie).
Die in den Oststaaten verschiedentlich unternommenen Experimente scheinen auf die Suche nach sozialistischen Zwit-

terformen hinauszulaufen, die ein Engels, ein Karl Marx oder ein Lenin streng verurteilt hätten und gegen die nun die Sowjetunion mit Gewalt einschreitet, da sie fürchtet, der Wind der Freiheit könne über ihre eigenen Grenzen wehen.

Läßt sich aus dem Vorangegangenen der Schluß ziehen, daß die Alternative Kapitalismus–Marxismus bald von unserem politischen Horizont verschwindet? Vieles scheint darauf hinzudeuten.

Zunächst einmal sehen sich heute alle kapitalistischen Regime gezwungen, eine echt sozialistische Politik zu betreiben, wenn sie überhaupt überleben wollen.

Das Kapital als solches ist nur noch in seltenen Fällen in Privathänden; wenn unter solchen Umständen die Arbeiterklasse gegenüber den Arbeitgebern über wirksame Mittel verfügt, wie das heute tatsächlich der Fall ist, stellen dann die Truste und Holdinggesellschaften nicht sozialisierende Übergangsformen dar, die, ohne es zu wollen, den eigentlichen Sozialismus vorbereiten*?

Wenn die sowjetischen Führer hochentwickelten Industrieländern wie Ostdeutschland, die Tschechoslowakei, Polen und auch Rumänien gegen den Willen der jeweiligen Bevölkerung marxistische Herrschaftsformen aufgedrängt haben, so mag es sich da militärisch gesehen um geschickte Manöver handeln, aber politisch haben sie einen schweren Fehler begangen: denn der wirtschaftliche Tiefstand, der einst blühende Länder heute kennzeichnet, beweist, daß der orthodoxe Marxismus, der für arme, technologisch rückständige Völker ein Mutationsfaktor werden kann, für fortschrittliche Länder eine Regression bedeutet.

* Die heftige Kritik der Kommunisten am Kapital wird zum Teil durch humanitäre Erwägungen motiviert, aber man darf wohl annehmen, daß auch andere Überlegungen mitspielen: so kann niemand bestreiten, daß das »große Kapital« der sozialistischen Durchdringung gerade deshalb einen erheblichen Widerstand entgegensetzt, weil es ihr in so mancher Beziehung ähnelt.

Die marxistischen Experimente in Europa haben gezeigt, was der Marxismus wirklich ist:

– ein Mittel zu überleben

– ein Katalysator unter gegebenen Umständen, aber kein allgemeingültiges, evolutives Entwicklungsschema.

Denn jede freie Entwicklung des Marxismus führt unweigerlich zur langsamen Aufgabe der spezifisch marxistischen Merkmale und zur mehr oder weniger verwässerten Rehabilitierung kapitalistischer Konzepte wie Gewinnstreben, Privatbesitz, Konsum.

Fürs erste kann eine gegenseitige Annäherung zwischen den beiden Weltanschauungen zweifellos eine Entschärfung des »kalten Krieges« zur Folge haben, der in den letzten zwanzig Jahren die politische Atmosphäre vergiftete und den Atommächten Zeit verschaffte, ihre wissenschaftliche Mutation zu verdauen. Hoffen wir, daß die anderen Länder die Pause nutzen, um andere, weniger gefährliche Mutationen in die Wege zu leiten.

Freilich kann die Entspannung die ehemaligen Gegner im »kalten Krieg« auch dazu verleiten, gemeinsame imperialistische Pläne zu schmieden, die – wenn man an die Ungleichheit der Kräfte denkt, auf die Dauer unsere Zukunft schwerstens belasten.

Es liegt auf der Hand, daß solche Erwägungen Anhaltspunkte zu allen nur erdenklichen Hypothesen und widersprüchlichen Schlußfolgerungen bieten. Wenn wir also den vermeintlichen segensreichen Folgen einer solchen Annäherung mit großer Skepsis begegnen, so stützen wir uns auf rein zukunftsplanende Überlegungen: – Dem Kapitalismus kann man vorwerfen, den *Menschen* im Namen einiger weniger Bevorzugter zu opfern (wobei man sich auf die individuelle Pseudo-Freiheit beruft) – Die marxistischen Experimente opfern – im günstigsten Falle – den Menschen im Namen der Gesamtheit der Menschen.

Tatsache bleibt, daß in beiden Fällen *der Mensch* hintan

gestellt wird: und wir können uns nicht der Befürchtung erwehren, daß dieser Zustand mit oder ohne kalten Krieg so lange bestehen bleibt, bis neue soziale Strukturen ausschließlich in den Dienst des Menschen gestellt werden.

Genau das ist es, was die Jugend unserer Generation zutiefst empfindet: Sie hat ein besseres Gespür als wir für die trostlose Banalität der Perspektiven, die wir ihr zu bieten wagen: eine Synthese der heute das Feld beherrschenden Ideologien. Der in Aussicht gestellte »Neo-Sozialismus« kann im besten Fall einige kleine Änderungen in der Art und Weise hervorrufen, in der man den Menschen »verschleißt«, eine grundlegende Besserung des tragischen Menschenschicksals ist von ihm jedoch keinesfalls zu erhoffen.

Es gilt also, etwas Neues ausfindig zu machen, neue Bereiche zu erforschen, unsere überkommenen Konzepte einer umfassenden Revision zu unterziehen und so vielleicht zu neuen sozialen Strukturen zu gelangen. Die folgenden Abschnitte, die die »Zukunftsplanung« zum Gegenstand haben, wollen einige Bausteine zu dieser Aufgabe herbeitragen. Unser ganzer Ehrgeiz beschränkt sich darauf aufzuzeigen, welche Möglichkeiten der Neuerung sich dem Wissenschaftler eröffnen, der sich die Mühe geben will, auch nur einen Bruchteil seiner Forscherfindigkeit den sozialen Disziplinen zuzuwenden; der Wissenschaftler widmet heute all seine Erfinderkraft einer Grundforschung, von der niemand sagen kann, ob sie der Menschheit zum Segen oder zum Fluch gereichen wird.

»Die Politik wird eine viel zu ernste Angelegenheit, als daß man sie lange den Politikern allein überlassen könnte!«

Nach dieser etwas langwierigen, aber unerläßlichen Abschweifung vom Thema möchte ich nun ein Grundprinzip der Entwicklung formulieren (Dualität – Komplexität – Organisation)*.

* Man kennt bereits ein von Professor G. Girard formuliertes statisches Prinzip der Komplexität–Organisation, das als selektives Kriterium

Von diesem neuen Prinzip läßt sich das Konzept und die Makrostruktur eines neuen Sozialstaates ableiten, das ich die »zukunftsplanende Gesellschaft« genannt habe, da sie humanistischen Motivationen folgend für den Menschen und mit Bezug auf den Menschen geschaffen wurde.

der Zukunftsplanung benutzt wird. Der große Wert dieses Kriteriums hat mich veranlaßt, den zugrunde liegenden Satz zu einem aktiven, also vierdimensionalen Prinzip zu erweitern: dem Prinzip der Dualität.

Komplexität—Organisation

Im Folgenden will ich mich einer einfachen Ausdrucksweise befleißigen (selbst wenn ich damit Gefahr laufe, es einmal an wissenschaftlicher Präzision fehlen zu lassen) und – von einigen wenigen Ausnahmen abgesehen – nur Worte des täglichen Lebens gebrauchen*. Nehmen wir drei Elemente gleich welcher Art und nennen wir sie A, B, C. Sie sollen irgend etwas bezeichnen, tote Dinge oder lebende Wesen, konkrete oder abstrakte Gegebenheiten, insbesondere aber die drei ersten Buchstaben des Alphabets A, B, C. Um mich klarer auszudrücken, will ich von nun ab Elemente solcher Art »Individuen«, die Zusammenfassung mehrerer solcher Individuen »Bevölkerung« nennen.

Eine Bevölkerung von Individuen soll eine Bevölkerung mit der Grundzahl n heißen.

Im vorliegenden Fall habe ich es also mit einer Bevölkerung der Grundzahl 3 zu tun, die sich aus den Individuen A, B und C zusammensetzt. Wenn ich die Grundzahl 300 oder 3 000 einsetzte, betrachte ich selbstverständlich eine weniger einfache Bevölkerung als die mit der Grundzahl 3, die hundert- oder tausendmal einfacher ist, wenn ich mich so ausdrücken darf.

Meine erste Reaktion veranlaßt mich in der Tat zu der Feststellung, daß jede Bevölkerung eine komplexe Entität darstellt, deren Komplexität sich am einfachsten durch eine Grundzahl definieren läßt: So würde also eine Bevölkerung von 3 Individuen eine Komplexität dritten Grades aufweisen. Eine Bevölkerung von n Individuen hätte eine Komplexität n-ten Grades.

Auf diese Weise hätte ich die scheinbare Komplexität mei-

* Ein streng wissenschaftliches Exposé wäre lang und würde die Geduld des Lesers über Gebühr beanspruchen; es würde weder den Wissenschaftler noch den Uneingeweihten interessieren.

ner Entität definiert, die Komplexität, die der unpersönliche und phantasielose Blick eines photographischen Objektivs registriert, der nur das konkrete Sein mit Namen »Bevölkerung« wahrnimmt. Beim Menschen liegen die Dinge anders. Betrachten wir noch einmal unsere Bevölkerung von 3 Individuen und nehmen wir der Einfachheit halber an, daß die drei Elemente A, B, C tatsächlich die drei Buchstaben des Alphabets darstellen.

Gesetzt den Fall, ich begnüge mich nicht mit dieser Feststellung, sondern stelle mir die Frage, wieviel verschiedene Informationen ich mit diesen drei Buchstaben schreiben kann. Meine kartesianische Geistesart legt es mir nahe, die verschiedenen Möglichkeiten erst einmal zu ordnen:

1. ich schreibe keinerlei Information,
2. ich schreibe drei Informationen mit je einem Buchstaben A – B – C
3. ich schreibe drei binäre Informationen AB – AC – BC
4. ich schreibe eine einzige ternäre Information: ABC

Aus dieser Aufstellung geht hervor, daß eine Bevölkerung von drei Individuen 8 Informationen darstellen kann (2^3), von denen einige nicht ohne Bedeutung sind. Eine konkrete Bevölkerung mit der scheinbaren Komplexität 3 verwandelt sich in meiner Phantasie in eine abstrakte Bevölkerung mit der Komplexität $2^3 = 8$ (und dies gilt für jede Bevölkerung).

Diese abstrakte Bevölkerung erhält den Namen »Menge«*; ich kann folgenden allgemeinen Satz aufstellen:

Jeder konkreten Bevölkerung mit der scheinbaren Komplexität n entspricht eine (abstrakte) Menge mit der Komplexität 2^n.

* Genauer handelt es sich um die Teile 2^3 der endlichen Menge von drei Elementen (A, B, C). – Meine Beweisführung verfolgt jedoch lediglich praktische Zwecke, so daß ich mich mit unmißverständlichen Benennungen begnügen kann, auch wenn ihnen mathematische Präzision abgeht.

Das zukunftsplanende Gemeinwesen

Die scheinbare Komplexität war bereits dem Neandertaler zugänglich. Der Begriff der Menge ist dagegen eine Errungenschaft des Homo sapiens; es sei nebenbei bemerkt, daß dieses einfache Beispiel im wesentlichen die Arbeitsweise der schöpferischen Phantasie aufdeckt: ein scheinbar einfaches Phänomen wird als vielfältig erkannt; das ist kein Zufall.

Von der Tatsache ausgehend, daß 2^n immer größer als n ist, schließe ich, daß die abstrakte Komplexität einer Menge immer um ein Erhebliches die scheinbare Komplexität der Bevölkerung übersteigt. Die Phantasie ist also eine mächtige Waffe, und es taucht augenblicklich die Frage auf, ob man in dieser Richtung nicht noch weiter gehen kann. Beugen wir uns noch einmal über unser Beispiel und sehen wir uns unsere Einteilung näher an.

Mit der Information A–B–C ist nichts weiter anzufangen, desgleichen mit dem Fehlen jeder Information. Stellen wir uns jedoch vor, daß sich BA von AB, CA von AC usw. unterscheidet. Mit anderen Worten, nehmen wir an, daß die Reihenfolge der Buchstaben von Belang ist. Damit wird meine Menge reicher, als ich vermutete, und ich kann eine neue Sparteneinteilung vornehmen:

1. keine Information (wie oben)
2. A–B–C unverändert
3. AB–AC–BC
   BA–CA–CB (6 statt 3)
4. ABC BCA CAB
   ACB BAC CBA (6 statt 1)

Meine abstrakte Bevölkerung ist damit sehr viel größer geworden, denn ich verfüge jetzt über 16 mögliche Individuen oder genauer gesagt über 16 verschiedene Informationen, die sich von meiner Anfangsbevölkerung ableiten lassen. Die Komplexität ist von 2^3 auf 2^4 gestiegen.

Die scheinbare Komplexität einer Bevölkerung von drei Individuen ist also 3. Ihre abstrakte Komplexität ist 2^3,

wenn die Reihenfolge der Individuen gleichgültig, 2^4, wenn sie nicht gleichgültig ist. Allgemein läßt sich sagen, daß eine Bevölkerung von n Individuen als eine Menge mit der scheinbaren Komplexität n aufgefaßt werden kann,
ihre abstrakte Komplexität ist 2^n, wenn man von der Reihenfolge absieht, höher als 2^n, wenn man ihr Rechnung trägt*.
Betrachten wir noch einmal unser Beispiel:
Bei einer bestimmten Bevölkerung (A,B,C) bin ich bei der Klassierung vom Einfachsten ausgehend schrittweise zum weniger Einfachen gelangt; (ohne A,B,C . . .) Diese Methode hat den Vorteil, daß bei der Errechnung der abstrakten Komplexität nicht diese oder jene Kombination vergessen wird, wenn sie jedoch einmal errechnet ist, hindert uns nichts daran, eine für unsere Zwecke geeignetere Klassifizierung vorzunehmen. So kann ich zum Beispiel in einer Teilmenge alle Informationen zusammenfassen, die den Buchstaben C enthalten, und in einer anderen den Rest.
Selbstverständlich sind eine ganze Reihe von Klassierungsmethoden möglich, deren Anzahl man berechnen kann, und die nach ihrer jeweiligen Zweckmäßigkeit gewählt werden.
Wenn wir beispielshalber unter den möglichen Informationen die Kombinationen suchen wollen, die in der französischen Sprache ein sinnvolles Wort bilden, so stoßen wir bei einer Bevölkerung von 3 Individuen auf keinerlei Schwierigkeiten; bei 10 Individuen sieht die Sache schon anders aus; je größer die Zahl, je schwieriger wird das Problem, und wir stehen einer praktischen Unmöglichkeit gegenüber, es sei denn, wir entdeckten eine geeignete Klassierungsmethode.
Mit anderen Worten, die abstrakte Komplexität meiner Menge ist ohne jede praktische Nützlichkeit, wenn ich sie nicht in irgendeiner Weise dienstbar machen, d. h. kon-

* Die mathematische Formel, die diese Komplexität ausdrückt, ist in diesem Fall äußerst einfach, aber für uns ohne Belang.

struieren, in Sparten ordnen kann, kurz wenn sie sich nicht zu meinem Zwecke »organisieren« läßt. (Wenn wir es mit den 26 Buchstaben des Alphabets zu tun haben, besteht die Organisation der Komplexität in einem Lexikon, wobei man allerdings die Wiederholung der Buchstaben als zulässig ansieht).

Meine Phantasie, die es mir ermöglichte, den potentiellen Reichtum der Menge zu entdecken, muß also der Organisation der so entdeckten Komplexität das Feld räumen, sofern ich zu einem praktisch nutzbaren Ergebnis kommen will. Es ist klar, daß man das Organisationsniveau definieren kann und daß es mit der abstrakten Komplexität der Menge in engstem Zusammenhang steht. Dieser Satz ist beweisbar, wir wollen uns aber hier mit seiner Formulierung begnügen.

Wir werden ferner feststellen, daß die Organisation nur dann einen Sinn hat, wenn wir ein klar umschriebenes Ziel* verfolgen (in unserem Falle die Worte der französischen Sprache): Die Organisation ist der beste Weg, dieses Ziel zu erreichen.

Dieses Ziel wollen wir künftig »Finalität« nennen: wenn ich von Organisation spreche, habe ich von nun an immer eine finalistische Betätigung im Auge.

Fassen wir unsere Ausführungen noch einmal kurz zusammen: Jede konkrete Bevölkerung mit der scheinbaren Komplexität n (Zahl der Individuen) kann als eine Menge mit der abstrakten Komplexität 2^n (die Teile der Menge) aufgefaßt werden, deren potentielles oder globales Komplexitätsniveau noch sehr viel höher liegen mag.

Diese Komplexität stellt einen potentiell nutzbaren Reichtum dar, insofern sie organisiert werden kann; die Nut-

* Klassieren bedeutet nichts anderes als sortieren und in Sparten einreihen. Organisieren heißt jedoch, die entdeckten Reichtümer auf ein bestimmtes Ziel hin zu klassieren: Organisation ist nur im Hinblick auf ein Ziel denkbar.

zungsmöglichkeiten dieses Reichtums hängen also von der Dualität »Komplexitätsniveau«–Organisationsniveau ab. Die Nutzungsmöglichkeiten sind am günstigsten, wenn beide Niveaus derselben Größenordnung angehören.

Aus diesen Schlußfolgerungen lassen sich drei Grundsätze ableiten (die wir im Gedächtnis behalten wollen):

1. Grundsatz: Die Menge ist reicher als ihre Bevölkerung;

2. Grundsatz: Die wirksame Nutzung des potentiellen Reichtums, die die abstrakte Komplexität einer Menge darstellt, hängt von der Dualität »Komplexität–Organisation« ab;

3. Grundsatz: Jede Organisation steht im Dienst einer Finalität. Der erste Grundsatz ist augenfällig: bei jedem komplexen System ist das Ganze immer größer als die Summe seiner Teile, ein Blatt beim Bridge ist mehr wert als die dreizehn Karten, aus denen es besteht, ein Automobil mehr als die Summe seiner Einzelteile, ein Lied von Schubert mehr als die Summe der benutzten Noten usw.

Die Biologie zeigt uns auf Schritt und Tritt, um wieviel ein Lebewesen *höher* steht als die Summe seiner chemischen und biochemischen Bestandteile.

Der zweite und dritte Grundsatz werfen einiges Licht auf den ersten: so ist ein Bridgeblatt zum Beispiel ein Teil mit der Grundzahl 13 einer Menge von 52 Karten; der Teil bildet seinerseits eine Teilmenge, deren abstrakte Komplexität erst sinnvoll in Erscheinung tritt, wenn das Spiel ausgereizt ist; denn dann erst ist das Blatt auf eine bestimmte Finalität hin »organisiert«: Die Finalität besteht für den Spieler in der Erfüllung des Kontrakts, für den Gegner in seiner Vereitelung.

Desgleichen kann die außergewöhnliche Komplexität der makromolekularen Struktur alles Lebenden das Leben weder erklären noch ermöglichen, wenn nicht die ebenso außergewöhnliche Organisation hinzukäme, deren Geheimnisse uns die Mikrobiologen täglich zu erschließen versuchen; diese Organisation ist es, die den Stoffwechsel und die Anpassungsfähigkeit der Zellen erlaubt, die als getreue Dienerin einer Finalität, nämlich des Überlebens, auswählt und entscheidet.

Die bewußte oder unbewußte Organisation ist allein imstande, die unzähligen Möglichkeiten zu einem bestimmten Zweck dienstbar zu machen, die jede organische oder anorganische Komplexität in sich schließt.

Die Entwicklung eines komplexen Systems

Für jedes denkende Wesen ist der Ablauf der Zeit, das unabwendbare Altern, der ständige Übergang von einem Zustand in den anderen und von diesem wieder in einen anderen der Beweis, daß die Begegnung mit dem Schicksal näherrückt: der bekannte »Zeitpfeil« Eddingtons deutet mit seiner Spitze stets in die Zukunft.

Daß die Zeit nur *in einer Richtung* verläuft, ist eine evidente Erfahrungstatsache; eine homologe Erscheinung ist ein allgemeingültiger Begriff, der zunächst nur als physikalische Größe auftrat, dem man anfangs mit größtem Mißtrauen begegnete, der aber bald zu Ansehen kam und im Laufschritt das gesamte menschliche Denken eroberte: so der Begriff der *Entropie*. Die Entropie teilt mit der Zeit das scheinbar exklusive Privileg, nur in einer Richtung zu verlaufen, *irreversibel* zu sein.

Ich möchte hier nicht auf die zahllosen, zum Teil verblüffenden Auslegungen eingehen, zu denen die Entropie Anlaß gab, und will mich mit zwei ihrer Grundeigenschaften begnügen, die außerdem den Vorteil haben, von niemandem bestritten zu werden;

1. Die Entropie ist ein Maß der Unordnung;
2. In einem isolierten physikalischen System nimmt die Entropie ständig zu, das heißt, sie geht immer größerer Unordnung entgegen.

Die absolute Unordnung ist natürlich gleichbedeutend mit Tod. So entspricht der »Irreversibilität« der Zeit das ebenso unabwendbare Fortschreiten der Ordnung zur Unordnung, wenigstens in jedem isolierten System.

Wenn die Isolierung aufhört, kann die Entwicklung anders verlaufen: die Einführung der »Ordnung« in ein System kann dessen Abgleiten zur absoluten Unordnung bremsen, kann die Zunahme der Entropie verlangsamen lebende Systeme) oder sogar anhalten (tote Materie oder lebende Materie beim absoluten Nullpunkt). Allerdings sind hier einige zusätzliche Erklärungen unerläßlich.

Es sei zunächst daran erinnert, daß die Entropie anfangs ein rein physikalischer Begriff war, der die makrophysikalischen Geschehnisse regierte. Der absolute Charakter der Entropie und ihre rein mathematische Definition haben aus ihr auch ein Maß der Unordnung der Mikrogeschehnisse im Rahmen physikalischer Geschehnisse gemacht.

Es hat sich in der Tat bald gezeigt, daß die Unordnung – ein ziemlich vager Begriff – aus dem einfachen Grunde wahrscheinlicher ist als die Ordnung, weil sie öfter verwirklicht werden kann*.

Es liegt jedoch auf der Hand, daß ein geordnetes System ein solches ist, dessen Mikrostruktur man bestimmen kann, das heißt, über das man hinreichende Informationen besitzt, während die Unordnung gerade dadurch gekennzeichnet ist, daß über ihre innere Struktur keine Informationen genügenden Aufschluß geben.

Um es kurz zu sagen, der anfänglich rein physikalische Begriff der Entropie, der seit Boltzmann mit der Wahrscheinlichkeit in Verbindung gebracht wird, dient heute als Maß der Unordnung und zugleich als Maß der Information (nämlich des Fehlens der Information). Wenn man annimmt, daß die Vermehrung der Unordnung eine Vermehrung der Entropie zur Folge hat, was wiederum zur Verminderung der Informationen führt, so leuchtet ebenfalls ein, daß die Vermehrung der Entropie eine statistische Wahrheit war, ehe sie eine physikalische wurde.

Weil die Unordnung ein wahrscheinlicherer Zustand als die

* Die Dinge liegen etwas verwickelter, als ich es hier ausspreche, und geben zu einer Kontroverse über den Begriff der »Wahrscheinlichkeit« Anlaß, wie er in der statistischen Mechanik verwendet wird; aber die Kontroverse interessiert nur Fachleute und ist ohne jede Bedeutung für unsere summarische Darstellung.

Ordnung ist, bewegt sich die Entwicklung in Richtung einer größeren Unordnung und nicht umgekehrt.
Daraus erhellt, daß in irgendeinem komplexen System die Komplexität mit der Zahl seiner Bevölkerung wächst: folglich ist in diesem Falle auch die Unordnung wahrscheinlicher, die Entropie größer, die Summe der Information ungenauer, da all diese Gegebenheiten in engstem Zusammenhang miteinander stehen.
Man darf also sagen, daß die Dualitäten Komplexität–Organisation, Unordnung–Ordnung, Wahrscheinlichkeit–Unwahrscheinlichkeit praktisch gleichwertige Formulierungen für eine tiefer verwurzelte Zweispurigkeit darstellen, von der sich wahrscheinlich ein heute noch nicht formuliertes, allgemeines Gesetz der Evolution ableiten ließe.
Diese kurze Abschweifung hat uns gezeigt, daß der Begriff Komplexität eng mit dem der wahrscheinlichen Unordnung verbunden ist, daß »organisieren« auf ein Ziel hin »ordnen« heißt; daß eine isolierte Komplexität sich mit der Zeit einer wachsenden Unordnung entgegenbewegt, wenn der unabwendbaren Abwärtsentwicklung nicht von außen her durch ein Ordnungselement, d. h. durch eine *Organisation* Einhalt geboten wird.
Diese sehr allgemein gehaltenen Schlußfolgerungen erlauben uns, die Strukturen einer zukunftsplanenden Gesellschaft zu formulieren. Bevor wir uns jedoch der so geschmiedeten Waffen bedienen, wollen wir sie einmal kurz auf die Probe stellen.

Einige Beispiele:

Einige typische Fälle, die wir aus einer Unzahl anderer herausgreifen, sollen uns den Sinn unserer Schlußfolgerungen präzisieren und verdeutlichen helfen:
1. Auf den ersten Blick scheint es kaum vieler Worte zu

bedürfen, um den Unterschied zwischen lebender und toter Materie aufzuzeigen. Wenn wir jedoch unsere Beobachtungsmethoden verfeinern und uns immer kleineren Maßstäben zuwenden, verwischt sich nach und nach die früher für deutlich gehaltene Grenze zwischen Leblosem und Lebendigem, um einer ungenauen Übergangszone das Feld zu räumen: Die Chemie der Makromoleküle läßt bereits den Augenblick einer synthetischen Herstellung lebender Materie durch den Menschen näher rücken. Die modernen Biochemiker sind der Hoffnung, eine Brücke zwischen der toten und der lebenden Materie schlagen zu können. Die außerordentlichen Errungenschaften der modernen biologischen Chemie lassen eine zukunftsplanende Auslegung zu: Jedes materielle System ist komplex.

Wenn man innerhalb eines solchen Systems einen Organisationsvorgang (nicht aber einen Organisationszustand) ohne jede Komplexität oder mit einer reinen Zufallskomplexität feststellt, ist dieses System nach der menschlichen Zeitrechnung leblos. (Es ist in der Tat denkbar, daß über sehr große Zeitabschnitte Veränderungen eintreten, die sich völlig den menschlichen Beobachtungsmöglichkeiten entziehen.) Wenn man in einem solchen System dagegen einen bewußten oder unbewußten Organisationsvorgang am Werke sieht, nennen wir die Materie lebend.

2. In einem Makromolekül bestimmen die Chromosomen des Kernes die Fortpflanzung, speichern Informationen auf (Erblichkeit) und regeln schließlich und endlich die Gesamtabwicklung der Lebensvorgänge: sie organisieren ohne Unterlaß die Komplexität der Makromoleküle zum Zwekke des Überlebens.

3. Die entscheidende Rolle der Enzyme streicht die Wichtigkeit der Dualität Komplexität–Organisation noch mehr heraus.

Auf den ersten Blick scheint es schwierig, mit Norbert

Wiener anzunehmen, daß die Enzyme die Entropie vermindern. Ihre Funktion scheint im Gegenteil die bestehende Komplexität noch zu vergrößern: sie sind die unentbehrlichen Wirkstoffe der Gärung, des organischen wie anorganischen Zerfalls. Ihre Funktion besteht also in der feineren Aufspaltung eines komplexen Ganzen.

Insoweit eine Reorganisation und eine Neugruppierung gefördert wird, nehmen die Enzyme an einer Gesamtoperation teil, bei der die Vergrößerung der örtlichen Komplexität und der Aufbau einer hochspezialisierten Organisation eine bessere Ausnutzung der bestehenden Möglichkeiten erwirkt, die ohne die Enzyme unausgedrückt, d. h. in jedem Falle unverwertbar geblieben wäre.

Beim Vorgang der Verdauung im menschlichen Körper (wie bei jedem Lebewesen) erhöht die Einwirkung der Enzyme die örtliche Entropie der aufgenommenen Nährstoffe, die als ein System aufgefaßt werden können, und schafft so die Voraussetzung zu einer allgemeinen Verminderung der Entropie des Lebewesens.

Das Enzym ist wie jeder andere Katalysator ein Mutationsfaktor.

4. Die Anpassungsfähigkeit des Lebewesens an seine Umwelt liefert uns ein weiteres Beispiel für die Dualität Komplexität–Organisation.

Wenn sich die Umweltsbedingungen ändern (und sie ändern sich ohne Unterlaß), paßt das Lebewesen, um überleben zu können, seine Funktionen den Forderungen der Umwelt an; es reorganisiert fortlaufend sein eigenes System und schöpft aus seiner abstrakten organisierten Komplexität die Mittel, sich gegen eine feindliche Aktion der Umwelt zu wehren: wir sagen in diesem Falle, das Lebewesen schreitet zu »Neuschöpfungen«; die Beobachtung lehrt, daß es früh oder spät von der Überfülle seiner »Neuschöpfungen« bedrängt wird, daß seine Komplexität ins Uferlose wächst und sich damit der Organisationsmöglichkeit entzieht, daß sich am Ende das Chaos einstellt. Die Organisation hemmt also die entartende Entwicklung, aber sie hält sie nicht völlig auf, denn jede Entwicklung bringt ein Anwachsen der Komplexität mit sich: wenn eine gewisse Schwelle der Komplexität erreicht ist, erweist sich jede Organisation als unmöglich: das Lebewesen löst sich auf und stirbt.

Diese einfachen Beispiele zeigen uns, daß die Dualität Komplexität–Organisation im Bereich der organisierten Mikrostrukturen für alle bestehenden Möglichkeiten Lenkung und Leitung übernimmt.

Wie steht es aber mit den Makroorganismen?

Die allgemeine Ausrichtung der Evolution, die den Namen Orthogenese trägt, gehorcht im großen ganzen dem Prinzip der Komplexität–Organisation. Sie ist es in der Tat, die konvergierend oder parallel das Zusammenspiel der wachsenden Komplexitätsniveaus des Lebewesens und der sich entwickelnden inneren Organisation erhält (Vervollkommnung des Gehirns und des Nervensystems bei den höheren Wirbeltieren).

Sobald jedoch das Gleichgewicht der Komplexitäts- und Organisationsniveaus gestört ist, nimmt die Orthogenese einen divergierenden Charakter an: so verschwanden die großen Kriechtiere der Tertiärzeit sowie die Mammute durch die differentielle Vergrößerung der körperlichen Komplexität und der Komplexität der organisierenden Hirnfunktionen.

Wenn wir uns nun insbesondere den Menschen zuwenden, so erfahren wir von den Forschern, daß sich die Kortexneuronen in gleich großer Zahl beim Gelehrten wie beim Primitiven finden: die Gehirnkomplexität ist in beiden Fällen die gleiche.

Der Unterschied besteht lediglich darin, daß der eine zahlreichere Verbindungen zwischen den Neuronen herstellen konnte als der andere: er hat seine Hirnkomplexität besser organisiert und kann aus diesem Grunde besser ihre verborgenen Möglichkeiten ausnutzen*.

* Das Vorhandensein einer großen Anzahl von freien Neuronen läßt im übrigen darauf schließen, daß wir über noch ungeahnte Möglichkeiten verfügen, die sich in dem Maße nutzbar machen lassen, in dem wir durch einen natürlichen Evolutionsvorgang oder durch bewußtes Tun in dieser schlummernden Komplexität die nötigen Querverbindungen herstellen.
Fürs erste führt uns jedoch unser Grundsatz zu dem Schluß, daß diese freien Neuronen nicht ganz so untätig sind, wie man gemeiniglich annimmt: als unorganisierte, aber existierende Komplexität schaffen sie vielleicht ein latentes Ungleichgewicht, das unseren geistigen Zusammenhalt beeinträchtigt. Hier liegt womöglich einer der Gründe, weshalb wir uns nicht über das Stadium der körperlichen Gewalttätigkeit zu erheben vermögen, weshalb der moderne Mensch völlig bei der Beherrschung des »Überbewußtseins« versagt, ohne die er niemals hoffen kann, eines Tages zum »Übergeistigen« zu gelangen (um die Ausdrucksweise der indischen Philosophen zu gebrauchen).

Definitionen

Die komplexen Systeme, denen wir uns nun zuwenden wollen, sind soziologische Gegebenheiten wie z. B. Familie, Stamm, Verband, Gesellschaft, Staat, die einer genaueren Definition in unserem Sprachgebrauch bedürfen.
Das Individuum ist ein an sich komplexer Grundbestandteil, den wir für unsere Untersuchung als einheitlich und dauerhaft betrachten wollen. (D. h. nach den Maßen der persönlichen Zeit gemessen.)
Die Regeln, die die innere Organisation der Komplexität des Individuums betreffen, liegen außerhalb unseres Untersuchungsbereiches. Ganz allgemein läßt sich das Individuum als eine Vereinigung von »Soma« und »Germen« beschreiben.
Die Aura: Wenn auch jedes Lebewesen seinen eigenen Bestand hat, so könnte es dennoch in absoluter Isolierung nicht weiterleben. Es hängt von der Umwelt ab. Mehr noch, es schöpft in der Umwelt die Ordnung, die Materie, die Energie, die es zu seinem Bestand benötigt. Das Individuum ist also ein *statischer* Begriff, ein in der Zeit gesehener Abschnitt des überräumlichen Phänomens, das man »das Lebende« nennt. Wenn man also das Lebende in der Schau der Dynamik seiner vierdimensionalen Entwicklung betrachtet, so schließt das Lebende die Existenz einer hyperräumlichen Zone ein, in der sich seine Aktion, sein Einfluß physisch und materiell, oft aber auch psychisch und virtuell bemerkbar machten.
Diese Einfluß- und Aktionszone nennen wir »Aura«. Beim Tier handelt es sich um eine mechanisch, physisch-chemische Zone, um einen »Lebensraum«, um einen Bereich, den es direkt oder durch Fernwirkung beeinflußt.
Die raumzeitlichen Dimensionen der Aura eines Tieres sind also vergleichsweise einfach zu bestimmen und ändern sich

im Verlaufe des Phylums so gut wie gar nicht: es ist durchaus wahrscheinlich, daß sich die Termite im Jahre 1968 genauso verhält wie ihre Vorfahren aus dem Trias oder aus der Kreidezeit: Die Ameise hing immer völlig von ihren Erbveranlagungen ab, die sie versklaven und den Umfang ihrer individuellen Aura in engen Grenzen halten*.

Bei den höheren Tieren umfaßt die Aura natürlich Bereiche machanischer und physisch-chemischer Einwirkungen. Diese Aura tritt in zwei verschiedenen Abarten auf:

– eine entspricht der Evolution des Tieres während seiner Existenz (Embryo, Geburt, Wachstum, Verfall, Tod). Sie ist der persönlichen Zeit untergeordnet.

– die andere entspricht dem Phylum, d. h. der allmählichen Umwandlung der Artkennzeichen. Sie ist der biologischen Zeit untergeordnet**.

Für uns ist vor allem der Mensch von der Empfängnis bis zum Tod von Belang: Seine Aura nimmt zunächst zu, erreicht ein Maximum, um sodann zusammenzuschrumpfen. Aber es leuchtet ein, daß das überzeitliche Phänomen der »Aura« beim Menschen in ganz besonderer Weise hervortritt.

* Die Entomologen würden den Sachverhalt anders formulieren; sie würden sagen, daß die Aura der Termiten nur räumliche Ausmaße hat, d. h. die ihres Aktionsradius; die Termite, die bereits im Tertiär auftauchte, hat das Problem der Evolution durch eine besonders weitgehende Integration der individuellen Auren in die Kollektivaura, d. h. die der Königin gelöst. Die Königin ist zugleich das Fortpflanzungsorgan und das Kollektivhirn des Verbandes. Wenn die Königin zugrunde geht, entartet der Verband nicht nur, weil die Fortpflanzungsfunktion zum Stillstand kommt, sondern weil jede Möglichkeit der organisierten Arbeit plötzlich aufhört. Alles scheint darauf hinzudeuten, daß der Termitenbau als ein einziges Individuum mit einem einzigen Gehirn angesehen werden muß: das Gehirn ist die Königin, die ganz allein die Organisationsfunktion gewährleistet.

** Man darf annehmen, daß die Zeugungsfunktion eine Brücke zwischen den beiden Evolutionstypen bildet. Die Frage interessiert jedoch nur Fachleute.

Neben der rein mechanischen und der physisch-chemischen Einflußzone steht beim Menschen eine völlig neue, die Zone der psychischen Einwirkung (hiermit soll nicht gesagt sein, daß die psychische Einflußzone bei den anderen Wirbeltieren völlig fehlt; man findet sie auch bei der Termitenkönigin und bei anderen Arten, aber ihre Kundgebungen sind nicht leicht festzustellen und zu erkennen). Beim Menschen also bezeichnet die »Aura« nicht nur einen Raum, ein Gebiet, eine Einflußzone, sondern das intellektuelle und geistige Leben, die Fülle der Wünsche, Bestrebungen, mystischen Vorstellungen, Religionen, Ängste, Überzeugungen, die aus dem Menschen ein völlig anderes Lebewesen machen, ein »denkendes Schilfrohr«, und die ihn zu einer »Persönlichkeit« stempeln.

Aus alle dem geht hervor, daß die individuelle Aura (des Menschen) die besondere Eigenschaft besitzt, nicht unbedingt dem Entwicklungsrhythmus ihres Trägers zu folgen: Die Aura Homers setzt ihren Entwicklungsprozeß fort, den Auren eines Einstein oder eines Mozart scheint ein langer Bestand bevorzustehen. Die Aura Jesu-Christi hat, wie man weiß, einen gewaltigen Entwicklungsverlauf genommen: die kosmische Strahlung, die von der psychischen Kraft gewisser Menschen ausgeht, kann die Noosphäre jahrhundertelang beeinflussen. Diese sonderbare Gewalt ist ausschließlich dem Menschen eigen. Demnach ist es verständlich, warum die individuelle Aura, die eine außerordentliche psychische Erweiterung erfahren kann, ihrer Natur nach ganz besonders komplex ist, warum ihren einzigartigen schöpferischen Möglichkeiten eine ausgesprochene Anfälligkeit gegen den Zwang, gegen jeden Zwang gegenübersteht.

Wenn auch die individuelle Aura bis ins Unendliche dehnbar ist, so läßt sie sich doch nicht unbeschränkt zusammenpressen: wenn der drückende Zwang der Umwelt ein gewisses Maß überseigt, wird die Aura gesprengt, und das

Individuum handelt in völliger Freiheit und Unabhängigkeit. Nichts unterscheidet den Menschen dann vom Tier.

Der Mensch: unter diesem Wort verstehe ich den ganzen Menschen mit all seinen Möglichkeiten, mit seinem Trachten, seiner Würde; der Mensch ist für mich nichts anderes als die Kombination von Individuum und Aura. Eine Gesellschaft: ist jeder Verband von Menschen, d. h. von Individuen und den dazugehörigen Auren, ohne Rücksicht auf ihre Anzahl.

Es leuchtet ein, daß jede Gesellschaft unabhängig von ihrer inneren Struktur und ihren organischen Funktionen auch einen Einfluß nach außen ausübt. Jede Gesellschaft besitzt also eine *soziale Aura*, deren Natur wir im Folgenden genauer beschreiben wollen.

Die Kollektivität: Eine Kollektivität ist eine Gesellschaft, deren Individuen gemeinsame Interessen verfolgen und bereit sind, im Sinne dieser Interessen zu handeln. Die Kollektivität ist also eine finalistische Gesellschaft.

Die Umwelt: »Das Dasein setzt die Umwelt voraus«. Es ist nicht ausgeschlossen, daß diese kategorische Behauptung bei den Metaphysikern Zeter-und-Mordio-Geschrei hervorruft; lassen wir jede Metaphysik beiseite, und stellen wir ganz bescheiden eine Reihe von Fakten fest:

– Jedes Lebewesen bezieht die Materie zu seinem Fortbestand aus seiner Umwelt und kann sich nur in seinem Milieu fortentwickeln.

– Jeder Mensch als lebender Keim und Elementarteilchen des soziologischen Protoplasmas verwandelt sich in ein hilfloses und mittelloses Wesen, sobald er aus seiner Umwelt herausgelöst wird; als Einzelwesen ist er in seiner organischen Komplexität ebenso verwundbar wie das Makromolekül.

– Der Begriff der Gesellschaft läßt sich nicht von dem ihrer Grenzen trennen und schließt folglich die Existenz äußerer Gebiete ein.

– Unser Planet bezieht den größten Teil seiner Energie aus seiner Atmosphäre, der Sonne und dem Kosmos*.
Wir hängen von unserer Umwelt ab, wir benötigen sie, um welche Art oder Größe von Erscheinungen es sich immer handeln mag.
Im Folgenden bezeichnen wir mit »Umwelt« alles, was außerhalb der sozialen, kollektiven und individuellen Aura liegt, sowie alles, was in dieser äußeren Sphäre existiert oder geschieht, Energiequellen, materielle, menschliche und geistige Schätze, alle Handlungen und Reaktionen, die diese Schätze und ihre eventuelle Nutzbarmachung hervorrufen.
Die *Umwelt* ist also die Summe des von außen auf die Aura einwirkenden Druckes. Aus dieser schlichten Definition läßt sich sogleich ein Folgesatz ableiten: »Die Aggressivität der Umwelt ist niemals gleich Null!«
Nehmen wir den Menschen als Beispiel:
Infolge der Irreversibilität seiner wachsenden Entropie**, oder, was auf das gleiche hinausläuft, der irreversiblen

* Die Umwelt ist natürlich keine rein materielle Gegebenheit. Einen Leonardo da Vinci, einen Shakespeare, einen Einstein hat es potentiell zu allen Zeiten gegeben. Aber eine ungünstige Umwelt, das Fehlen von geeigneten Ausdrucksmitteln, die Unmöglichkeit, sich mitzuteilen, haben ihren Genius am Erblühen und Ausreifen gehindert, oder wir haben nie etwas von ihnen erfahren.

** Diese Transposition des 2. Hauptsatzes der Thermodynamik wird bei den Physikern auf ernste Einwände stoßen, die eine genauere Analyse erfordern. Glücklicherweise geht es in unserem Falle nicht darum zu »beweisen«, daß die Umwelt aggressiv ist; die Tatsache als solche ist augenscheinlich. Die Einwände der Physiker mögen zwar theoretisch bedeutsam sein, praktisch ändern sie nichts an unserer Schlußfolgerung. Ich möchte allerdings hervorheben, daß ich den Ausdruck »Aggression« hier im weitesten Sinne gebrauche. Die bewaffnete Aggression ist nur eine ihrer möglichen Formen, sie ist die direkteste, unmittelbarste, aber nicht unbedingt die bedrohlichste: die wirtschaftliche, industrielle oder ideologische Aggression gehören ebenfalls zum unerbittlichen »kalten Krieg«, der niemals ein Ende nimmt, den alle an den Pranger stellen und verpönen, ohne den das Leben jedoch keinen Fortbestand mehr hätte.

Vermehrung seiner inneren Komplexität kann der Mensch seinen ontogenetischen Zyklus nur fortsetzen, wenn er aus seiner Umwelt »Ordnung« (d. h. letztlich Energie) zu schöpfen imstande ist. Damit verhält er sich seiner Umwelt gegenüber *aggressiv.*
Zwei Fälle sind denkbar:
– Die Umwelt verhält sich passiv; sie verliert dann nach und nach ihre Substanz bis zur völligen Entblößung; das nun sich selbst überlassene Individuum gerät ebenfalls in Verfall.
– Die Umwelt versucht, durch ihre Reaktion die verlorenen Energievorräte wieder aufzufüllen; in diesem Fall kann es zu einem Gleichgewicht Individuum–Umwelt kommen, wenn nämlich die Summe der entnommenen und aufgefüllten Energie algebraisch gleich Null ist.
Wir sehen also, daß jede individuelle oder kollektive Einwirkung nach außen hin einer Aggression gleichkommt, was zu einer Gegenaggression auf das Individuum oder die Kollektivität führt: eine scheinbare Symbiose kann nur aus dem Gleichgewicht entgegengesetzter Aggressionen bestehen.
Die friedliche Koexistenz ist möglich, sie ist aber stets die Resultante eines Gleichgewichts der Kräfte.
Darum ist auch sie gefährdet: Ein Beieinander ohne Rivalität gehört in den Bereich der Utopie.
Zwang: dieser landläufige Begriff umfaßt eine ganze Reihe von Gegebenheiten und Vorstellungen, die in der Kybernetik eine entscheidende Rolle spielen und die einige der vielgestaltigsten Faktoren unseres Verhaltens darstellen.
Ich möchte mich hier natürlich nur auf das Allgemeinste beschränken und mit dem unerläßlichen Hinweis begnügen, daß jeder Gegenstand, jedes Gesetz, jeder Mechanismus, ja sogar jede Vorausschau einen Zwang in sich schließt. Jeder Verband ist seinem Wesen nach ein Zwang, da die sechs Grade der Freiheit eines seiner Elemente eine ent-

sprechende Unfreiheit bei allen anderen hervorrufen (wobei zu beachten ist, daß der Zwang mit wachsender Komplexität steigt).

Das Newtonsche Gravitationsgesetz ist ein Zwang, da die Bahn des fallenden Apfels völlig von ihm bestimmt wird, während es theoretisch eine unendliche Anzahl von möglichen Bahnen gibt.

Wenn also eine Bewegung absolut frei ist, kann man keinerlei Information über sie erhalten: folglich ist die Vorausberechnung ihres Verlaufes eine Unmöglichkeit. Nur der Zwang, der die Freiheit der Bewegung beschränkt oder aufhebt, ermöglicht die Vorausschau. Wir möchten das Problem nicht eingehender behandeln, sondern lediglich feststellen, daß man stets von Zwang sprechen kann, wenn die Freiheit fehlt oder eingeengt ist: die Roulett-Kugel ist theoretisch keinerlei Zwang unterworfen.

Allgemeiner gesagt: wenn man bei einer Erscheinung oder einer Gruppe von Erscheinungen ein gleichbleibendes Element beobachtet, hat man es mit Zwang zu tun, denn die erkennbare Vielfalt zeigt sich niemals voll und ganz. Insbesondere führt jede Organisation, jede rechtliche Bestimmung, jede (positive oder negative) Beschränkung der Verhaltensfreiheit zu sozialem Zwang.

Wir können so die Feststellung treffen, daß wir von einem Netz von Zwang umgeben sind, der sich unaufhörlich in den kollektiven und individuellen Auren bemerkbar macht: dieser Zwang darf uns jedoch zu keinerlei Klage Anlaß geben. Denn es läßt sich mühelos nachweisen, daß das Fehlen jeden Zwanges nichts anderes bedeutet als Chaos; insbesondere ist die Anpassungsfähigkeit alles Lebenden, die ja, wie wir gesehen haben, eine der Grundvoraussetzungen für das Überleben darstellt, letztlich eine *direkte Folge* des durch die Umwelt ausgeübten Zwanges.

Außerdem liegt auf der Hand, daß Zwang kein absoluter Begriff ist, daß man verschiedene Grade von Zwang unter-

scheidet, wie es auch verschiedene Grade von Freiheit, Komplexität oder Organisation gibt.
Schließlich und endlich muß zwischen natürlichem (von der Umwelt auferlegtem) und organischem (aus der Organisation erwachsendem) Zwang unterschieden werden: letzterer ist im wesentlichen eine Folge des menschlichen Wirkens.

Das komplexe Gesellschaftssystem

Die Kybernetik beschäftigt sich mit den Verhaltensweisen. Die Zukunftsplanung ist weniger ehrgeizig und beschäftigt sich ausschließlich mit der Lebensfähigkeit von Formen und Strukturen.
Es leuchtet ein, daß die Definition eines komplexen Systems vom Kybernetiker eine Stringenz, eine Genauigkeit, eine wissenschaftliche Präzision erheischt, auf die wir für unsere Zwecke verzichten können: auf der anderen Seite wäre es verlorene Mühe, wenn wir uns bei unserem Plan mit allgemeinen Linien, vagen Umrissen und ungefähren Strukturen begnügen wollten.
Mit anderen Worten, die Zukunftsplanung gibt eine asymptotische Richtung an, während die Kybernetik im allgemeinen ein Kurvenbündel zu konstruieren imstande ist. Wenn wir jedoch soziale Phänomene untersuchen, begegnen sich Kybernetik und Zukunftsplanung bis zu einem gewissen Grad. Wir werden die Gründe dafür aufzeigen.
Ein komplexes Sozialsystem ist für uns eine in sich komplexe Gesellschaft: die Bestandteile der scheinbaren Komplexität sind die Individuen und deren Auren, das Gebiet, welches das System begrenzt, die Schätze und Tauschunternehmen aller Art, die Gesetze und Einrichtungen sowie die soziale Aura.
Unter »komplexem Gesellschaftssystem« verstehen wir al-

so alles im Inneren der Gesellschaft Vorhandene, alle Vorkommnisse, die besagte Gesellschaft zum Gegenstand hat, ohne daß wir auf die Natur der Veränderungen eingehen.

Aufgrund der sehr allgemein gehaltenen Hypothesen, die wir zu formulieren gedenken, werden wir die wünschenswerten Makrostrukturen bestimmen und die Tendenz der ebenfalls sehr allgemeinen Gesamtveränderungen andeuten können.

Wir sind uns jedoch darüber im klaren, daß es einer astronomischen Menge von Variablen bedürfte, um die wirkliche Physiognomie dieses Systems zu einem gegebenen Zeitpunkt definieren zu können, und daß – von einigen Erörterungen über die Natur der inneren Veränderungen abgesehen – die gesamte Datenverarbeitung der Erde nicht ausreichen würde, um dem Kybernetiker zu erlauben, mit einiger Genauigkeit die örtlich bedingten Verhaltensweisen zu bestimmen.

So ist die zukunftsplanende Schau mit ihren weit weniger ehrgeizigen und präzisen Zielen besser geeignet, bei ihrem inneren Wesen nach komplexen Sozialsystemen zweckdienliche Resultate zu zeitigen.

Die Finalität

So haben wir also einige ganz allgemeine Sätze aufgestellt, deren wesentlichen Inhalt ich hier noch einmal kurz zusammenfasse:

I. Jede Komplexität ist potentiell größer als die Summe ihrer Grundbestandteile.

II. Die Nutzung der in der Komplexität verborgenen Möglichkeiten hängt von der Dualität Komplexität–Organisation ab.

III. Die Finalität bestimmt den Organisationstyp.

IV. Jede Organisation schafft Zwang.

V. Die individuelle Aura ist ins Unendliche dehnbar, sie kann aber nicht unbeschränkt eingeengt werden.

Die Sätze I und II können für jedes physikalische System genau bewiesen werden. Ihre Anwendung auf komplexe Sozialsysteme verstößt in keiner Weise gegen den gesunden Menschenverstand.

Es sei hierzu bemerkt, daß sich hervorragende Wissenschaftler wie Emile Borgel die Lamarcksche These zu eigen gemacht haben, nach der jedes Tun einschließlich des Denkens physischer Natur ist. Solche Musterfälle scheinen uns zu der Ausdehnung der Sätze I und II auf Sozialsysteme zu ermächtigen.

Die Sätze III und IV sind nicht nur augenfällig, sie leuchten beinahe Kindern ein. Satz V stützt sich auf eine so große Zahl von Beobachtungen, daß man ihn wohl nur schwer wird in Frage stellen können. Die Geschichte zeigt in der Tat bei der *Gesamtheit* der Menschen, daß die Auren nicht unbeschränkt eingeengt werden können. Ebendieselbe Geschichte lehrt uns jedoch am Beispiel *einiger* Persönlichkeiten, daß die individuelle Aura gelegentlich ungeheure Ausmaße annehmen und daß eine solche Ausdehnung der Aura ein erhebliches Nachlassen des Druckes bewirken kann, der jede individuelle Aura bedrängt und diese damit bereichert.

Man darf daraus wohl schließen, daß es sich hierbei nicht um einen Zufall handelt, sondern um den Ausdruck eines kosmischen Willens, der der Evolution einen bestimmten Sinn verleiht: das Wachsen der individuellen Aura.

Die Finalität einer zukunftsplanenden Gesellschaft besteht also darin, dieses Wachsen zu gewährleisten.

Die Ordnung

Die so definierte Finalität ist ihrerseits eine komplexe Gegebenheit, deren Organisation zur Erkenntnis der Grundordnungen führt, die der Mensch im Interesse seiner vollständigen Selbstverwirklichung beachten muß.

Die primäre (oder kollektive) Ordnung:

Da mir jeder Mystizismus fern liegt, kann ich die Aura nur im Menschen betrachten, woraus ich die Schlußfolgerung ziehe, daß die erste Forderung des Individuums das Leben ist. Denn wenn die Experimentalwissenschaft sich viel mit dem Überleben der Aura befaßt, so sagt sie meines Wissens nur wenig über ihre Voraussetzungen aus.
Das Individuum muß also an erster Stelle in die Lage versetzt werden, in Abwandlung eines berühmten Satzes von Descartes festzustellen: »Ich bin, also habe ich überlebt.«
Die Notwendigkeit des Überlebens ist also die primäre Ordnung, die sich von unserer Finalität ableiten läßt. Das sollte uns im übrigen auch nicht verwundern. Lehrt uns nicht die Beobachtung, daß die lebende Materie im Großen wie auch in ihren kleinsten Einzelheiten alle Maßnahmen ergreift, um das Überleben zu ermöglichen? Das in der Natur eingeschriebene Gesetz befiehlt uns zu überleben, wobei dem einzelnen Lebewesen die Wahl der geeigneten Mittel freigestellt wird.
Die Freiheit der Wahl ist zugleich eine Aufforderung an jedes Lebewesen, sich so zu organisieren, daß das Überleben das primäre Ziel der Organisation darstellt. Der Mensch bildet dabei keine Ausnahme!

Die höhere (oder individuelle) Ordnung:

Die primäre Ordnung ist zwar unerläßlich, aber natürlich nicht hinreichend. Wie der Volksmund so trefflich sagt: »Mit leben allein ist es nicht getan, man will auch noch gut leben!«
Die Ausdehnung unserer individuellen Aura, wie sie unsere Finalität erheischt, macht eine neue Ordnung notwendig, die mit der primären Ordnung vereinbar ist, sie vervollständigt, und ohne die die besagte Finalität nicht zu ihrem Recht kommen könnte.
In einer anthropozentrischen Schau bezeichne ich diese Ordnung als »höher«, da es mir scheint, als gehöre sie in ganz besonderer Weise dem Menschen an.
Wie kann so eine Ordnung beschaffen sein?
Die Ausdehnung der Aura legt die Vermutung nahe, daß sich ihre räumlichen Dimensionen im Leben eines jeden Individuums ständig vergrößern. Niemand wird bestreiten wollen, daß dem in den Anfängen der Menschheit auch tatsächlich so war: einer kleinen Bevölkerung standen unermeßlich große Gebiete zur Verfügung, und nichts hinderte den Menschen, sobald einmal die materiellen Schwierigkeiten der feindlichen Umwelt überwunden waren, den zweidimensionalen Raum der individuellen Einflußzone des einzelnen ohne Unterlaß auszudehnen.
Jahrhunderte verstrichen ... Die den Menschen zuerteilten Gebiete blieben im großen ganzen die gleichen, aber die Bevölkerung wuchs ständig.
So kam es, daß sich bald der menschliche Herdeninstinkt bemerkbar machte, in dem vielleicht unbewußt* unser er-

* Die Biologen sind der Meinung, daß die unbewußte, erbliche und spezifische Intelligenz der bewußten und nicht-erblichen um ein Vielfaches überlegen ist: das Bewußte ist im übrigen nur eine Funktion der unbewußten Hirntätigkeit, der wir allein unser Dasein verdanken. Sie hat den großen Vorteil, so gut wie unfehlbar zu sein.

ster Grundsatz seine Anwendung fand, daß »die Gesamtheit größer oder ebenso groß wie die Summe ihrer Bestandteile ist«.
Jahrhundete gehen vorüber, die Bevölkerung nimmt ständig zu. Die Umwelt zeigt sich aggressiv, die Konkurrenz macht sich bemerkbar. Der Mensch begreift nur, daß es nicht genügt, sich nur zusammenzurotten, sich in Gruppen zu sammeln, sondern daß die Komplexität der Bevölkerung organisiert werden muß.
So bildet sich als Auswirkung der bewußten Intelligenz eine Gesellschaft, in der das Individuum nicht nur ein Bestandteil der Menge ist, sondern ein Rädchen in einem zusammenhängenden Ganzen, das in der Verfolgung derselben Finalität, des Überlebens, an der Organisation teilnimmt. In diesem Stadium wurde sich der Mensch jedoch der Tatsache bewußt, daß dem Überleben Grenzen gesetzt sind, daß der individuelle Tod schlechthin unvermeidlich ist. Er lernte die metaphysische Angst kennen; seine ersten religiösen und kulturellen Kundgebungen wurden ihm jedoch weniger vom Gefühl der Furcht und Unterwürfigkeit, als von der Hoffnung eingegeben, der Aura Ausmaße und Formen zu verleihen, die ihren endgültigen Verfall, das Schicksal der »Soma« verhindern könnten.
In diesem Sinne ist es durchaus zulässig, die ersten religiösen und kulturellen Kundgebungen der Urzeit als den ersten schüchternen Versuch einer bewußten Organisation der individuellen Komplexität zum Überleben der Aura anzusehen. Die Bestattungsriten, die Höhlenzeichnungen liefern uns sprechende Beweise für eine finalistische Organisation.
Unsere fernen Ahnen versuchten damals schon, virtuell zu überleben, da sie wußten, daß ihnen der persönliche Tod nicht erspart blieb. Während ihres kurzen Erdendaseins konnten sie jedoch das Wachsen ihrer Aura nur räumlich, d. h. nach außen hin verstehen.

Heute liegen die Dinge völlig anders.
Die Oberfläche unserer Erde ist beschränkt; das den Menschen zur Besiedlung zur Verfügung stehende Gebiet hat sich in den letzten acht- oder zehntausend Jahren ebensowenig gewandelt wie die klimatischen Verhältnisse. Dagegen sind sich alle Fachleute darüber einig, daß die Bevölkerung Galliens zum Beispiel vor 30 000 Jahren 50 000 Einwohner auf keinen Fall überstieg. Frankreich zählt heute 50 Millionen Einwohner, und seine Einwohnerzahl nimmt ständig zu. Seit der Bronzezeit konnte die Ausdehnung der Aura im *dreidimensionalen* Raum vor sich gehen, und diese Möglichkeit wurde im Verlauf der Geschichte, besonders aber in den letzten Jahrzehnten, weitgehend wahrgenommen.
Die »demographische Explosion« zeigt jedoch deutlich, daß der räumlichen Ausdehnung der Aura Grenzen gesetzt sind: mehr noch, wenn man nicht die geeigneten Maßnahmen ergreift, läuft die Aura Gefahr, immer mehr zusammengedrückt und erdrückt zu werden.
Diese Maßnahmen können verschiedener Art sein:
– Der Bevölkerungszuwachs kann abgebremst oder möglicherweise gänzlich gestoppt werden;
– Die Aktionsmittel des Menschen können beschränkt werden;
– Die Aura kann sich verdichten, um sich dem Erdrücktwerden besser widersetzen zu können.
Die beiden ersten Maßnahmen müßten, um wirksam zu sein, einstimmig und weltweit getroffen werden. Beim heutigen Stand der Dinge wären sie überaus wünschenswert, aber sie werden wohl noch lange ein frommer Wunsch bleiben. Die dritte Maßnahme ist zwar an sich unzureichend, sie hat jedoch den ungeheuren Vorteil, von uns selbst abzuhängen oder genauer gesagt von unserem *individuellen* Verhalten.
Aus diesem Grunde werden wir im Folgenden genauer auf

sie eingehen, obschon es sich nicht etwa um eine Wahl zwischen drei Methoden handeln kann: alle drei sind unerläßlich!
Die höhere Ordnung besteht also in der »Verdichtung der Aura«.

Die kosmische Ordnung:

Die primäre Ordnung betrifft das Individuum, sie ist biologischer Natur.
Die höhere Ordnung geht auf realistische Betrachtungen über das Universum und unsere Verhaltensweise in ebendiesem Universum zurück. Sie ist die Folge eines *bewußten* menschlichen Tuns.
Die Summe der bis heute gesammelten Beobachtungen legt uns jedoch den Gedanken nahe, daß das Überleben des Individuums und die Unantastbarkeit seiner Aura unserer Finalität nicht vollständig entsprechen, daß es ihr darüber hinaus an Dauer und Bestand mangelt.
Das ideale Mittel, die Finalität des Menschen zu gewährleisten, wäre die Auffindung eines unveräußerlichen Verfahrens, über sich selbst hinauszutreten und seiner Aura zu einer psychischen Dimension zu verhelfen, von der wir wissen, daß ihr keine Grenzen gesetzt sind; wir dürfen uns außerdem der Hoffnung hingeben, daß sie uns den Zutritt zum allumfassenden Wissen eröffnen wird.

Auf dem Wege zur Zukunftsplanung

Im vorhergehenden Abschnitt haben wir eine Reihe von allgemeinen Grundsätzen, insbesondere den der Dualität Komplexität–Organisation herausgearbeitet, der für die gesamte Zukunftsplanung von größter Tragweite ist.

Er regiert alle physischen Systeme wie auch die biologischen Mikro- und Makrosysteme.
Wir möchten hier die Hypothese aufstellen, daß er sich auch auf die sozialen Systeme anwenden läßt. Ferner schreibe ich allem menschlichen Handeln eine Finalität, einen Zweck zu. Der Ursprung und die Rechtfertigung dieser Finalität liegen in der Vernunft begründet.
Das tief im menschlichen Wesen verwurzelte Trachten, jener Elan, der uns über uns selbst hinausträgt, um jenseits unseres materiellen Daseins das *wahre Leben* in unserem *wahren Leben* zu suchen, braucht nicht erklärt oder bewiesen zu werden; stellen wir lediglich fest, daß er existiert und deshalb tagtäglich beobachtet werden kann; die überwiegende Mehrheit aller Menschen wird das Vorhandensein einer solchen Finalität akzeptieren. Von diesem Tatbestand ausgehend will ich die Erscheinungsformen einer zukunftsplanenden Gesellschaft bestimmen, die unter dem Zeichen der Dualität Komplexität–Organisation und einer bestimmten Finalität steht.
Das soziale Gefüge soll nicht als ein Ganzes aufgefaßt und einer mutwilligen Klassifizierung unterworfen werden, sondern wir sehen in ihm eine Komplexität, die es nach einer unabänderlichen Ordnung zu *organisieren* gilt: diese Ordnung leitet sich jeweils von unserer Finalität ab.
Hierbei muß hervorgehoben werden, daß die Ordnung der bestehenden Gesellschaft nur eine Scheinordnung ist und daß sie im Grunde genommen nur ein oberflächliches »Aufräumen« im Chaos darstellt. Jeder kann sich von dieser Tatsache durch den Augenschein überzeugen.
Die wirtschaftliche Tätigkeit zerfällt seit Colin Clark in einen primären, einen sekundären und einen tertiären Sektor; andere ziehen die Aufteilung in die Sparten: öffentlicher, halböffentlicher und privater Sektor vor.
Das Recht wird gewöhnlich in zwei Kategorien eingeteilt: das öffentliche und das private Recht.

Das Strafrecht (das zum öffentlichen Recht gehört) unterscheidet nicht zwischen einem Verbrechen gegen die nationale Kollektivität und einem Verbrechen gegen eine Lokalkollektivität oder gegen ein Individuum.

Das Arbeitsrecht wiederum (das zum privaten Recht gehört) regelt grosso modo die Beziehungen zwischen Arbeitgeber und Arbeitnehmer, ohne den Arbeitgeber näher zu bestimmen oder auf die von dem Arbeitnehmer geforderte Leistung einzugehen. Weder der Arbeitgeber noch der Arbeitnehmer bekommen eine klare Vorstellung von ihren wirklichen Verpflichtungen und Rechten der nationalen Kollektivität oder den Privatpersonen gegenüber.

Der Gewerkschaftler will nicht einsehen, daß das Streikrecht ein barbarisches, antidemokratisches und der Kollektivität abträgliches Kampfmittel ist; der Hüttenbesitzer seinerseits begreift nicht, daß das Konzept des industriellen Besitzes gefährlich und damit ungesetzlich ist (ganz abgesehen von seinem gelegentlich unmoralischen Charakter).

Der Grund für all dies? Unsere Gesellschaft ist nicht eindeutig auf eine klar formulierte, ausdrücklich anerkannte Finalität hin ausgerichtet.

Jeder gestaltet sein Leben nach seinem Gutdünken, selten nach seinen Wünschen, niemals zum Besten der Kollektivität und zu seinem wohlverstandenen eigenen Nutzen. Das führt notgedrungenermaßen zur Verzettelung und zur Vergeudung von Energien für nichtige Ziele. Das augenscheinlichste Kennzeichen jeder modernen Gesellschaft ist die phänomenale Verschwendung auf allen Ebenen als logische Folge des Fehlens jeder finalistischen Organisation.

Die zukunftsplanende Gesellschaft wird also diese Klippen peinlichst vermeiden, da sie ja einem einzigen Ziel zustrebt: die sozialen Strukturen und die Verhaltensweisen unterliegen bei ihr ein und derselben Ordnung, ohne die ein konsequentes Handeln nicht möglich ist.

Die Voraussetzungen für einen »Gesellschaftsvertrag«

Die Behauptung eines Jean-Jacques Rousseau, daß der »Gesellschaftsvertrag«, d. h. der bürgerliche Verband ein »consentement unanime« (eine Zustimmung aller ohne Ausnahme) erfordere, daß sich dieses Postulat aus der Freiheit und Souveränität des Menschen herleiten lasse, nimmt als Ausgangspunkt eine fragwürdige Hypothese, aus der sich Konsequenzen ergeben, die das moralische Gefühl einer gewissen Epoche befriedigen, denen aber jeglicher realistischer Inhalt abgeht.

Für uns ist der Mensch wie jedes Lebewesen weder frei noch souverän! Die freie Selbstverfügung ist ein anthropozentrisches Ideal, das der Mensch geschaffen hat, da er in ihm seinen Vorteil, seinen Adel und sein Schicksal sah: was Wunder, wenn die individuelle Aura dieses Ideal allerorten widerspiegelt. Aber diese Aura ist keine Primärgegebenheit: der Mensch wird in Fesseln geboren, er ist von der ersten Minute an überaus verwundbar. Die Natur schenkt ihm eine Reihe von Gaben, und wenn er seinem Leben einen Sinn geben will, muß er ebendiese Gaben dazu benutzen, seinen Wirkungskreis zu entfalten, seine Ketten zu brechen und die Freiheit, wenn dies sein Wunsch und Wille ist, verdienen und an sich reißen.

Der Mensch ist sein ganzes Leben lang, besonders aber im Augenblick seiner Geburt, einer Kette von Zufälligkeiten unterworfen, über die er nicht die geringste Gewalt hat und die zu seiner Selbstverwirklichung beitragen, indem sie ihm materiell im Wege stehen.

Es leuchtet ein, daß sich der Mensch zuallererst der primären Ordnung zu unterwerfen hat, denn wenn er dies nicht tut, gefährdet er sein nacktes Überleben. Dem ersten Grundsatz gemäß muß er, wenn er vereinsamt ist, seine Isolierung durchbrechen und sich in eine bestehende Gesellschaft einreihen.

Diese Gesellschaft ist selber ständig vom Abgleiten ins Chaos bedroht und muß, sofern sie überleben will, eine allgemeingültige Ordnung schaffen, der alle ihre Mitglieder anhangen. Die primäre Ordnung erfüllt diese Voraussetzung. Deshalb wollen wir ihr im Folgenden den Namen »kollektive Ordnung« geben.

Durch einen einstimmigen und stillschweigenden Konsens wird die Gesellschaft so zur *Kollektivität:* alle Gesellschaften der Vorgeschichte und der Geschichte (von den anderen wissen wir nichts, da sie keine hinreichenden Spuren hinterlassen haben) waren »Kollektivitäten«. So ist also die allgemeine Zustimmung eine von vornherein gegebene Tatsache: die Mitglieder der Kollektivität handeln keineswegs aus religiöser oder mystischer Überzeugung, noch aus altruistischer Zuneigung oder Nächstenliebe; wenigstens ist dies nicht nötig. Sie schließen sich der Gemeinschaft an, weil sie ihr eigenes Leben bewahren wollen. Die Hingabe des Individuums an die Sache des Gemeinwesens verrät seinen selbstsüchtigen Wunsch, sich zu verwirklichen: die Kollektivität ist für den einzelnen lediglich ein *Mittel.* Man könnte sie im Lichte der Zukunftsplanung als »ein komplexes Gesellschaftswesen mit größtmöglichem Widerstandsvermögen gegen die Umwelt« definieren. Die »Kollektivisierung« darf nicht als eine politische Lösung, sondern als eine biologische Notwendigkeit aufgefaßt werden, die sich unmittelbar vom Imperativ des Überlebens herleitet; unserem Grundsatz gemäß bietet die bestorganisierte Kollektivität dem Individuum auch die besten Überlebensmöglichkeiten.

Der Bereich der kollektiven Aktivität

Das sicherste Mittel, zu einer bestmöglichen Organisation zu gelangen, besteht in einer völligen Unterordnung des Individuums unter die Kollektivität*. Eine solche Gesellschaft bietet dem Individuum die Wahl zwischen der freien Einfügung in die kollektiven Notwendigkeiten oder dem freiwilligen Austritt aus der Kollektivität.

In einer solchen Gesellschaft kann das Individuum auf keinerlei Rechte Anspruch erheben: es hat der Gesellschaft gegenüber ausschließlich Pflichten. Daraus ergeben sich soziale Strukturen, die sich von den uns heute vertrauten wesentlich unterscheiden.

Die erste Konsequenz ist die folgende: Jedes Mitglied der Kollektivität schuldet ihr, unabhängig von seiner globalen Tätigkeit, einen Teil seiner Arbeitskraft.

Der Mensch steht also in einem Bereich von Tätigkeiten, denen wir den Namen »Kollektivsektor« geben wollen, zuförderst im Dienste der Kollektivität, da er der Kollektivordnung untersteht.

Der Bereich der individuellen Aktivität

Nachdem das Individuum die kollektive Ordnung akzeptiert hat, muß es sich in die individuelle Ordnung einreihen, das heißt seine »Aura verdichten«.

Auch hier soll die Aura als eine »komplexe, individuelle Form mit größtmöglichem Widerstandsvermögen gegen die Umwelt« aufgefaßt werden (Unter »Umwelt« verstehe ich hier allerdings die Umwelt des Individuums *innerhalb* der Gemeinschaft). In diesem Tätigkeitsbereich gehört sich der

* Das sicherste Mittel, aber nicht das einzige. Beim heutigen Stand unserer Entwicklung scheint jedoch der blinde Gehorsam die beste Lösung, da sie die größte Sicherheit gewährleistet.

Mensch selbst, und er verwendet alle seine Kräfte darauf, seine eigene Aura gegen den äußeren Zwang zu beschützen. Allgemeiner gesagt: er ist völlig frei, verfügt über alle Rechte mit der Ausnahme eines einzigen: die Rechte seines Nachbarn zu schmälern; er hat keinerlei Pflichten. Er kann sein Leben nach seinem Wunsche gestalten, wobei er niemand Rechenschaft schuldet.
Diese idyllische Schau ist freilich zu schön, um nicht utopisch zu sein: Kommen wir noch einmal auf das Gesagte zurück.

Der Kompromiß

Im Kollektivsektor steht der Mensch ausschließlich im Dienst der Gemeinschaft; die Organisation der kollektiven Komplexität zieht die Ausarbeitung und Inkraftsetzung äußerst strenger, ja drakonischer Dispositionen nach sich.
Soweit der diese Organisation begleitende Zwang für die Aura erträglich ist, kann es zu einem Gleichgewicht zwischen Individuum und Kollektivität kommen. Die Organisation kann jedoch nur durch Abschöpfung bei der die Kollektivität umgebenden Umwelt, das heißt durch Aggression aufrechterhalten werden. Es ist aber auch denkbar, daß die Umwelt eine feindlichere Haltung bezieht. Im übrigen haben wir gesehen, daß die Entwicklung jeder lebensfähigen Kollektivität einer wachsenden Komplexität entgegenstrebt.
Aus diesen verschiedenen Umständen (Punkt 1 und 3 sind absolut unvermeidlich) ergibt sich, daß die gestern noch hinreichende Organisation heute bereits der Verstärkung bedürfen kann.
Jede überlebende Kollektivität entwickelt sich stets einem größeren Organisationsgrad entgegen: das ist eine unabwendbare Folge der irreversiblen Entropie. Demgemäß

nimmt auch der Zwang ständig zu, der ohne die entsprechenden Vorsichtsmaßregeln vom Einzelmenschen als unerträgliche Last empfunden werden kann.

So kommt es, daß im höheren Interesse der Kollektivität die Unverletzbarkeit der individuellen Aura nicht ganz und gar beachtet wird: der äußeren Aggression kann oft nur um den Preis eines inneren Konflikts begegnet werden, der den Zusammenhalt der Kollektivität in Frage stellt. Die Tyrannei führt unweigerlich durch das soziale Aufbegehren zur Anarchie.

Diese deutliche Abweichung von der Finalität ist die große Gefahr, die jedem Gesellschaftssystem unaufhörlich droht. (Wir werden auf diesen Punkt an anderer Stelle näher eingehen.)

Der Gesellschaftsvertrag muß also notwendigerweise aus einem ständigen Kompromiß zwischen den Interessen der Gemeinschaft (von dem das Wohl aller abhängt) und der Unverletzbarkeit der individuellen Aura bestehen (die die höheren Belange des Menschen gewährleistet).

Diese Doppelspurigkeit wird sich sowohl in den gesellschaftlichen Strukturen wie in den sozialen Einrichtungen in hohem Grade bemerkbar machen.

Die Bildsamkeit

Wir sagten, daß der Kompromiß eine Dauerlösung sein muß. Denn es liegt auf der Hand, daß die von außen kommende Bedrohung der Kollektivität mehr oder weniger akut sein kann. Da die Veränderlichkeit ihrem Wesen entspricht, muß auch die kollektive Reaktion je nach Bedürfnis veränderlich sein, um ihr begegnen zu können. Die innere Organisation der Kollektivität muß sich also den wirklichen Notwendigkeiten anpassen und darf niemals soziale Zwangsmaßnahmen aufrechterhalten, die nicht absolut unerläßlich und damit geradezu gefährlich sind. Deshalb wird man darauf bedacht sein, den sozialen Strukturen eine gewisse Bildsamkeit, eine gewisse Anpassungsfähigkeit mit auf den Weg zu geben, um den Variationen der Bedrohung von außen gerecht zu werden, ohne die individuellen Belange über Gebühr zu belasten.

Das Recht

Der Mensch kommt zur Welt, weil er bereits als Embryo der kollektiven Ordnung unterworfen ist. So gehören alle Menschen während der unbewußten Phase ihres Daseins tatsächlich der Kollektivität. Genauer gesagt: sie sind Glieder einer allumfassenden Gemeinschaft, welche die Ordnung beachtet, weil sie als Ganzes überlebt. In dieser Hinsicht sind alle Menschen bei der Geburt gleich.

Werden sie sich in die besondere Kollektivität eingliedern, in die sie geboren werden? Ja, wenn letztere sich zur Ordnung bekennt. Nein, im entgegengesetzten Falle. Dieser ist jedoch unmöglich, denn eine Kollektivität, die die Ordnung nicht beachtet, könnte selber nicht bestehen. Daraus ist zu schließen, daß alle Menschen unabwendbar Mitglieder der Kollektivität werden, in der sie das Licht der Welt erblicken.

Haben alle Menschen bei der Geburt die gleichen Rechte? Es wäre sehr erfreulich, wenn es mir jemand beweisen könnte, ohne sich auf moralische Erwägungen zu berufen: die »Gleichheit« ist eine Entscheidung des Bewußtseins, eine Konvergenz unzähliger Meinungen, die von ideologischen oder religiösen Einflüssen geprägt wurden.

Wenn alle Menschen mit gleichen Rechten zur Welt kommen, so verdanken sie dies einzig und allein unserem freien Entschluß: dieser Entschluß gründet sich auf unser moralisches Gefühl, auf unser Gewissen, auf unsere Ethik. Es handelt sich also hier um menschliche Erwägungen, die a priori nichts mit der Ordnung zu tun haben und gegen die die Denker des Altertums wichtige Vorbehalte geltend gemacht hätten.

Das Vorhandensein von angeborenen Rechten ist mir völlig unbekannt*, ich weiß lediglich, daß die Menschen als

* Ganz allgemein kann man aufzeigen, daß die Menschen bei der

zwangsläufige Mitglieder einer Kollektivität ihr ganzes Leben lang die kollektive Ordnung zu beachten haben, sofern sie der Gemeinschaft angehören wollen. Denn die Ordnung ist alles, und das Recht fließt aus der Ordnung. Recht ist also, was sich der Ordnung nicht entgegenstemmt. (Die anspruchsvollere, die Ordnung fördernde Caritas wäre in einer solchen Gesellschaft völlig überflüssig).
Da die Ordnung alles ist, verdankt der Mensch auch alles der Ordnung. Im kollektiven Sektor verdankt er alles der Kollektivität. Im individuellen Sektor verdankt er alles dem Menschen, das heißt sich selbst.

Geburt auf keinem Gebiete gleich sind, weder an Rechten, noch an Möglichkeiten. Die Gleichheit der Rechte ist eine auf nichts ruhende Hypothese, die auf der mikroskopischen Ebene sicherlich falsch, auf der makroskopischen wenig wahrscheinlich ist.

Das Gesetz

Das Gesetz, so lehrt man uns, ist der Ausdruck des Willens der Allgemeinheit. Es befaßt sich nur mit Allgemeinem, und sein Gegenstand ist das Allgemeine. Wenn dieser »allgemeine« Wille die Gefühle der Gesamtheit der Mitglieder einer Kollektivität ausdrückt, erhält ein solcher Staat den Namen *Republik.*

Diese Voraussetzungen sind natürlich immer bei der Staatsgründung gegeben, da die Zustimmung zur Ordnung stets die Übereinstimmung der Willen in sich schließt. Es ist aber denkbar, daß sich im Verlauf der Entwicklung die Wählerschaft ebenfalls entwickelt und daß die gegebene Ordnung in Frage gestellt wird, ohne daß die Bedrohung von außen nachläßt. Hier liegt eine beachtliche Gefahr.

Die kollektive Verirrung ist eine seltene Erscheinung, aber sie kommt vor (nihilistische These).

Da die Nichtbeachtung der Ordnung zum Verfall der Kollektivität führt, könnte eine solche Infragestellung nur durch Einstimmigkeit gerechtfertigt werden. Da die Wahrscheinlichkeit der Einstimmigkeit in diesem Punkt gleich Null ist, findet die absolute Aufrechterhaltung der Ordnung in sich selbst ihre Rechtfertigung. Wenn die Ordnung gegen den allgemeinen Willen aufrechterhalten werden muß, ist das Regime eine Zeitlang nicht mehr republikanisch.

In unserer Gesellschaft ist der Freistaat also eine mögliche, aber in ihrer reinsten Form nicht immer dauerhafte Regierungsform.

Stimmen wir der Formulierung eines J.-J. Rousseau zu: »Aus sich heraus will das Volk stets das Gute, aber es sieht es nicht immer!«

Das Gesetz ist also die Kundgebung des allgemeinen Willens unter der ausdrücklichen Bedingung, daß es nicht gegen die Ordnung verstößt, d. h., daß es gerecht ist.

Ich nehme ein Beispiel: Jede Bestimmung, die auf die Verminderung oder gar die Abschaffung der Verpflichtungen des einzelnen gegenüber der Gemeinschaft hinausliefe oder die der Aura unerträglichen Zwang antäte, oder ganz allgemein gesagt, jedes Gesetz, daß die kollektive Gesundheit gefährden würde, müßte gegebenenfalls mit Gewalt verworfen werden.

Die Freiheit

Die Freiheit ist ein komplexer Begriff, der sich leichter definieren läßt, wenn man seine Komplexität auf die Ordnung hin ausrichtet, das heißt, wenn man erst einmal die Voraussetzungen für diese Freiheit festlegt.

Ein kranker Kollektivkörper schützt das Individuum nur ungenügend; um ihn zu heilen, müssen zusätzliche organisatorische Maßnahmen ergriffen werden, die die Aura in bedrohlicher Weise einengen. Deshalb ist die erste Voraussetzung für die Freiheit die Gesundheit der Kollektivität.

Im individuellen Bereich schließt der Begriff der Freiheit die Möglichkeit einer Wahl ein; der freie Mensch muß sich für diese oder jene Stellungnahme entscheiden können, ohne irgend jemandem Rechenschaft schuldig zu sein.

Auf der kosmischen Ebene schließlich ist die Voraussetzung für Freiheit gleichbedeutend mit der Möglichkeit eines geistigen Aus-sich-Heraustretens, konkret gesagt, mit der psychischen Erweiterung der Aura.

Wir sehen also, daß die Freiheit keineswegs eine objektive, sondern eine wesentlich subjektive Gegebenheit ist: Die Freiheit ist eine Einstellung (Attitüde). Im Sektor der kollektiven Tätigkeit ist frei, wer der kollektiven Ordnung zustimmt, in Ketten, wer sie über sich ergehen läßt.

Im individuellen Sektor ist der frei, der selbst die Entscheidung für sein Tun und Handeln trifft, unfrei, wer sich mit seiner Lage »abfindet«.

Die Gesellschaft hat sich also nicht in das Problem der Freiheit einzumischen: die Freiheit ist Sache eines jeden einzelnen. Dahingegen wird es ständiges, wichtiges Anliegen der Gesellschaft sein, die besten Voraussetzungen zur Ausübung der Freiheit zu schaffen. Diese Grundpflicht jeder Gesellschaft gegenüber dem Menschen wird eine unserer sozialen Strukturen bedingen.

Die Struktur des sozialen Gewebes

Die Kollektivität ist ein lebender Organismus, dessen überaus komplexes Gewebe gänzlich seiner Finalität gehorcht. Die Ordnung bestimmt die Struktur dieses Gewebes. Wir unterscheiden:

Eine kollektive Schicht, in der der Mensch im Dienste der Gemeinschaft steht. Diese Schicht, die wir im Folgenden genauer untersuchen wollen, ist gewissermaßen die Schutzschicht, die die Kollektivität gegen die Außenwelt abdichtet, die zugleich aber auch den osmotischen Stoffaustausch ermöglicht, ohne den die Gesellschaft mangels schöpferischer Betätigung verkümmern würde.

Eine individuelle Schicht, in der der Mensch in seinen eigenen Diensten steht und aus der Sicherheit und den sozialen Vorteilen Nutzen zieht, den die kollektive Schicht gewährleistet.

Die Notwendigkeit, aus dem soziologischen Gewebe ein vollwertiges lebendiges Organ zu machen, führt zur Schaffung einer Zwischenschicht, der folgende Funktionen zufallen:

– Die Aufrechterhaltung eines harmonischen Zusammenspiels, einer Symbiose zwischen Kollektivität und Individuum,

– Die Organisation einer schöpferischen Funktion (der, wie wir sehen werden, eine grundlegende Bedeutung zukommt).

Diese letzte Schicht wollen wir »Entwicklungsschicht« oder »evolutive Schicht« nennen.

Die kollektive Schicht

Die ihr zufallenden Aufgaben sind wirtschaftlicher und defensiver Natur.

Auf menschlicher Ebene ist ihre Struktur (wobei es sich praktisch um eine Mikrostruktur handelt) feinkörnig und beinahe homogen: Als Makromoleküle des sozialen Protoplasmas sind die Individuen Werkzeuge, die in verschiedener Eigenschaft im Interesse des Gemeinwohl handeln; dabei richten sie sich nach den aufgestellten Regeln und dem obligatorischen Programm, die sich aus der kollektiven Ordnung herleiten.

Ihr Amt wird ihnen nach ihrer jeweiligen Befähigung übertragen; sie üben es nach den von der Kollektivität festgestellten Erfordernissen und Notwendigkeiten aus.

Ein jeder erfüllt, welches auch immer sein Platz in der Rangordnung sein mag, eine ganz bestimmte Aufgabe: Der Mensch im Dienst der Gemeinschaft verzichtet auf jede Eigenständigkeit und wird ein williges Werkzeug.

Dieses Konzept birgt eine Reihe von Gefahren in sich, auf die wir an anderer Stelle eingehen wollen, aber es bringt auch unbestreitbare Vorteile. Nennen wir

a) Die Abschaffung der sozialen Ungerechtigkeit (in dem heute darunter verstandenen Sinne). Wenn nämlich allen die gleiche Pflicht auferlegt wird, wenn die Gesellschaftsfunktionen nicht durch Geburtsprivilegien, Vermögensverhältnisse und Günstlingswirtschaft, sondern durch eine wirksame und gerechte Auswahlmethode bestimmt werden, werden Groll, Neid und Frustrationsgefühle seltener aufkommen. Wir wissen alle, daß die *Gleichheit* nicht dieser Welt angehört; die Hierarchie der Ämter führt niemals zu schweren sozialen Spannungen, wenn die Aufgabe einem jeden nach seinen wirklichen Fähigkeiten zubemessen wird, besonders wenn die Auswahl gerecht vonstatten ging.

b) Wenn die kollektive Zucht von allen ohne Widerstreben akzeptiert wird (und sie wird es um so eher, als sie einen jeden angeht), erfreut sich die kollektive Schicht infolge des Fehlens innerer Spannungen einer großen Bildsamkeit und paßt sich ohne Schwierigkeiten den Schwankungen der äußeren Aggressivität an.

Der Abbau jedes unnötigen Zwanges ist für die Regierung dann nur noch eine Routinearbeit.

c) Die freiwillige Einfügung aller in die Ordnung schafft eine Atmosphäre der Solidarität, ja der Gemeinsamkeit in der Pflichterfüllung, welche die täglichen Schwierigkeiten und Lasten besser tragen hilft; unzählige ausgediente Militärs wissen aus persönlicher Erfahrung um dieses Solidaritätsgefühl. Was die *Einrichtungen*, ihre Strukturen und Betätigungen anlangt, so stößt das Konzept der kollektiven Ordnung hier alle überkommenen Gewohnheiten um. Ich will hier nur einige besonders bezeichnende Beispiele anführen:

Die kollektiven Aktivitäten

Unter »kollektiven Aktivitäten« verstehen wir solche, von denen die Gesundheit der Gemeinschaft abhängt.

Wenn man die Klassifizierung Colin Clarks als Grundlage nimmt, kann man sagen, daß die kollektiven Aktivitäten die Gesamtheit des primären, einen großen Teil des sekundären und tertiären Sektors sowie alle mittelbar oder unmittelbar an der allgemeinen Sicherheit teilnehmenden Industrien, die Landesverteidigung, die Energiebeschaffung usw. umfaßt.

Bei der Spartenaufteilung müssen besondere Kriterien ausgearbeitet werden, aufgrund derer sich einige Bereiche als Grenzfälle herausstellen: diese Grenzfälle werden nur in Ausnahmesituationen dem »kollektiven Sektor« zugeteilt

und gelten in Normalzeiten als frei. Dieser an sich nicht sehr bedeutende »Grenzsektor« arbeitet unter einem besonderen Statut, was das Privateigentum, die Arbeitsbeschaffung und die Löhne angeht.
Der »Grenzsektor« ist jedoch unerläßlich, um der sozialen Grundstruktur die nötige Elastizität zu verleihen und die kollektive Aktivität so rasch und so genau wie möglich den schwankenden Bedürfnissen anzupassen, die jederzeit aus der äußeren Bedrohung erwachsen können.
Er trägt außerdem zur Minderung unnötigen Zwanges bei.

Das Privateigentum

Der Begriff des Privateigentums findet seine Begründung nicht in den erworbenen Gütern, sondern in der Ordnung.
Im kollektiven Sektor ist die Ordnung kollektiv: Das Gemeinschaftsinteresse geht allen Privatbelangen voraus (im individuellen Sektor liegen die Dinge anders). Aus diesem Grunde bleibt alles bewegliche oder unbewegliche Gut, welcher Art und welchen Umfanges es immer sein mag, seinen Eigentümern überlassen, sofern seine Nutznießung die kollektive Gesundheit nicht gefährdet.
Im anderen Falle muß das gesamte Eigentum unter festzulegenden Bedingungen der Gemeinschaft und ihr allein zufallen.
Hier handelt es sich selbstverständlich um eine allgemeine Grundregel, deren praktische Anwendung eine Reihe schwieriger Probleme aufwirft, da der Begriff »Eigentum« in den herkömmlichen Gesellschaften außerordentlich vielbedeutend und vielseitig ist.
Ein Heer von Spezialisten wird nötig sein, um genau die Grenzen des kollektiven Sektors festzulegen und das Eigentum nach allgemein anerkannten Kriterien in verschiedene Sparten einzuteilen.

Die Arbeit

Wie wir bereits festgestellt haben, kann niemand für sich ein »Recht auf Arbeit« in Anspruch nehmen, aber jeder hat die Pflicht zu arbeiten*.

»Jedes Individuum ist ohne Unterlaß ein Arbeiter, der der Kollektivität zur Verfügung steht.«

Es versteht sich von selbst, daß die Zuteilung der richtigen Aufgaben, unter gerechten Voraussetzungen und Inbetrachtziehung der beruflichen Fähigkeiten, unter dem Zeichen der Billigkeit, der Vernunft, des Verständnisses und der Menschlichkeit zu geschehen hat. Auch hier ist die Sachlage wie so oft komplex und die Notwendigkeit eines Schiedsspruchverfahrens gegeben. Ein geeignetes System müßte von Fachleuten ausgearbeitet werden, aber ich glaube nicht, daß es zu größeren Komplikationen und Schwierigkeiten führen würde als der Arbeitsmarkt in einer Ge-

* Einem natürlichen Gefühl der Frustration zufolge beneidet der Kranke den Gesunden, träumt der Gefangene von der Freiheit. Der Staatsbürger wiederum pocht immer mehr auf seine Rechte und versäumt keine Gelegenheit, sie herauszustreichen, da er seit langem weiß, daß man sie ihm ohne Unterlaß streitig macht.

Die stets wiederholten »Erklärungen der Menschenrechte« sind ein schlagender Beweis für die Ungerechtigkeit der bestehenden Gesellschaftsordnungen.

Eine gerechte Gesellschaft wird sich bemühen, die gegenseitigen Verpflichtungen von Mensch und Kollektivität festzulegen und so das Feld zu einer unbegrenzten Zahl von Rechten offenzulassen.

So braucht sich auch niemand darüber zu wundern, daß das »zukunftsplanende Gemeinwesen« die Arbeit nicht als ein Recht, sondern als eine Pflicht betrachtet. In einer gerechten Gesellschaft ist es für den Menschen ungleich befreiender, ihm die Arbeit als eine Pflicht aufzuerlegen, als daraus ein »Recht« zu machen, dessen Hinfälligkeit die Unterbeschäftigung, die Unsicherheit für den morgigen Tag, die Arbeitslosigkeit täglich unter Beweis stellen. Denn die Verpflichtung zu arbeiten legt der Kollektivität naturgemäß die Verpflichtung auf, dem Staatsbürger einen Lohn auszuzahlen: es ist sicherlich nicht utopisch anzunehmen, daß eine solche Verfügung das psycho-soziale Klima erheblich verbessern wird.

sellschaft herkömmlichen Typs. Es ist ebenso klar, daß die Kollektivität für die Dienstleistungen, die sie ihren Bürgern auferlegt, zu zahlen hat.

Die Entlohnung des Dienstleistenden wird (auf allen Stufen der Hierarchie) durch eine gerechte und objektive Bewertung festgesetzt (was in unserer Gesellschaft nicht immer der Fall ist).

Das Entgelt gehört dem Dienstleistenden endgültig, ganz gleich, ob die Kollektivität seine Dienste ganz, teilweise oder überhaupt nicht in Anspruch nimmt. Hier geht es um ein Anliegen der Gesellschaft und nicht des Dienstleistenden: die Arbeitslosigkeit gehört nicht zur Finalität unserer Gesellschaft, denn wenn sie auch die kollektive Gesundheit nur wenig gefährdet, so legt sie doch der individuellen Aura einen unerträglichen Zwang auf; sie widerspricht also der individuellen Ordnung.

Der kollektive Sektor kennt also keine Arbeitslosigkeit, wie auch keine Steuern kennt (genauer gesagt, der Dienstleistende wird nicht besteuert).

Zwei neue Bestimmungen tauchen an dieser Stelle auf:

1. Der Streik ist verboten (da er der kollektiven Ordnung zuwiderläuft)*.

* Die verabredete Arbeitseinstellung wird von den Arbeitern für ein unveräußerliches Recht gehalten: seit einigen Jahrzehnten haben es die westlichen Staaten nolens volens ihren Bürgern eingeräumt. Sie stellt im Prinzip eine nicht gewalttätige theoretisch unpolitische Massenkundgebung dar, die in den kapitalistischen Gesellschaften als letztes Mittel durchaus gerechtfertigt sein kann, wenn es sich um Forderungen der Gesamtheit der Arbeiter handelt, die die Arbeitgeber wissentlich ignorieren.

Abgesehen von den unvermeidlichen Mißbräuchen und Verzerrungen, zu denen das Streikrecht Anlaß geben kann, erlaubt die Arbeitseinstellung einer Minderheit, den Zusammenhalt der Gemeinschaft sowie ihre Verteidigungsmittel zu gefährden und der überwiegenden Mehrheit der Nation eine Unbill zuzufügen, die sie nicht unbedingt verdient hat.

Angesichts der Trägheit, ja der Verständnislosigkeit der Arbeitgeberschaft und der Regierung konnte und kann der Streik auch heute noch

2. Der Arbeitslohn gehört dem Dienstleistenden, aber seine Höhe wird seiner effektiven Befähigung angemessen; er muß also nicht ständig zunehmen (wie dies unsinnigerweise in unseren herkömmlichen Gesellschaften der Fall ist).

Im zukunftsplanenden Gemeinwesen werden Privilegien aufgrund *erwiesener* Fähigkeiten zugestanden und nicht aufgrund eines hypothetischen Wertes, den das Dienstalter angeblich darstellen soll (wobei wohlgemerkt keinerlei prinzipieller Gegensatz zwischen Alter und Verdienst besteht!)

Aus dieser Disposition geht hervor, daß in einem gerechten Staat allen die gleichen Aufstiegschancen geboten werden (was übrigens genau dem Interesse des Gemeinwohls entspricht).

Die Staatslenker haben also die *Pflicht,* allen Dienstleistenden die geeigneten Mittel zu ihrem beruflichen Fortkom-

ein wirksames Kampfmittel sein, aber man darf sich ernsthaft die Frage stellen, ob er in seiner jetzigen Form noch gerecht ist.

In unseren Augen ist der Streik nur dann gerecht, wenn er die Finalität beachtet; das heißt:

a) wenn er das Wohlbefinden der Kollektivität nicht einen Augenblick gefährdet, was ihm von vornherein enge Grenzen setzt: Im kollektiven Sektor ist der Streik unstatthaft;

b) wenn er der individuellen Freiheit keinen Abbruch tut, indem er für die Gesamtheit der Bürger unverdiente und unerträgliche Härten mit sich bringt. Der Streik kann also nur im individuellen Sektor geduldet werden, wenn er örtlich begrenzt bleibt und nicht Formen annimmt, die das wirtschaftliche Leben des betreffenden Sektors in Frage stellen.

Da die Solidarität bei der aktiven Bevölkerung der neuen Gesellschaft kein leeres Wort ist, wird es möglich sein, gerechte Forderungen durch andere Mittel und Wege geltend zu machen, denen die Regierung auch die nötige Beachtung schenken wird. Hier gilt es, seine Einbildungskraft einzuspannen.

Außerdem darf das zukunftsplanende Gemeinwesen prinzipiell nur Forderungen kennen, die die individuelle Sphäre zum Gegenstand haben (diese sind weniger dringend, da der Streikende weder Arbeitslosigkeit noch Ungerechtigkeiten zu befürchten hat); außerdem haben die Arbeiter die Möglichkeit, ehe sie zum Streik greifen, den Schiedsspruch des »Rates der Weisen« anzurufen, der weder die Arbeitgeber noch die Regierung vertritt.

men zur Verfügung zu stellen; dazu gehören vor allem:
die dauernde, unentgeltliche Nachschulung
Berufsausbildung
Erziehung;
Jedem bleibt es überlassen, von diesen Mitteln Gebrauch zu machen oder nicht: jeder ist seines Glückes Schmied.

Die individuelle Schicht

Die ihr zufallenden Aufgaben sind kulturpolitischer oder, genauer gesagt, humanistischer Natur.

Da der Mensch der Sorge um seine Zukunft, der materiellen Unsicherheit und ihrer Gefahren, aller administrativen Scherereien, aller langwierigen und demütigenden Bemühungen um das tägliche Brot enthoben ist, kann er sich voll und ganz seiner eigenen Entfaltung widmen.

Er weiß, daß seine Zukunft im Zeichen der Gerechtigkeit steht, da sie von den ehrlich erworbenen Berufskenntnissen abhängt, daß sie ihm Sicherheit bringt, sofern die Kollektivität als solche von Bestand ist, denn die Kollektivität sorgt für sein Auskommen, wenn er seine Verpflichtungen erfüllt.

Er weiß außerdem, daß ihm seine persönliche Einstellung in keiner Weise schaden kann, wenn er seinerseits nicht bewußt den anderen zu schaden sucht. Von allen materiellen Zufälligkeiten befreit, liegt es nur noch an ihm, ob er sich als *freier Mensch* betätigen will. Im kollektiven Sektor ist er ein Dienstleistender; im individuellen Sektor kann er in den Grenzen der individuellen Ordnung alles unternehmen, alles wagen, alles aufs Spiel setzen.

Allerdings ist auch hier die Praxis verwickelter als die Theorie, und man wird gut daran tun, den Optimismus der Enthusiasten ein wenig zu dämpfen. Denn es kann nicht die Rede davon sein, im individuellen Sektor die Anarchie walten zu lassen oder im kollektiven den Menschen in eine Ameise zu verwandeln. Wir umreißen hier ein abstraktes Schema, von dem zu beweisen bleibt, daß es weder utopisch noch unmenschlich ist*.

Nichtsdestoweniger bietet es in der überwiegenden Mehr-

* Vergl. Abschnitt über die Gefahren des Systems.

zahl der Fälle die nötigen Voraussetzungen zur Selbstverwirklichung des Menschen und zur Verdichtung seiner Aura. Seine erste Reaktion wird zweifelsohne darin bestehen, seine Aura dem Druck der kollektiven Umwelt zu entziehen.

Die Mikrostruktur der individuellen Schicht des soziologischen Gewebes wird also »großkörnig« sein. Mit anderen Worten, der Mensch schützt sich gegen die Umwelt, indem er seine eigene Persönlichkeit entwickelt: die Menschen werden sich je nach ihren Neigungen und Sympathien in Kreisen, die Kreise in Privatgesellschaften, die Gesellschaften in Parteien zusammenfinden; auf wirtschaftlichem Gebiet (denn neben der kollektiven besteht selbstverständlich auch eine nicht-kollektive Wirtschaft) wird auch der Partikularismus eine besondere Rolle spielen, die Gegenden werden autonom, kurz, es wird sich eine dem Kollektivismus entgegengerichtete Strömung bemerkbar machen, die zwischen den Menschen und dem Menschen defensive Schranken aufrichtet; so wird die individuelle Aura vom mannigfachen Zwang befreit, der sie ständig bedrängt.

Dieser natürliche und heilsame Trend zum Individualismus, zum Partikularismus, zum Regionalismus darf nicht behindert, sondern soll im Gegenteil gefördert werden. Er ist eine Folge der individuellen Ordnung und nimmt an ihrer Finalität teil.

Das Betätigungsfeld

Das Betätigungsfeld der individuellen Schicht ist unbegrenzt: Handwerk, landwirtschaftliche Familienbetriebe, Kleinindustrien, Handel, Dienstleistungen aller Art sind denkbar und zum großen Teil unentbehrlich.

In einem Wort: alle nicht-kollektiven Aktivitäten sind der freien Initiative der einzelnen überlassen und können

sich, wenn Recht und Vernunft berücksichtigt werden, frei entfalten.
Grundbedingung ist allerdings, daß sie die der Gemeinschaft geschuldeten Dienstleistungen nicht unmöglich machen.
Da die Hauptaufgabe des individuellen Sektors die Verdichtung der Aura ist, werden seine wichtigsten Bereiche die Kultur, die Freizeitgestaltung, die menschlichen Beziehungen aller Art und darunter die Politik sein. Der obenerwähnte »Grenzsektor« wird die Schwierigkeiten zwischen beiden überwinden helfen.

Der Privatbesitz

Der Privatbesitz, der einem tiefen menschlichen Bedürfnis entspricht und das beste Bollwerk für die Aura darstellt, soll nicht nur ermöglicht, sondern gefördert werden. Ganz allgemein darf man sagen, daß die Regeln des Privatrechtes, soweit sie mit der individuellen Ordnung vereinbar sind, in vereinfachter und weniger zweideutiger Form erhalten bleiben. Der oberste Grundsatz heißt: »Alles, was der individuellen Ordnung nicht zuwiderläuft, ist recht*.«

Die Arbeit

Das Hauptmerkmal des individuellen Sektors ist die Freiheit. Das gilt auch für die Arbeit.
Einerseits braucht niemand im hier angedeuteten Sinne zu arbeiten, wenn er es nicht will.
Andrerseits kann jeder arbeiten, wie es ihm gefällt, soviel er möchte, unter der ausdrücklichen Voraussetzung, daß er

* Die Organisation der Komplexität führt unweigerlich zu einer Vereinfachung der Einrichtungen und Begriffe.

die Dienstleistungspflicht der Gesellschaft gegenüber erfüllen kann. Da das Arbeitsvermögen eines Menschen nicht unbegrenzt ist, kann ein jeder seine eigene Verhaltenslinie nach seinem Ehrgeiz, seinem Gutdünken und seiner Körperkraft festlegen.

Wenn er sich kultiviert, seinen Körper stählt, Geschäfte macht oder in einer Partei mitkämpft, so ist das seine Angelegenheit.

Die politische Betätigung ist diesem Sektor vorbehalten, sie ist im Kollektivsektor strengstens verboten.

Protestkundgebungen, Streiks, die Geltendmachung von Ansprüchen laufen der individuellen Ordnung nicht zuwider, insofern sie in ihren Manifestationen nicht die kollektive Ordnung stören.

Sie dürfen sich also nur geographisch begrenzt auswirken und den normalen Ablauf des kollektiven Sektors nicht hemmen.

Im übrigen haben die sozialen und politischen Forderungen nicht denselben Charakter wie die, die wir in unserer Gesellschaft kennen, da ihnen weniger barbarische, wirksamere und – möchte uns scheinen – demokratischere Wege zur Verfügung stehen. Wir werden dies Problem an anderer Stelle erörtern.

Die evolutive Schicht

Das schöpferische Niveau

Bislang haben wir die Kollektivität stets als ein System dargestellt, das mit dem sog. »physikalischen System« eine unverkennbare Verwandtschaft aufweist.

Wir möchten hier jedoch jede Doppeldeutigkeit aus dem Wege räumen: ein soziales System kann niemals ein physikalisches sein. Unter den zahlreichen Gründen, die wir für unsere Behauptung anführen können, scheinen uns zwei von entscheidender Bedeutung:

1. Eine Kollektivität ist eine »Menge«, deren Komplexität um ein Vielfaches jedes vom Menschen geschaffene System übersteigt.

Im besonderen sind ihre inneren Organe durch ein unkontrollierbares Reaktionspotential und durch eine spezifische Bildsamkeit gekennzeichnet; was die funktionellen Bindungen anlangt, so sind sie nur ungenügend bekannt und aus diesem Grunde oft verwirrend.

2. Das soziale System muß nicht nur positiv leistungsfähig sein, es muß darüber hinaus eine eigentlich schöpferische Tätigkeit entfalten, d. h., muß ohne Unterlaß seine eigene Substanz neu konstruieren. Wie jeder lebende Organismus, so ist auch das soziale System sein eigener Zukunftsträger. So benötigt es – genau wie jedes andere lebendige Gewebe – ein »selbstschöpferisches« Niveau. Dies gilt auch für unsere Kollektivität. In Wirklichkeit hat bereits die Natur für die Fortpflanzungsfunktion gesorgt; die Regelung dieser Funktion gehört in den Bereich der individuellen Ordnung. Eine übertriebene Fortpflanzungsfunktion übt auf die individuelle Aura einen demographischen Druck aus, auf den Malthus schon hinwies, der aber heute beunruhigende Formen annimmt.

Neben der triebmäßig gewährleisteten Fortpflanzungsfunktion, bei der wir in diesem kurzen Exposé nicht verweilen wollen, beobachen wir in der Kollektivität eine viel umfassendere *schöpferische* Funktion, von der der Bestand und die Festigkeit des sozialen Gefüges zum großen Teil abhängt.

Wir müssen hier eine deutliche Unterscheidung zwischen den häufig verwechselten Funktionen der Produktion und der Schöpfung beachten. Am einfachsten ist es, uns dazu noch einmal den Abschnitt über die Komplexität in Erinnerung zu bringen.

Nehmen wir unser Beispiel von den drei Buchstaben A, B und C wieder auf. Wenn ich AB und CA usw. kombiniere, setze ich einen schöpferischen Akt. Wenn man mir jedoch die drei obengenannten Buchstaben gibt und dazu ein bestimmtes Bildungsgesetz oder eine Klassifizierungsanordnung auferlegt, so setze ich keinen schöpferischen Akt, sondern »produziere«, wenn ich die Buchstaben zu AB, CA usw. zusammenfüge.

Sich schöpferisch betätigen, heißt im wesentlichen eine Organisation schaffen: die Neuschöpfung ist ihre Frucht (und nicht ihre Ursache, wie man so oft annimmt). Wenn das Organisationsprinzip bereits in der kompletten Gegebenheit eingeschlossen liegt, *muß* der Mensch »produzieren«, es sei denn, er meutere gegen die Organisation* oder er schaffe eine andere.

So kann man sagen, daß der Maler sein Gemälde »produziert«, wenn er lediglich die Ordnung der Natur wieder-

* Das Problem würde den Stoff zu einer umfangreichen Untersuchung liefern. Es bildet das Herzstück aller zukunftsplanenden Erwägungen. Die Schöpfung ist immer in irgendeiner Weise eine Infragestellung. (Von der überwiegenden Mehrheit der Menschen gilt, daß) nur solche Geister schöpferische Fähigkeiten besitzen, die ihre Jugend bewahrt haben, die keine allzu sebstsichere Schulung hemmt, die sich nicht blind auf die Vergangenheit verlassen, in der sie eine Garantie der zukünftigen Schöpferkraft zu sehen glauben.

gibt (ein solches Bildwerk mag technisch über jede Kritik erhaben sein, es hat keinerlei »schöpferischen« Wert).

Der Künstler »schafft«, wenn die von der Netzhaut aufgenommene Komplexität in der Hirnrinde reorganisiert und auf der Leinwand nach einer von ihm konzipierten, spezifischen Ordnung wiedergegeben wird (eine solche »Schöpfung« kann geistig bedeutend und technisch minderwertig sein; letzteres kann auch für beide zutreffen).

Die Maschine »schafft« also niemals im allgemeinen Sinn des Wortes, sie »produziert«.

Der kollektive Sektor »produziert« im Ganzen gesehen ebenfalls. Nun aber lehren uns die Biologen, daß ein Lebewesen sich nur entwickelt, wenn es »schafft« (Die Anpassung ist selbst eine bedeutende schöpferische Funktion). Wenn man nun auf Frankreich einen Gesamtblick wirft, so kommt man rasch zu der Überzeugung, daß bei uns die Produktionsfunktion besser entwickelt ist als die schöpferische Funktion; hier liegt auch der tiefe Grund einer gewissen wirtschaftlichen Nekrose (unser soziologisches Gewebe führt eine Unzahl toter Zellen mit sich, die eine intelligente Politik ausmerzen müßte, um einen baldigen Verfall zu verhindern).

Objektiv gesehen ist die bewußte Schöpfung in jeder Gesellschaft genau wie beim Menschen eine Frage der Gehirnmasse.

Die evolutive Schicht soll also Tätigkeiten umfassen, die die Intelligenz bilden, entwickeln, orientieren, informieren. Sie soll durch die Schaffung einer Art Nervensystem zu ihrer schöpferischen Ausnutzung beitragen. So haben wir: *das Gehirn,* d. h. die Universität, die Forschung und ihre technologische Auswertung; *das zerebrospinale System und die Nerven,* d. h. die Information, den Nachrichtendienst, die Datenverarbeitung.

Die Universität

In der zukunftsplanenden Gesellschaft fällt der Universität eine lebenswichtige Rolle zu: die Verantwortung, die auf ihr lastet, ist ungeheuer.
Die Universität ist das Gehirn der Kollektivität: ich möchte jedoch ausdrücklich hinzufügen, daß sie weder ihr Gewissen, noch ihre Seele sein soll.
Sie ist der Finalität untergeordnet und muß aus diesem Grunde sowohl die kollektive als auch die individuelle Ordnung beachten (die beiden Gehirnhälften, wenn ich mich so ausdrücken darf). Sie erfüllt also zwei völlig verschiedene Funktionen, denen beiden die gleiche, grundlegende Bedeutung zukommt.

Im Dienste der kollektiven Ordnung: Erziehung–Unterricht

Ihre Aufgabe besteht darin, die jungen Geister zu erziehen, hochqualifizierte Kader zu schulen, die mit den neuesten Errungenschaften der Technik vertraut sind; sie soll bei ihnen die Aggressivität, die Unternehmerfreude, den Team-Geist wecken, ohne die die Nachwuchskräfte bald der Passivität, der Apathie und der Mittelmäßigkeit verfallen.
Soziale Förderung: Der Universität obliegt außerdem die regelmäßige Volkserziehung, die Nachschulung (auch ihrer eigenen Lehrkräfte) und die Fortsetzung der Berufsausbildung. Nach den allgemeinen Bestimmungen über Gehaltserhöhungen muß einem jeden eine gleiche Chance der Schulung und Nachschulung geboten werden: (im übrigen fallen hier Privat- und Kollektivinteresse zusammen).
Mit einem Wort: Die Universität schafft die Produktionsmittel.

Im Dienste der individuellen Ordnung

Die Verdichtungsaussichten der Aura ruhen fast ausschließlich auf der Erziehung, dem Unterricht und ihren kulturellen Auswirkungen.
Auch hier spielt also die Universität eine ausschlaggebende Rolle. Damit ist zur Genüge gesagt, daß sie sich einer grundsätzlichen Umwandlung unterziehen muß. Die Universität von morgen wird ein autonomes, junges, kritisches, logisches, geschmeidiges Organ sein, ein wahres Musterbeispiel für die Geister, die sie zu formen vorgibt.

Ein Sonderfall: die zukünftigen Forscher

Von einigen ganz wenigen Ausnahmen abgesehen wird der künftige Forscher auf der Universität ausgebildet.
Es geht also an erster Stelle darum, die geeigneten Auswahlmethoden zu erarbeiten, um besondere Begabungen zu erkennen; es kann nicht die Aufgabe der Universität sein, den herkömmlichen »guten Schüler« großzuziehen, der niemals etwas anderes sein wird als eine mehr oder weniger harmonische Mischung aus Konformismus, Charakterlosigkeit, Ignoranz und Dünkel.
Wer kann im Ernst annehmen, daß das Alter solchen Jammergestalten jemals die geistige Frische bringt, die ihnen zuvor so bitter fehlte?
Alle Pferdezüchter wissen, daß eine unüberbrückbare Schranke selbst das beste Halbblut von einem Vollblut trennt; sie wissen auch, daß ein Vollblut wenig gelehrig, empfindlich und anfällig ist.
Die Universität unseres zukunftsplanenden Gemeinwesens muß also von Grund auf ihre Auffassungen, ihre Methoden, ihre Kriterien bei der Heranbildung von Forschern ändern: die Universität muß logisch und kritisch denken

lehren, sie muß völlig frei, ohne den einschläfernden Einfluß irgendwelcher Ideologien oder Systeme (besonders aber der Regierung), ohne Hemm- und Hindernisse arbeiten können.

Schließlich und endlich muß sie *Begeisterung* zu entfachen verstehen.

Wenn wir nach den Voraussetzungen (d. h. den *unerläßlichen* Voraussetzungen) für den Erfindergeist fragen, so kommen wir zu folgenden Feststellungen:

– »Erfindung« heißt »Synthese«, sodann Induktion; »Erfindung« bedeutet aber auch Mutation im Bereich der Begriffe, der Technik, der Perspektive.

So ist also die Erfindung ein *revolutionärer* Akt mit allem Positiven und Negativen, das dieser Begriff in sich schließt: »Nach dem heute noch nicht Seienden urteilen«. Die Infragestellung der Konzepte, ihre Dialektisierung, fußen auf der Auffassung, daß die bekannten oder Versuchen unterzogenen Geschehnisse nach dem derzeitigen Stand der Wissenschaft nicht erklärbar (oder nur im Widerspruch zu anderen Erkenntnisse erklärbar) sind; sie entsprechen aber auch der festen Überzeugung, daß die Ursachen dieser Geschehnisse erforscht und vom menschlichen Geist erkannt werden können.

Jeder Erfinder ist selbstverständlich von dem Willen beseelt zu erkennen; aber was ihn vorwärtstreibt, ist vor allem die enthusiastische Gewißheit, daß sich das Geheimnis der Dinge lüften läßt. Aus diesem Grunde wagt er den Sprung ins Dunkle: Ohne diesen grundlegenden Enthusiasmus kann kein Forscher zu Erfindungen gelangen!

Die Forschung

Die Universität betätigt sich schöpferisch, indem sie aus einem edlen Rohstoff stets vollkommenere Werkzeuge

formt und ihre eigene Technik und Lehrmethoden, d. h. ihren Unterricht und ihre Auswahlkriterien verbessert.
Jede Universität, die sich passiv mit einem evolutiven Lehrplan begnügt, würde fortfahren, (nach ihrem eigenen Bild) Intelligenzen zu züchten, aber sie würde das Schöpferische vernachlässigen und damit gegen die Ordnung sündigen.
Auf dem Gebiet der Forschung liegen die Dinge einfacher, denn das Ziel einer jeden Forschertätigkeit ist notwendigerweise die »Schöpfung«. Ich sagte zuvor, daß die Universität das Gehirn der Kollektivität ist; die Forschungsabteilung stellt den Kortex dar, d. h., sie ist ein mit der Universität innig verbundenes Organ (wie sie auch ein Organ der Information im weitesten Sinne des Wortes ist), dessen einzige aber lebenswichtige Funktion in der ununterbrochenen Schaffung neuer Elemente besteht; diese ermöglichen es dem kollektiven Sektor, seine Entwicklung fortzusetzen und sich den veränderlichen Umweltbedingungen anzupassen; sie entlasten durch die Abschaffung jeder Doppelspurigkeit auch die individuelle Aura.
Die Forschung erstellt also die Grundsteine für die Zukunft, deren sinnvolle Ausnutzung sie den anderen Sektoren der Kollektivität überläßt.
Um noch einmal die von uns gewählte Terminologie zu verwenden: Die Forschung ist ein umfassender Organismus, der die effektive Komplexität jeder untersuchten Erscheinung einer systematischen Prospektion unterzieht und der die bereits bekannte Organisation ständig neu in Frage stellt. In diesem Sinne übt sie einen Mutationsfaktor aus.
So sind also die Universität und die Forschung in ihren verschiedenen Eigenschaften beide der Sitz des kollektiven schöpferischen Denkens.

Wir verwenden diesen Begriff hier in seiner weitesten Ausdehnung. Unter »Information« verstehe ich alles, was kundtut und unterrichtet:
– Die Organe, die äußere und innere Gefahren aufdecken und messen, die über die Leistungsfähigkeit des kollektiven Sektors unterrichten: mit einem Wort, die militärischen, wissenschaftlichen, technischen und wirtschaftlichen Nachrichtendienste;
– Die technischen Hilfsmittel des Nachrichtenwesens (Datenverarbeitung, Dokumente-Sammlungen, statistische Ämter usw.);
– soziale, politische und kulturelle Nachrichtenzentren; Presse, Rundfunk, Fernsehen für den individuellen Sektor.

Es ist unnötig, hier näher auf die Bedeutung der Information einzugehen.

Die Kollektivität kann nur überleben, wenn sie sich ihrer Umwelt anzupassen weiß. Das aktive Gleichgewicht, daß zwischen Umwelt und Kollektivität herrschen muß, ist notwendigerweise labil; seine Aufrechterhaltung setzt eine Summe von Informationen und Nachrichten voraus, ohne die eine wirksame oder auch nur opportune Reaktion völlig undenkbar wäre.

Die Information ist also die Voraussetzung für die Anpassung. Sie übernimmt außerdem die unentbehrliche Funktion des Kollektivgedächtnisses, ohne die eine kollektive Amtsführung illusorisch wäre, ohne die die maschinelle Zivilisation von morgen der »science fiction« vorbehalten bliebe. Schließlich und endlich ist die Information der unentbehrliche Träger der Wissenschaft und der Kultur und wirkt aus diesem Grunde unmittelbar auf die Verdichtung der individuellen Aura ein:

Sie sorgt für die Verbreitung des Schöpferischen, für die Durchblutung der Aura. Diese letzte Funktion der Information zeigt zur Genüge, daß sie genau wie die Universität und die Forschung vor jeder sektiererischen, ideologischen oder sonstigen Beeinflussung geschützt werden muß. Sie ist ihrem Wesen nach nicht schöpferisch, aber sie bildet einen unerläßlichen Bestandteil jedes schöpferischen Vorganges.

Die innere Optimal-Struktur

Da das hohe Ziel alles Tuns, wie ich bereits mehrmals hervorhob, die Selbstverwirklichung des Menschen ist, d. h. die Unantastbarkeit seiner Aura, mag die Gefahr bestehen, daß sich die Organisation des kollektiven Zusammenhalts im Sinne einer großen Zentralisierung und Technokratie vollzieht*.

Diese Gefahr muß um so mehr ins Auge gefaßt werden, als der Fortschritt die Aggressivität der Umgebung vergrößert und bei jedem System dazu neigt, die Zivilisation auf eine Verstärkung der Macht hin auszurichten; die Folge ist eine Überbetonung der Produktion, des Gewinnes, die unweigerlich zu der bereits erwähnten Verzerrung der Finalität führt**.

Freilich, der neue Gesellschaftsbegriff, die Neugestaltung des Rechtes, des Eigentums und der Regierungsform vermindern die Gefahr um ein Beträchtliches. Aber der Wille zur Macht liegt in der menschlichen Natur begründet: man

* Wenn wir hier einen Vergleich wagen wollen, so ließe sich eine Parallele zwischen dem sozialen Gewebe und einem Protoplasma ziehen, bei dem die Makromoleküle und die Gene die Individuen bzw. die organisatorischen Zwangsfaktoren darstellen. Nun aber wissen die Biologen, daß eine zu große Häufung von Genen im Protoplasma das Lebewesen tötet, indem es ihm durch übertriebene Spezialisierung seine Anpassungsfähigkeit nimmt. Bei einer Gesellschaft beobachten wir etwas Ähnliches: eine überspitzte Organisation führt zur Kristallisierung der sozialen Einrichtungen und stellt so das Überleben in Frage.

** Die Verzerrung der Finalität kann auf eine Gewöhnung an den Zwang zurückgehen. Sie kann aber auch die Folge einer Kollektivreaktion gegen die Verminderung der Anpassungsfähigkeit sein, eine Verminderung, die ihrerseits auf eine Häufung des Zwangs zurückzuführen ist. Die Produktion wird zu einem Selbstzweck, zu einem Kult; da man seine Anpassungsfähigkeit verloren hat, glaubt man den Mangel an Bildsamkeit durch eine übermächtige Produktion ersetzen zu müssen: Die Eiche, die ihre Schmiegsamkeit eingebüßt hat, muß stark werden, um nicht im Sturme zu brechen; das Schilfrohr hat das nicht nötig.

ergreift nie genug Vorsichtsmaßnahmen, um sich vor seinen Auswirkungen zu bewahren.

Zu Anfang meiner Ausführungen habe ich gezeigt, wie sich das Individuum durch die Kollektivisierung der Hilfsquellen und -mittel gegen die Bedrohung von außen zu schützen vermag. Immer wieder habe ich die Dualität Komplexität–Organisation zur Anwendung gebracht. Aus ihr leite ich eine neue Auffassung von Recht und Pflicht ab, besonders im Hinblick auf die Arbeit.

Die Anwendung ebendesselben Grundsatzes auf den Bereich der inneren Bedrohung führt uns nach den bereits gewonnenen Ergebnisse zu Erstellung einer *inneren* Sozialstruktur, die den Menschen vor den Übeln seiner Organisation bewahrt, ohne das *Überleben* der Gesellschaft, d. h. ihre innere Kohäsion zu gefährden.

Wir haben eindeutig ermittelt, daß das Individuum verpflichtet ist, der Gesellschaft unter demokratisch festgelegten und von allen akzeptierten Bedingungen seine Arbeitskraft zur Verfügung zu stellen: Die Kollektivität kann also von ihm Dienstleistungen fordern.

Es bleibt jedoch bestehen, daß die freie Aktivität dem Individuum hilft, durch die Gründung von örtlich begrenzten Kollektivitäten mit kulturellen, folkloristischen und freizeitgestaltenden Zielen seine Aura zu beschützen.

So wird nicht nur der Unterricht, die Erziehung, die Freizeitgestaltung, sondern die regionalistische Struktur des individuellen Sektors zur Förderung des Menschen durch den Menschen und gegen *die* Menschen beitragen.

Mit anderen Worten: die soziale Struktur wirkt sich in doppelter Weise aus:

– Die Kollektivierung der Arbeit führt zu einer Zentralisierung der entscheidungtreffenden Organe, der Produktions- und Verteidigungsmittel und findet in der Molekularstruktur des soziologischen Gewebes ihren Niederschlag.

– Die Erhaltung der Aura ruft eine regionalisierende, dezentralisierende Gegenströmung hervor, die zum Schutze der Sitten und Gebräuche beiträgt und alle partikularistischen Lokalbetätigungen fördert, soweit sie nicht unmittelbar die Verteidigung der Kollektivität betreffen.

Das Ergebnis ist eine »körnige« Struktur.

Wir wissen, daß eine Zivilisation ihr kulturelles Erbe bewahren muß, wenn sie nicht von anderen »aufgesogen« werden will.

Wir stellen nun fest, daß der Mensch im Interesse seiner Selbstverwirklichung sein persönliches und örtlich gebundenes Erbe (wir sprechen hier ausschließlich von Kulturgütern!) bewahren muß.

Die evolutive Schicht und die Zwischenschicht setzen sich (um unserer Metapher treu zu bleiben) aus großen »Anhäufungen« zusammen (Universität, Forschung, Information), die ein echtes soziales Mesenchym (embryonales Bindegewebe), daß die zur kollektiven und individuellen Dynamik nötigen Baustoffe synthetisiert, vereinheitlicht und ihre Nahrungsaufnahme koordiniert.

Abschließend darf man sagen, daß die von der Dualität Komplexität–Organisation hergeleiteten Gesellschaftsstrukturen zwei Hauptmerkmale besitzen:

1. eine gemeinschaftsfördernde und zentralisierende Tendenz der *Kollektivbetätigungen*,

2. eine zersplitternde Tendenz der individuellen Betätigungen, die alle zusammenwirken, um dem Menschen die bestmöglichen Bedingungen für seine Selbstverwirklichung zu bieten.

Die Staatsführung

Auch hier halte ich es für notwendig, die von mir verwendeten Termini genauer zu definieren.
Jeder Staatsleiter erfüllt normalerweise zwei Funktionen:
- er ist ein Mann der Öffentlichkeit (immer)
- er regiert (oft).

Im folgenden Abschnitt will ich mich auf die staatslenkende Funktion beschränken.

Der kollektive Sektor

Der kollektive Sektor muß als eine autonome Gesellschaft aufgefaßt werden, die sich nach der kollektiven Ordnung, d. h. dem *Überleben* ausrichtet.
Es muß folglich eine autonome Regierung besitzen, die selbst der Ordnung unterstellt ist und nach bestem Wissen und Gewissen über die kollektiven Belange wacht.
Betonen wir jedoch gleich eingangs, daß der kollektive und der schöpferische Sektor auf vielen Gebieten eng zusammenarbeiten und so die Symbiose der beiden Sektoren erleichtern.
Die Regierung des Kollektivs muß also als ein Organ der Synthese aufgefaßt werden. Sie besteht aus Vertretern des kollektiven und des schöpferischen Sektors, deren jeweiliges Zahlenverhältnis näher zu bestimmen bleibt.
Die Vertreter des schöpferischen Sektors haben eine beratende Stimme, sie bilden einen »Rat«.
Die Regierung geht aus einer allgemeinen Wahl hervor, jeder Sektor wählt seine Vertreter*.
Diese Regierung muß in der Lage sein, alle ihren Sektor

* Vergl. Wahlrecht (Pluralität der Wahlen).

betreffende Fragen zu regeln (Finanzen, Wirtschaft, Industrie, Heer, Verwaltung, Rechtsprechung, soziale Angelegenheiten, Arbeit usw.).
Diese Regierung, die völlig der Zentralregierung (»Rat der Weisen«) oder der Nation untersteht, hat die Aufgabe, die von ersterer gefaßten Entscheidungen unter den bestmöglichen Voraussetzungen auszuführen.
Sie stellt also die aktive Autorität dar, von der das kollektive Überleben abhängt; aus ebendiesem Grunde kann sie keinerlei Dezentralisation in den lebenswichtigen Bereichen ihrer Tätigkeit zulassen: die Regionalisation, die Abtretung von Befugnissen, die Übertragung von Entscheidungsgewalten ist im kollektiven Sektor höchstens bei der praktischen Ausführung von Entschlüssen denkbar.

Der individuelle Sektor

Der individuelle Sektor ist eine autonome Gesellschaft, die sich nach der individuellen Ordnung ausrichtet. Er besitzt ebenfalls eine selbständige Regierung, ein Synthese-Organ des schöpferischen und individuellen Sektors; ihre Mitglieder werden unter den gleichen Voraussetzungen wie die der Kollektivregierung gewählt.
In ihrer Zusammensetzung und Bedeutung mag sich diese Regierung sehr wesentlich von der oben genannten unterscheiden; ihr Wirkungsbereich sind alle menschlichen Probleme, deren befriedigende Lösung ihr alleine obliegt.
Auch sie untersteht der Autorität des »Rates der Weisen«; auch sie hat seine Entscheidungen zur Durchführung zu bringen, soweit sie sich ganz allgemein auf die Beachtung der individuellen Ordnung beziehen.
Die einzelnen Regionen verfügen also über eine weitgehende Autonomie; sie führen als solche ein selbständiges Dasein, aber ihre Verfügungsgewalt beschränkt sich auf jene

Fälle, in denen das Lokalinteresse die Zusammenfassung der örtlichen Aktivitäten unter ihre Autorität erheischt; die Lokalinteressen können jedoch in aller Freiheit berücksichtigt werden und ihre Entscheidungen und Optionen bestimmen. So verfügt z. B. in einem solchen Regierungssystem der Bürgermeister über größere Befugnisse, und sein Kompetenzbereich ist weiter: das bezeichnendste Merkmal des individuellen Sektors ist die weitgehende Dezentralisierung der Entscheidungsgewalt und der Amtsführung. Die Vertreter des schöpferischen Sektors haben beratende Stimmen.

Der schöpferische Sektor

Auch er bildet eine autonome Gesellschaft mit ihrer eigenen, gewählten Regierung. Diese Regierung setzt sich normalerweise aus den beratenden Mitgliedern der beiden Synthese-Regierungen zusammen, zu denen sich weitere Mitglieder gesellen, um den ständig wachsenden Aufgaben dieses lebenswichtigen Sektors gerecht werden zu können.
Diesen ebenfalls gewählten Regierungsmitgliedern fällt im besonderen die Aufgabe zu, die Verbindung zwischen dem schöpferischen Sektor und dem »Rat der Weisen« zu pflegen.

Der »Rat der Weisen«

Diese Einkammerversammlung vertritt die kollektive Persönlichkeit*. Von der Gesamtheit der Wählerschaft erwählt, stellt sie die Weisheit des Volkes vor der Menschheit dar, dessen Willen sie getreu und sinnvoll zu erfüllen hat.

* Man darf sie als die nationale Zelle in Teilhards »Noosphäre« betrachten.

Ihre Mission besteht in der Aufrechterhaltung der finalistischen Orthodoxie*.
Wozu dient eine solche Versammlung?
Im Verlaufe unserer Ausführungen haben wir stets die Klippe der Leidenschaft und die Fallen der Ideologie vermieden. Unsere Absicht war, ein logisches und wenn möglich menschliches Gemeinwesen zu konstruieren (zwischen beiden Adjektiven besteht nicht unbedingt ein Gegensatz); wir haben uns stets auf kindlich einfache Grundsätze gestützt, von denen wir annehmen durften, daß sie zutiefst sachdienlich sind, da sie die Entwicklung des Lebens lenken. Nach unserem Dafürhalten ist das Maß aller menschlichen Intelligenz nicht ihre Schaffenskraft, sondern ihr (dem Menschen eigener) organisierender Einfluß im Dienste der menschlichen Freiheit (Ziel alles menschlichen Tuns).
So haben wir zwei Grundsätze erkannt, die ich hier noch einmal anführen möchte:
– Die Entwicklung eines Gesellschaftssystems bewegt sich in Richtung einer ständig wachsenden Komplexität.
– Das soziale Gleichgewicht hängt vom Gleichgewicht zwischen dem Niveau der Komplexität und dem der Organisation ab.
Daraus erhellt, daß sich die Entwicklung jeder überleben wollenden Kollektivität nur durch eine ständig wachsende Organisation fortsetzen läßt.
Für den Biologen, den Ethnologen und den Anthropologen ist diese Erkenntnis durchaus alltäglich.
Die Organisationsfähigkeit wächst – bewußt oder unbewußt – gleichzeitig mit der Komplexität alles Lebenden: die Anpassungsfähigkeit, die Koordinierung der Funktionen sind ihre markantesten Kundgebungen. Wird dieses Gesetz mit Füßen getreten, so stirbt das Leben.

* Unter »finalistische Orthodoxie« verstehe ich die Beobachtung der Finalität in ihrer Gesamtheit, das heißt: Die kollektive Ordnung des Überlebens; die individuelle Ordnung; die kosmische Ordnung.

Das Phylum der Wirbeltiere, insbesondere der Zweig der frühen Primaten, dessen Höhepunkt der Homo sapiens ist, zeigt deutlich das parallele Wachstum zwischen der organischen und funktionellen Komplexität und der Organisationsfähigkeit.

Desgleichen habe ich die Hypothese ausgesprochen, daß der Untergang der großen Reptilien der Tertiärzeit (unter anderem) auf eine merkliche Disparität zwischen der körperlichen Komplexität (die eine plötzliche Aggression der Umwelt womöglich noch verschärfte) und der organisierenden Hirntätigkeit zurückzuführen ist, die nicht imstande war, die Anpassungsprobleme zu bewältigen.

Wir können hinzufügen, daß die Kerbtiergesellschaften (die uns in Erstaunen versetzen) aus dem einfachen Grunde keinen Fortschritt kennen, weil sie im oben definierten Sinne so gut wie nicht schöpferisch tätig sind: Sie »produzieren« nach einem streng programmierten Organisationsschema und sind praktisch außerstande, Neuerungen einzuführen. Sie kennen und beachten einzig und allein die Ordnung des Überlebens.

Unsere Gesellschaft ist jedoch ein lebendiger Organismus, in dem der Organisationsfunktion natürlich die erste Rolle zufällt.

Der »Rat der Weisen«, der neben anderen Aufgaben die Koordinierung der kollektiven, individuellen und schöpferischen Tätigkeiten zu gewährleisten hat, ist zugleich die Intelligenz und das kollektive Gewissen des Gemeinwesens. Kein Sozialkörper könnte ohne einen Kopf überleben, d. h. ohne eine Zentralregierung, welche die kollektiven, individuellen und schöpferischen Aktivitäten koordiniert und miteinander in Einklang bringt. Dieser Zentralregierung gebe ich den Namen »Rat der Weisen«. Die Struktur, der Aufbau, mit einem Wort, die Komplexität dieser Zentralregierung kann keinesfalls irgendwelchen politischen, gefühlsmäßigen oder juristischen Überlegungen entspringen.

Der »Rat der Weisen« muß sich in den Dienst der Finalität stellen; aus diesem Grund müssen seine Organisationsmittel der Komplexität entsprechen, die es zu lenken gilt. Konzept und Aufbau leiten sich aus diesen Gegebenheiten von selber ab. So kann zum Beispiel ein Stamm, selbst ein großer, sich mit einem einzigen Häuptling begnügen.
Eine Kollektivität von mehreren tausend Individuen kann durchaus von einem Chef und einem kleinen Beirat regiert werden, besonders, wenn die Umwelt wenig aggressiv, die Kollektivität beschränkt, ihr Aktivitätsbereich begrenzt ist. Bei einem Gemeinwesen von mehreren Millionen von Individuen ist dagegen eine fest strukturierte Zentralregierung erforderlich: Die »Staatslenkung« kann auf keinen Fall ein Einmannbetrieb sein; nur eine Gruppe von Menschen ist imstande, eine solche Gesellschaft zu regieren.
Nach meiner nichtssagenden Meinung ist einer der Hauptgründe der heutigen weltweiten Schwierigkeiten in einer Tatsache zu suchen, die von den Soziologen, Wirtschaftlern und Juristen entweder nicht erkannt oder doch nur wenig in den Vordergrund gestellt wurde: daß nämlich ein absolutes Gleichgewicht zwischen der Komplexität der Regierungsorgane und der Komplexität ihres Wirkungsbereiches herrschen muß.
Im Falle eines bewaffneten Konflikts ist die Alleinherrschaft eine schwere Heräsie; was soll man aber von politischen, wirtschaftlichen und sozialen Entscheidungen halten, die von einem einzigen getroffen werden oder von einem Alleinherrscher mit einigen spärlichen Ratgebern?
Wenn man an den ungeheuren Verschleiß von Menschenleben, Kräften, Gütern aller Art in unserer heutigen Welt denkt, so kann man nur feststellen, daß die Völker im großen ganzen von äußerst fähigen Männern überaus schlecht regiert werden.
Die zukunftsplanende Gesellschaft darf diesem weltweiten

Irrtum nicht verfallen. Ihre Zentralregierung, ihr »Rat der Weisen«, wird qualitativ und quantitativ ausschließlich nach rein zukunftsweisenden Gesichtspunkten gewählt.

Die zukunftsplanende Gesellschaft ist, wie wir bereits festgestellt haben, eine finalistische Kollektivität: die Komplexität ihrer Regierung ist der zu lenkenden Komplexität proportional.

Die Zusammensetzung der Zentralregierung muß also den geographischen, physischen, wirtschaftlichen, politischen, soziologischen, demographischen, kulturellen, rassischen und vielen anderen Gegebenheiten Rechnung tragen.

Da im übrigen die organischen, funktionellen und sonstwie veränderlichen Voraussetzungen auch in der Zeit großen Schwankungen unterworfen sind, muß das Regierungsteam geschmeidigen Verfassungsbestimmungen gemäß auch alle zeitlichen Wandlungen widerspiegeln.

Nehmen wir ein praktisches Beispiel:

In Frankreich (wie in den meisten Ländern der westlichen Hemisphäre) ist die gesetzgebende Körperschaft numerisch, zeitlich und befugnismäßig unveränderlich. Seit einiger Zeit verkümmert die schöpferische Aktivität dieser Körperschaft mehr und mehr: die Gesetzgebung wird unmittelbar oder mittelbar durch die ausführende Staatsgewalt (Exekutive) bewerkstelligt (hier haben wir es mit einer schweren funktionellen Verzerrung zu tun).

Die Exekutive wiederum ist (besonders in der Fünften Republik) in ihren Befugnissen und Mandaten unveränderlich. Diese, von den Parteigängern des Regimes als »Stabilität« gepriesene Schwerfälligkeit beweist lediglich die sich weithin ausbreitende Sklerose eines verknöcherten Systems, das die »Stabilität« zu einem Mythos (oder einem Kult) erhoben hat (obschon sich hinter dieser Bezeichnung gewöhnlich nur Trägheit und Untätigkeit verbirgt).

Man vergißt nur allzu gerne, daß eine Regierung stets eine mehr oder weniger große Komplexität zu lenken hat: die

Gesellschaft verändert sich, die Umwelt ist Wandlungen unterworfen, die Konjunktur schwankt, das soziale Klima, die Mittel, Begriffe, Vorstellungen und Wünsche sind einer ständigen Entwicklung ausgesetzt. Genau wie das »menschliche Phänomen« ist auch das soziale dynamisch und fordert dynamische Regierungsformen.

Um ein den Topologen vertrautes Bild zu gebrauchen: die Kollektivität ist einer Oberfläche zu vergleichen, die sich durch augenblickliche Umformung selber schafft. Die Mathematiker weisen nach, daß bei einer solchen Umformung nur ein einziger Punkt unverändert bleibt; ich möchte hier die Mutmaßung äußern, daß die Kenntnis dieses festen Punktes die »topologische« Einreihung der bestehenden Gesellschaften erlauben würde.

Führen wir aufs Geratewohl einige dieser festen Punkte an:

– die englische Königskrone
– die Monroe-Doktrin in Amerika
– der dialektische Materialismus in Osteuropa
– Mao Tse-tung in China
– das Erdöl in Algerien. Die Liste ließe sich beliebig fortsetzen. In Frankreich hat sich der »feste Punkt« im Verlaufe der Jahrhunderte oft verschoben.

Heute ist der feste Punkt ziemlich ungewiß.

In der zukunftsplanenden Gesellschaft ist alles klar. Der feste Punkt ist natürlich die Finalität.

Man darf aus diesen Erörterungen schließen, daß kein Land durch erstarrte Einrichtungen regiert werden kann, daß die Spezialisten all ihre Erfindungsgabe aufzuwenden haben, um für die Gesellschaft geschmeidige, bildsame, anpassungsfähige Institutionen zu schaffen*.

*Allerdings darf nicht im Namen der Logik ein unentwirrbares Netz von Dispositionen ausgearbeitet werden, das zwar theoretisch allen Bedürfnissen entspricht, praktisch aber nicht arbeitsfähig wäre. Die wirkliche Logik führt stets zur Einfachheit.

Eine solche Organisation ist nicht leicht zu schaffen: sie will keinen Anspruch darauf erheben, vollkommen zu sein, sondern lediglich den Erfordernissen eines jeden Augenblicks gerecht werden.

Die Funktion des »Rates der Weisen«

Sie ist vielgestaltig und weitreichend:
1. Der Rat der Weisen vervollständigt die kollektive Intelligenz. Genauer gesagt, er ist eine der funktionellen Zonen des kollektiven Großhirns.
Wir haben gesehen, daß Universität, Forschung und Information ebenfalls verschiedene funktionelle Zonen darstellen, deren Aufgabe in der schöpferischen Betätigung und in der Verbreitung ihrer Ergebnisse besteht.
Der »Rat der Weisen« gewährleistet die Wahl der rechten Mittel und damit die kollektive Anpassungsfähigkeit, d. h. die Einfügung des Kollektivs in seine Umwelt.
Insbesondere lenkt er die Forschung, gewährleistet die Sachlichkeit und Wahrhaftigkeit der Information, bestimmt auf dem Volksbefragungswege die großen politischen, wirtschaftlichen und sozialen Optionen.
2. Der Rat der Weisen ist die kollektive Weisheit:
Er verbürgt die Beachtung der kollektiven Ordnung im kollektiven Sektor, selbst bei Regierungsentscheidungen.
Alle schweren Uneinigkeiten im kollektiven Sektor, die die Zuständigkeit der Kollektivgerichte überschreiten, werden von ihm geschlichtet.
3. Der Rat der Weisen ist das kollektive Gewissen.
Er wird unmittelbar vom Volk gewählt und gewährleistet die Beachtung der individuellen Ordnung; in Extremfällen ist er Schiedsrichter, selbst gegenüber der Regierung.
4. Der Rat der Weisen ist der Hort und Behüter der finalistischen Wahrheit.

Das heißt, er wacht über den inneren Zusammenhalt der verschiedenen Gesellschaftsschichten und ihre friedliche Symbiose.
Er schlichtet, gegebenenfalls auf dem Volksbefragungswege, Streitigkeiten zwischen den verschiedenen Regierungen.
5. Schließlich und endlich ist der Rat der Weisen die nationale Zelle der Noosphäre. Als solche fällt ihm eine zweifache Aufgabe zu:
– auf der materiellen Ebene wirkt er an der Geburt der weltweiten Weisheit mit (das Programm ist außerordentlich umfangreich)
– auf der geistigen Ebene sorgt er für die psychische Ausdehnung der Aura und fördert den humanistischen Ökumenismus.

Die Regierung

Unsere Gesellschaft will überleben. Zu diesem Zweck muß sie sich unentwegt den sich wandelnden Umweltsbedingungen anpassen und kann sich auf keinen Fall mit verknöcherten Einrichtungen und starren Verfügungen begnügen. Das 20. Jahrhundert erheischt eine Auffassung vom *Regieren*, die unserer Ära des Tempos und der Veränderung Rechnung trägt.

Die herkömmliche Formel »Regieren heißt vorausschauen« ist heute längst überholt und außerdem naiv, weil viel zu anspruchsvoll (die jüngsten Ereignisse haben die Hinfälligkeit einer solchen Formulierung erwiesen).

Schwere soziale Umbrüche sind gewöhnlich *nicht voraussehbar:* in der Tat, ihre Ursachen sind zu komplex und die Kenntnis, die wir uns von ihnen erwerben können, zu fragmentarisch.

Schwere soziale Umbrüche kommen gewöhnlich wie ein Blitz aus heiterem Himmel, und die Geschehnisse, die sie ankündigen, sind an sich banal. Regieren heißt also nicht, sich marktschreierischer Phrasen, hohler Versprechungen zu bedienen, und schon ganz und gar nicht, *an sie zu glauben*!

Regieren heißt nichts anderes als sich informieren, seine Wahl treffen, Maßnahmen ergreifen, die zunächst das Überleben gewährleisten, und später, wenn möglich, das schlichte Leben . . .

Nach unserer Definition ist also Regieren nichts anderes, als sich stets den Forderungen der Dualität Komplexität–Organisation zu fügen.

Seine Wahl treffen

Um seine Wahl treffen zu können, gilt es vor allem, die Bedürfnisse zu erkennen und auf Mittel zu sinnen, sie zu befriedigen. In der Sicht der Zukunftsplanung sehen wir zwei verschiedene Vorgänge:

– einmal geht es um die Auffindung der örtlichen Bedürfnisse und um deren Befriedigung, soweit sie mit der Ordnung vereinbar sind;

– zweitens um die Auffindung geeigneter Mittel, die Komplexität zu reorganisieren und so der örtlichen Finalität zu genügen.

Es handelt sich hier also um einen echt schöpferischen Akt: Die Ausarbeitung der großen Optionen wird folglich die Aufgabe des evolutiven Sektors sein; er wird durch den Mund seiner Vertreter bei den Synthese-Regierungen zu Worte kommen, nachdem er sich durch die ihm zur Verfügung gestellten Mittel zweckdienlich informiert hat. Er verfügt außerdem in jedem Bereich über die nötigen Fachleute und Mittel, um die Maßnahmen vorzubereiten, die dem »Rat der Weisen« oder gegebenenfalls direkt der Nation vorgelegt werden. »In unserer Gesellschaft werden die Entscheidungen nicht von der Politik, sondern von der kollektiven Intelligenz getroffen.«

Die Entscheidung

Keine Theorie und kein System kann verhindern, daß das Schicksal des einzelnen von den getroffenen Entscheidungen abhängt.

Die letzte Entscheidung liegt darum bei der Gesamtheit des Volkes und bei niemand anderem.

Alle sogenannten »schwerwiegenden« Entscheidungen werden durch direkte Volksbefragung getroffen.

Die gewöhnlichen Entscheidungen liegen dem weiter oben beschriebenen Organismus, der aus einer allgemeinen Wahl hervorgegangen ist und in keiner Weise von den Regierungen abhängt: »dem Rat der Weisen«.
»In unserer Gesellschaft liegt die Entscheidung in den Händen der Weisheit und des kollektiven Gewissens, nicht aber in denen der Leidenschaft, des Individualismus, des Parteigängertums.«

Die Exekutive

Die ausführende Gewalt liegt bei den drei obengenannten »Synthese-Regierungen«: Ihre Arbeitsweise ist von der unserer Regierungen nicht sehr verschieden. Ein merklicher Unterschied besteht jedoch darin, daß »unsere Gesellschaft ausschließlich technische und unpolitische Regierungen kennt«.
In unserer Gesellschaft steht die *unpersönliche* und wirksame Technik im Dienste der Tat. So sind zwei Klippen umgangen:
- Die Verschwendung
- Der Kult des persönlichen Profits (Verzerrung)

Die Voraussetzungen für die Volksherrschaft

Die Demokratie ist heute in aller Munde: man hält sie in allen Erdteilen feil, aber ihre Herstellung ist keinerlei gewerblichen Regeln unterworfen. Unter Demokratie verstehe ich hier die wirkliche Volksherrschaft: gewöhnlich unterstellt man, daß die Herrschaft beim Volke liegt, wenn allgemeines Wahlrecht besteht und auf die Wähler kein feststellbarer körperlicher oder moralischer Druck ausgeübt wird.

Durch diese geschickte Umdeutung wird der Begriff »Demokratie« einfach auf das allgemeine Wahlrecht übertragen: und so kommt es, daß keine Bezeichnung mißtrauischer macht als die der »Demokratie«. Aus unseren obenstehenden Ausführungen über die Freiheit geht klar hervor, daß eine wirkliche Volksherrschaft nur denkbar ist, wenn drei Voraussetzungen bestehen, von denen die beiden ersten in den Bereich der Freiheit gehören:

1. Die Freiheit der Information
2. Die Freiheit des Ausdrucks
3. Die rechte Möglichkeit, zu Worte zu kommen.

Die Freiheit der Information

Hierunter verstehe ich den freien Zugang zu allen Informationsquellen und Unterlagen, d. h. die Möglichkeit, die Fülle der Nachrichten und Dokumente einzusehen, ohne die eine objektive Beurteilung irgendeiner Sachlage völlig undenkbar ist.

Die Information muß also frei und so umfassend wie irgend möglich sein. Genauer gesagt: die Politik Treibenden, deren Betätigungsfeld ausschließlich der individuelle Sektor bleibt, müssen das Volk in aller Freiheit unterrichten können: Die technischen Dienststellen des evolutiven Sektors stehen *der* Politik und nicht *einer* Politik zur Verfügung; die einzige Zensur wird von der Ordnung ausgeübt.

Die Freiheit des Ausdrucks

Sie besteht darin, seine Entscheidungen und Optionen ohne körperlichen, aber auch ohne psychologischen und moralischen Zwang treffen zu können. Wir brauchen hier nicht weiter auf den körperlichen Zwang einzugehen: die meisten Erdenbürger haben im Verlaufe der letzten Jahrhunderte gelernt, ihre räumliche Aura vor jedem direkten, körperlichen Druck zu beschützen.

Freilich, alle Gewerkschaftler kennen hier das Druckmittel der indirekten und hinterlistigen Beeinflussung von Wahlen, wozu gelegentlich versteckte Androhung von Vergeltungsmaßnahmen von seiten der Arbeitgeber kommen. Solche Androhungen sind leider durch kein Gesetz untersagt. Alle künftigen Regierungen müssen derartige Methoden und Mentalitäten unbedingt auszuschalten suchen.

Die häufigste Verletzung der Ausdrucksfreiheit besteht jedoch in der psychologischen Beeinflussung; da sie gewöhnlich völlig unbemerkt bleibt, wird sie besonders fleißig angewandt.

Wenn der kritische Geist beim Volke zu wünschen übrigläßt, genügt es, der Phantasie der Wähler ein bestimmtes Thema nahezubringen, ihnen ein sorgfältig durchdachtes Schlagwort unter die Nase zu reiben, um im Handumdrehen eine Psychose zu schaffen, die geschickte Demagogen unter dem Namen »Volksvernunft« zu Markte tragen, die aber in Wirklichkeit nur »Volksverblendung« ist.

Das Problem des psychischen Zwanges ist nur durch die Entwicklung des kritischen Geistes und die Förderung der Volksbildung zu bewältigen: aufgeweckte und kultivierte Geister lassen sich nicht durch Phrasen von Taschenspielern täuschen; ihr klares Denkvermögen verschließt sich tendenziösen Argumenten; sie fällen ihr Urteil ohne Hemmungen, ohne traumatisierende Ängste.

Erziehung und Unterricht schaffen hier die Grundvoraussetzungen zu einer wahren Demokratie, indem sie die Geister in der Ausübung der konstruktiven Kritik schulen; ihre natürlichen Ausläufer, die schönen Künste und die Allgemeinbildung (Kultur), sind die wichtigsten Hilfskräfte der Demokratie und tragen zur Verdichtung der Aura bei.

Die rechten Ausdrucksmittel

Die freie, allgemeine Wahl ist traditionsgemäß das Mittel, durch das der Bürger sein Mitwirkungsrecht bei der Amtsführung und sein Mitspracherecht bei den öffentlichen Entscheidungen ausübt.

In unserer Gesellschaft definiert sich die Nation als ein finalistisches Gemeinschaftswesen. Der Finalität entspringen zwei Ordnungen, die dem Menschen zwei Funktionen in zwei Tätigkeitsbereichen zuweisen.

Daraus lassen sich zwei Arten von Wahlrecht ableiten. »In der zukunftsplanenden Gemeinschaft ist das Wahlrecht mit der Funktion verbunden.«

Das Wahlrecht wird also unter folgenden Voraussetzungen ausgeübt:

Der kollektive Sektor: Jeder Dienstleistende (ob er arbeitet oder nicht), außer wenn er einstweilen aus dem Dienste entlassen wurde, ist wahlberechtigt; er wählt ausschließlich die Synthese-Regierung.

Der individuelle Sektor: Jeder Staatsbürger ist wahlberechtigt. Er wählt:

a) seine eigene Synthese-Regierung,

b) den Rat der Weisen.

Außerdem nimmt er an jeder Volksbefragung teil.

Der evolutive Sektor: Jedes Mitglied dieses Sektors ist wahlberechtigt. In diesem Sonderfall wäre es vielleicht sinnvoll, eine Herabsetzung der Altersgrenze vorzusehen, damit auch die Jugend an der Amtsführung teilnimmt, was in mancher Hinsicht wünschenswert wäre.

Die Befragung der Wählerschaft

Durch die Stimmabgabe drückt die Wählerschaft ihren Willen aus. Wir sahen, daß das Wahlrecht an die Funktion gebunden ist. Wir haben außerdem betont, daß alle Bestimmungen über die Beachtung der kollektiven und individuellen Ordnung (mit anderen Worten, alle die Finalität betreffenden Bestimmungen) auf dem Wege der Volksbefragung getroffen werden. Volksbefragungen sind aus diesem Grunde äußerst häufig und müssen mit neuen Mitteln bewerkstelligt werden.

Die moderne Wissenschaft müßte in der Lage sein, einem auf Neuerungen bedachten Staat elektronische Apparate und Einrichtungen zur Verfügung zu stellen, die das Fernmeldewesen vervollkommnen und beschleunigen: Auf diesem Wege müßte es möglich sein, Volksbefragungen zu einem einfachen Routineverfahren zu machen.

Sollen Menschen, Ideen oder Ideengruppen (d. h. Parteien) Gegenstand der Wahlen sein?

Die Finalität ist ein für allemal festgelegt (es sei denn, die Wählerschaft verlange *einstimmig* ihre Abschaffung). Die Menschen sind schwankend, die Ideen bleiben mit menschlichen Zeitmaßen gemessen vergleichsweise beständig. Ideengruppen (Parteien) sind weniger beständig als Ideen (denn die Komplexität der Ideen macht opportunistische Umschichtungen wahrscheinlicher).

Daher ist folgende Regel zu beachten: Soweit die Finalität auf dem Spiele steht, ist die *Idee* Gegenstand jeder möglichen Wahl.

In allen anderen Fällen wird für Menschen gestimmt: mehr noch, die Regierungsvorkehrungen müssen den häufigen Wechsel der Menschen fördern (kurze, nicht beliebig erneuerbare Amtszeiten), so daß die knöcherne Routine vermieden und die Anpassungsfähigkeit der Regierungen gewährleistet wird.

Schließlich und endlich muß die Gesellschaft die geeigneten Maßnahmen treffen, damit die Gewählten (auf allen Stufen der Hierarchie) sich nicht der Mißachtung der Ordnung schuldig machen.

Die Regierenden:
– sind während ihrer Amtszeit für ihre Amtsführung verantwortlich,
– sie dürfen nach Ablauf ihrer Amtszeit keinerlei kollektive Ämter bekleiden.
»Regieren heißt in der Zukunft Verzicht leisten.«

Nota bene

Wer eine politische Partei wählt, gibt damit einer ideologischen Komplexität seine Stimme, deren Zielsetzung sich nicht unbedingt mit der der zukunftsplanenden Gesellschaft deckt.

Dualität und Zukunftsplanung

Wenn man die Dualität »Komplexität–Organisation« als einen Grundsatz auffaßt, der zu allgemeingültigen, streng qualitativen Urteilen ermächtigt, dann ist sie insofern eine Waffe im Dienste der Zukunftsplanung, als sie Vorhersagen über die zukünftige Gesamtentwicklung von solchen Systemen erlaubt, die eine eigene Dynamik besitzen*.
Die kurze Untersuchung eines klassischen Falles wird uns den Weg zeigen und die verschiedenen Lehren deutlich machen, die wir aus ihrer Anwendung ziehen dürfen.

Allgemeine Zukunftsaussichten für den Marxismus

Das marxistische Ideal umfaßt nach unserer Terminologie eine Form der kollektiven Ordnung, eine Form der individuellen Ordnung; es ignoriert jedoch die kosmische Ordnung.
Soweit zur Theorie!
In der Praxis weisen meines Wissens alle marxistischen Experimente Verzerrungen in Hinblick auf dieses Ideal auf: sobald einmal die Unterordnung unter die kollektive Ordnung in die Wirklichkeit umgesetzt ist, vernachlässigen

* Die streng mathematische Formulierung dieser Dualität wäre ein Unternehmen, über dessen Bedeutung wir uns hier nicht weiter auszulassen brauchen. Das äußerst verwickelte Problem gehört nicht in den Rahmen unserer Untersuchung. Die Anwendung der Dualität auf soziologische Erscheinungen darf uns jedoch nicht von der Tatsache ablenken, daß es sich hier um ein ganz allgemeines Prinzip handelt, dessen zweckmäßige Anwendung vor allem in den verschiedensten Bereichen der Technik von ungeheurem Nutzen ist.
Wenn es der Zukunftsplanung eines Tages gelingt, aus dem Dunkel des hin und her irrenden Empirismus ans Licht zu treten, von einem Modewert zu einer Disziplin zu werden, so kann sie dies nur mit Hilfe eines Prinzips solcher Art.

die Staatsführer die individuelle Ordnung (oder sie sind gezwungen, sie zu vernachlässigen, was für den Staatsbürger auf dasselbe hinausläuft). Zwei Fragen drängen sich einem auf:

1. Warum dieser Tatbestand?
2. Welches sind seine Konsequenzen?

1. Die soziale Statik

Die ungenaue und fragmentarische Definition der Finalität, wie sie aus dem marxistischen Ideal hervorgeht, hat zumindest *zwei* schwere Anomalien zur Folge:

a) da die Notwendigkeit eines die Finalität gewährleistenden sozialen Organs nicht empfunden wird, verliert man sie bald gänzlich aus dem Auge: ein völlig politisch ausgerichteter »Rat der Weisen«* ist selbstverständlich höchstens noch der Bewahrer einer ganz bestimmten Form der Weisheit, einer Weisheit, die Verzerrungen befürwortet und sie pompös »Orthodoxie« nennt.

b) die Nicht-Beachtung der individuellen Ordnung führt zur Ausarbeitung und Einrichtung von Strukturen, die die menschliche Natur zutiefst verletzen: daraus ergibt sich die absolute Notwendigkeit eines autoritären Regimes, um diese Strukturen aufrechtzuerhalten.

2. Die soziale Dynamik

Ich möchte hier eingangs noch einmal in Erinnerung bringen, daß die Entwicklung eines jeden – marxistischen oder

* Das Beispiel der UdSSR ist in dieser Hinsicht besonders lehrreich. Obschon der »Oberste Sowjet« mit seinem »Präsidium« in etwa der Zusammensetzung unseres »Rates der Weisen« entspricht, vertritt er in

nicht-marxistischen – Sozialsystems stets zwei Konstanten mit sich bringt:

a) Die Komplexität, die eine Regierung zu ordnen hat, wächst ständig mit der Zeit (selbst wenn zeitlich begrenzte Geschehnisse gelegentlich das Gegenteil vermuten lassen).

b) Die individuelle Aura kann nicht beliebig eingeengt werden*.

Indem ich zu unserem Thema zurückkomme, möchte ich zunächst einmal feststellen, daß die Nicht-Beachtung der individuellen Ordnung die Regierenden kaum dazu anregt, unnötigen Zwang abzuschaffen. Im übrigen vollzieht sich die Entwicklung der inneren Organisation nicht irgendwie! Da die Komplexität, die jede Regierung (eine marxistische *nicht* ausgenommen!) zu meistern hat, ständig wächst, stehen die Staatslenker immer vor folgender Alternative:

– das Organisationsniveau wird erhöht, was die unabwendbare Folge nach sich zieht, daß der innere Zwang wächst und die individuelle Aura immer mehr bedrängt wird,

– man nimmt das Risiko eines Ungleichgewichts im Rahmen der Dualität Komplexität–Organisation mit in Kauf.

Im ersten Falle wird das Regime immer härter (außer wenn gewisse Ereignisse eintreten, die wir später untersuchen wollen), die Organisation immer straffer, der Zwang immer unerträglicher; wenn sich die Entwicklung normal und ohne größere Störung vollzieht, führt eine solche Regierungsform zur Diktatur und von da zum Cha-

Wirklichkeit nur die Tendenz der Einheitspartei und keinesfalls der Bevölkerung in ihrer Gesamtheit.

Die Unterdrückung der Ausdrucks- und Informationsfreiheit, die politische Intoleranz, die Ablehnung jeder Liberalisierung sind unwiderlegbare Zeichen der ideologischen Sklerose.

* Die Aura zeigt zweifellos morphologische Varianten, ja sogar Deformationen (und Entartungen) je nach Rasse, Milieu, Klima und Regierungsform. Der Mensch bleibt jedoch Mensch: für den »Homo sapiens« ist die Freiheit ebenso unentbehrlich wie Sauerstoff.

os, zur Anarchie durch Auflösung der individuellen Auren. Dieser Vorgang läßt sich bei allen Regierungsformen beobachten, er bedroht jedoch ganz besonders die marxistischen Regime, wie wir sie kennen, weil sie alle gemein haben, die individuelle Ordnung nicht zu beobachten. Die individuelle Ordnung ist zwar ein ungenügender, aber immerhin ein Schutz gegen den stets wachsenden Zwang.

Der zweite Fall, d. h. das Ungleichgewicht zwischen Komplexität- und Organisationsniveau kann zur Folge haben, daß auf die absolute Macht des Kollektivs verzichtet und (endlich) die individuelle Ordnung anerkannt wird; beide Haltungen können Hand in Hand gehen und sich gegenseitig verstärken.

Wir haben es da mit einer ausgesprochen *politischen* Mutation zu tun.

Nach Jugoslawien und Rumänien versucht die Tschechoslowakei, diese Mutation zu verwirklichen; die heftige Reaktion der UDSSR und ihrer »Verbündeten« ist in dieser Hinsicht überaus bezeichnend. Die sowjetischen Machthaber mißachten nicht nur die individuelle Ordnung, sondern sie haben Angst vor ihr! Eine sehr merkwürdige Art, sein Vertrauen in den Menschen zu bekunden! Außerdem haben wir es hier mit einem deutlichen Verstoß gegen das marxistische Ideal zu tun.

Die sowjetischen Machthaber sehen sich also gezwungen, den im ersten Fall angeführten Vorgang fortzusetzen: der Marxismus-Leninismus hat aufgehört, seiner natürlichen Entwicklungslinie zu folgen.

Die Konsequenzen sind sowohl für die Sowjets wie für uns schwerwiegend. Auf der einen Seite bringt, wie wir gesehen haben, jede »Überorganisation« überflüssigen und unerträglichen Zwang mit sich und ruft auf diese Weise gefährliche innere Spannungen hervor. Auf der anderen verliert jedes »überorganisierte« System seine Bildsamkeit, d. h. seine Anpassungsfähigkeit; es stolpert über die Überfülle

der von ihm selbst geschaffenen Organismen und erhöht, ohne sich dessen selber Rechenschaft zu geben, sein eigenes Komplexitätsniveau.
Hier liegt für die Sowjets die Gefahr, denn wir haben es mit einer für die UDSSR typischen Erscheinung zu tun.
Die weiter oben erwähnte Folge macht den Sowjetmachthabern wenigstens auf kurze Frist weniger Sorgen: wenn sich nämlich die Umwelt wenig aggressiv verhält, vollzieht sich der politische Prozeß gleichsam im geschlossenen Raum, und es wird auf die Dauer unmöglich, ihn aufzuhalten. Zeigt aber die Umwelt eine feindliche Haltung, so läßt sich diese Feindseligkeit propagandistisch geschickt auswerten, und die Sowjets sind Meister in diesem Fach.
Es ist in der Tat möglich, durch die geschickte Anwendung der Informationsmittel und der politischen Beeinflussung künstlich eine Verdichtung der individuellen Aura herbeizuführen; so rechtfertigt die Regierung vor dem Volk die drakonischen und unfreiheitlichen Einrichtungen und Gesetze unter Hinweis auf die Anwesenheit einer feindlichen, ja bedrohlichen Umwelt an den Staatsgrenzen.
Wenn die Feindseligkeit kein Hirngespinst ist, haben die Machthaber leichtes Spiel.
Es ist mehr als wahrscheinlich, daß sich die Haltung der Sowjets im Nahen Osten mehr auf taktische als auf sentimentale Erwägungen gründet; daß der psychologische Fehltritt der Heranziehung der Truppen des Kameraden Ulbricht zur Besetzung der Tschechoslowakei ebenfalls Berechnung ist; die Liste ließe sich beliebig fortführen.
Eine Tatsache überragt die komplexe politische Situation: der »kalte Krieg« ist eine »conditio sine qua non« für den inneren Zusammenhalt der UDSSR; jede offene Feindseligkeit der Weststaaten erleichtert den Sowjetmachthabern und ihren auf Gedeih und Verderb ergebenen »Bundesgenossen« ihre Aufgabe: »Das marxistisch-leninistische Schiff vermag nur in sturmgepeitschten Gewässern zu segeln.«

Aus diesem Grunde ist die natürliche Waffe des Marxismus-Leninismus nicht der Krieg* (der Zwang, den er mit sich bringt, könnte für das Regime gefährlich werden), sondern das »Ablenkungsmanöver«: darunter verstehen wir die *geplante Subversion,* die ohne großes Risiko den »kalten Krieg« unterhält, ohne den das Sowjetregime nicht leben kann. Alle Kommunisten befinden sich in derselben Lage, so daß die kommunistischen Machthaber sich als perfekte Taktiker überall als die »überzeugten« Propagandisten eines baufälligen Systems ausgeben, da sie gute Gründe haben, seine Unzulänglichkeiten nicht zuzugeben. Vorliegende Erörterungen geben wichtige Anhaltspunkte für die Wahl einer geeigneten Verhaltensweise.

Alle Menschen, die dem Marxismus nicht grundsätzlich ablehnend gegenüberstehen, weil sie seiner ideologischen Grundlage zustimmen oder weil sie meinen, von der heutigen Lage so oder so irgendeinen Vorteil ziehen zu können, und deshalb finden, daß alles in allem das Positive überwiegt, befürworten die »Politik der Blöcke« und nehmen die unerfreulichen Randerscheinungen mit in Kauf: für sie ist der »kalte Krieg« ein kleineres Übel.

Die anderen, die jede Gemeinschaftsidee, welcher Art auch immer, in Grund und Boden verdammen, oder die die Zukunft nach dem Bilde der Vergangenheit bauen wollen, haben die Wahl zwischen zwei möglichen Haltungen:

– Man kann versuchen, den kalten Krieg in einen »heißen« zu verwandeln (aber nur ein Wahnsinniger könnte eine solche Hypothese in Aussicht nehmen),

– Man kann eine großangelegte Verständigungspolitik mit dem Osten betreiben (was nicht unbedingt heißen muß, daß man vor dem Gegner die Waffen streckt).

Praktisch bedeutet dies, eine Politik gegen das System der

* Wir sprechen hier selbstverständlich vom herkömmlichen Krieg. Der Atomkrieg ist, wenn auch nicht unvorstellbar, so doch ein heller Wahnsinn, da sich seine Folgen überhaupt nicht absehen lassen.

feindlichen Blöcke anzustreben und die Folgen von zwanzig Jahren kalten Krieges auszumerzen.

Wo ist die Wahrheit?

Wahrscheinlich weder im einen noch im anderen Lager.
Außer den Marxisten hat niemand Interesse daran, den kalten Krieg zu fördern, sei es auch nur, um die individuelle Ordnung aufrechtzuerhalten. Der Imperialismus braucht nicht marxistisch zu werden, um sich verhaßt zu machen!
Schließlich bleiben nur die *Befürworter* des kalten Krieges auf der einen, seine *Gegner* auf der anderen Seite. Erstere haben vom strategischen Gesichtspunkt aus recht, vom menschlichen aus unrecht. Ehe ein anderer Ausweg geschaffen wird, ist der »kalte Krieg« ein notwendiges Übel, denn er dient der Abreaktion der gewalttätigen Instinkte.
Wenn man sich jedoch in den Dienst des *Menschen* stellen will, so muß man sich unbedingt darum bemühen, den Gewalttätigkeitstrieb beim Menschen auf neue, weniger bestialische Weise zu lenken.
Da aber kein Ersatzmittel bereit steht, ist die Haltung der Anhänger des kalten Krieges konsequent und logisch.
Die Bekämpfer des kalten Krieges sind jedoch doppelt inkonsequent.
Einmal, weil sie gegen den kalten Krieg zu Felde ziehen, ohne etwas anderes an seine Stelle zu setzen, was, wie wir gesehen haben, zutiefst unlogisch ist.
Zum anderen, weil die Verständigungspolitik mit dem Osten nur eine theoretische Möglichkeit bietet; sie ist in der Tat ein zweischneidiges Schwert, weil man sie nur dann in die Wege leiten kann, wenn man seiner Sache politisch sicher ist, d. h., wenn das eigene Staatswesen sozial nichts zu wünschen übrigläßt.

Der Ausweg aus dem Dilemma besteht in der Ablehnung beider herkömmlichen Gesellschaftssysteme und in der Ausarbeitung eines neuen, revolutionären.

Die heute das Feld beherrschenden Ideologien können wirksam nur mit ideologischen Waffen bekämpft werden. Inzwischen ist es besser, den kalten Krieg planmäßig zu schüren, bis die Gelehrten ein Mittel gefunden haben, ihn in andere Bahnen zu lenken; denn eine Welt ohne Rivalität wäre dem Tode geweiht.

Schlußfolgerung

Ich will hier nicht auf die Einzelheiten eines »zukunftsplanenden Gemeinwesens« eingehen.

Im übrigen ist es Aufgabe der Spezialisten, einen eigentlichen Plan zu entwerfen, wenn einmal die philosophische Grundlage und die Grundstruktur des »zukunftsplanenden Gemeinwesens» gefunden ist.

Ich wollte lediglich ein der Biologie entnommenes Prinzip entwickeln und aus seiner Kombination mit einem anderen, anthropozentrischen, ein logisches, d. h. abstraktes gesellschaftliches Schema ausarbeiten, das Gefallen und Mißfallen erregen wird. Gefallen, weil sich seine Finalität nicht bestreiten läßt, sofern man überhaupt den Menschen achtet, weil im Verlaufe unserer Aufbauarbeit der Idealismus langsam der nüchternen, aber wirklichkeitsnahen Logik das Feld geräumt hat.

Mißfallen, weil jedes abstrakte Schema ein Ideal bleibt, das es trotz bester Absichten erst einmal an der Wirklichkeit zu prüfen gilt; zunächst muß der Beweis erbracht werden, daß sich unser Ideal in seinen Folgen nicht als für den Menschen ungeeignet herausstellt, weil seine Verwirklichung einen völligen Umbruch unserer Begriffe und Konzepte bedeutet, einen Umbruch, den man für objektiv unrealisierbar und damit utopisch halten kann (und ich möchte nicht behaupten, daß diese Aufzählung der Einwände erschöpfend ist).

Streng genommen, haben wir mit unserem Schema keine neue Gesellschaft umrissen, sondern in großen Zügen die asymptotischen Umrisse eines sozialen Modells gezeichnet. Jede auf den Menschen zugeschnittene Gesellschaft kann nur als in ihren Dimensionen und in ihrem Aufbau veränderlich konzipiert werden. Da sie den verschiedensten Einflüssen unterworfen ist, muß sie anpassungsfähig sein, um überleben zu können. Von einer für alle Zeiten gültigen »vollkommenen Gesellschaft« zu sprechen, wäre ebenso abwegig, wie aus dem griechischen Schönheitsideal einen ewig gültigen Begriff machen zu wollen. Obschon die Zeit die natürliche Verbündete des *Fortschritts* ist, stößt sie in ihrem Lauf doch alles um, das Vollkommenste, das Idealste *nicht* ausgenommen: wäre also die absolute Vollkommenheit von dieser Welt, so würde sie den Tod, den Stillstand jeder Entwicklung bedeuten. Die menschlichen Bestrebungen müssen sich also notwendigerweise darauf beschränken, für einen *gegebenen Zeitpunkt* die bestmöglichen Gesellschaftsformen ausfindig zu machen, um die menschliche Kultur vorwärtszubringen. Dabei ist es unerläßlich, die Rivalitäten, Konflikte und Ungleichheiten beizubehalten, wenn auch nicht gerade hervorzurufen und gleichzeitig Sorge zu tragen, daß sie in vernünftigen Grenzen bleiben und nicht in verknöcherte Schemen und Sektierertum ausarten.

Es liegt an uns zu verhindern, daß die notwendige Feindseligkeit der natürlichen Umwelt durch den Mißbrauch der Wissenschaft tödliche Formen annimmt.

Was mich anlangt, so möchte ich in Ausübung gesunder Selbstkritik auf zwei Fragen Antwort geben:

Ist meine Struktur lebensfähig?

Ist meine Gesellschaft den menschlichen Bedürfnisse angepaßt?

Louis Armand und Gaston Berger sehen in der Zukunftsplanung eine Geisteshaltung.

Ich halte die Dualität Komplexität–Organisation für eine dialektisch positive Zukunftsplanung.

Das Prinzip erhebt keinerlei Anspruch darauf, die Ursachen der Erscheinungen zu erklären; es will lediglich die Gründe ihres Wandels aufzeigen. Die Dualität bezieht sich also ausschließlich auf die Entwicklung der Erscheinungen als solche. Man könnte sagen, daß sie sich zur Kybernetik

wie die Synthese zur Analyse verhält: sie steht ihr nicht gegenüber, sondern ergänzt sie.
Die Dualität Komplexität–Organisation bestimmt in der Tat das Gesamtverhalten eines überkomplexen Systems und wird selbst durch die Summe der Grundverhaltensweisen komplexer Systeme determiniert, die ihrerseits den Gesetzen der Kybernetik gehorchen (bei Sozialsystemen sind diese Gesetze noch viel komplizierter).
Sie erscheint als das aktive Prinzip einer Gesamttheorie der Evolution, die – das darf hier nicht verschwiegen werden – noch in den Kinderschuhen steckt und deren Bestand und Bedeutung sich erst in zukünftigen Arbeiten herausstellen muß.
Kommen wir jedoch auf unsere beiden Fragen zurück.
Ich mache mir keinerlei Sorge um die Fähigkeiten des Baumeisters; denn der Baumeister ist ja letztlich kein anderer als die Dualität Komplexität–Organisation selbst.
Benutzt er zu seiner Konstruktion vielleicht brüchiges Material?
– Das erste (die kollektive Ordnung, die sich aus der Notwendigkeit des Überlebens ergibt) ist naturgegeben und damit edel und rein (mag es auch nicht den Anschein haben);
– Das zweite (die Verdichtung der Aura) wurde vom menschlichen Geist geschaffen und ist aus diesem Grunde dem Menschen spezifisch angepaßt. Wenn wir dies behaupten, sprechen wir zum ersten Mal eine Hypothese aus.
Das Bauwerk wird also fest und beständig sein, wenn der Handwerker nach guten Grundsätzen mit gediegenem Material gediegene Arbeit leistet. Ich enthalte mich hier jeglichen Urteils.
Die zweite Frage ist einfacher zu beantworten:
Niemand wird bezweifeln, daß unser Planet so konzipiert wurde, daß Menschen ihn bewohnen können!
Wird er auch morgen noch von Menschen bewohnbar sein?
Ich weiß es nicht ...

Einige Grundvoraussetzungen für das Überleben

Eine zukunftsplanende Gesellschaft gibt es noch nicht: und dennoch will die Menschheit überleben. Welches auch immer unser geheimstes Trachten sein mag, wir können uns nicht unserer Zugehörigkeit zur weltweiten Gesellschaft entziehen, in die wir hineingeboren wurden. Wenn wir uns nicht als Gesellschaft gegen die zahlreichen Angriffe wehren, die eine von Natur aus aggressive Umwelt gegen uns unternimmt, müssen wir uns auf eine Wirtschaftspolitik des Verzichts und der Passivität einlassen, deren Gefahren und dramatische Folgen uns nur allzu bekannt sind.

Daher ist die zukunftsplanende Haltung unerläßlich: Es geht in der Tat darum, sich auf den Kampf vorzubereiten und gleichzeitig einen Waffenstillstand vorzuschlagen, denn man kann sehr wohl Krieg führen, ohne den Krieg als solchen zu billigen.

Der wirtschaftliche Kampf ist eine Notwendigkeit, die uns von den Verhältnissen aufgedrängt wird; wir werden in die Abhängigkeit rühriger Nationen geraten, wenn wir nicht:

- Auf die Neuheit mit der Neuheit
- Auf die Tat mit der Tat
- Auf die Rivalität mit der Rivalität

antworten. Eine Regierung, die diesen Grundwahrheiten nicht Rechnung trüge, würde verbrecherisch handeln.

Wenn wir einmal die Unabwendbarkeit dieses Kampfes erkannt haben, müssen wir, auch wenn wir es bedauern, Waffen für den Sieg schmieden, denn entziehen können wir uns ihm nicht!

Im Folgenden möchte ich einige von *diesen Waffen* beschreiben, wobei ich mich zunächst bei den »Nahkampfwaffen« aufhalte.

Der europäische Raum

Was weder zahlreiche Kriege noch einige wenige weitschauende Politiker vollbringen konnten, sollte uns die Furcht verwirklichen helfen. Zwischen zwei riesigen, monolithischen Staatsgebilden eingezwängt, kann ein loses Gebilde von sechs unabhängigen europäischen Einzelstaaten auf keinen Fall unsere Zukunft sicherstellen, wenn es nicht ein einheitliches Ganzes, d. h. eine von echtem europäischen Bewußtsein getragene Struktur wird.

Es liegt auf der Hand, daß niemand gern ohne Vorbehalt oder Bedauern auf seine lange chauvinistische Vergangenheit verzichtet. Es wäre aber die Sache vernünftiger Staatslenker, sich über solche, wenn auch verständliche Gefühlsduselei hinwegzusetzen und unsere echten Interessen und Zukunftshoffnungen zu vertreten. Daß kein tiefgreifender Gegensatz zwischen der europäischen Idee und dem nationalen Konzept besteht, ist ein erfreulicher, aber völlig nebensächlicher Sachverhalt. Wir würden besser daran tun, uns eine harte, aber unabwendbare Wahrheit vor Augen zu halten: »Die Europäische Gemeinschaft wird ohne europäische Einheit keinerlei Bestand haben.« Wir stehen hier nicht vor einer Wahl, sondern vor einer Notwendigkeit. Niemand wird diese Notwendigkeit auf politischem und wirtschaftlichem Gebiet bestreiten wollen. Aber auch vom soziologischen Standpunkt aus erweist sie sich als zwingend, denn nur ein weiter Horizont, ein Land, dessen geographische und wirtschaftliche Ausdehnung mit der unserer Konkurrenten vergleichbar ist, kann uns die Wettbewerbsmentalität einflößen, ohne die es keine Zukunft für uns gibt.

Wenn auch einige rückständige Geister das Gegenteil behaupten, so kann Frankreich allein niemals so ein Land sein. Der Gemeinsame Markt, mehr noch, ein *erweiterter*

Gemeinsamer Markt ist die Voraussetzung, und auch das nur, wenn er zu einem zusammenhängenden Ganzen, zu einer beseelten Einheit wird. Das Gebot der Stunde erfordert das Verschwinden der Kleinstaaterei, des persönlichen Ehrgeizes, die Förderung eines wahrhaft europäischen Geistes, einer sachlichen und aufrichtigen europäischen Politik.
Auf kulturellem Gebiet bedeutet das:

– Die Ausschaltung aller privilegierten Verbindungen
– Die Schaffung zahlreicher europäischer Schulen, in denen auf mehrsprachiger Basis ein echter Gemeinschaftsgeist gelehrt wird (Vergl. die luxemburgische Initiative)
– Die Erstellung eines gemeinsamen Lehrpensums in allen Fächern, wo dies möglich ist (de facto in sehr vielen!)
– Die Vereinheitlichung der Examen und Diplome
– Die Förderung des kulturellen Austauschs
– Die Pflege des Studentenaustauschs auf möglichst breiter Grundlage.

Es geht also darum, junge Franzosen, vor allem aber *junge Europäer* zu erziehen. Es wäre viel gewonnen, wenn ein Holländer mit ebensolcher Selbstverständlichkeit einen Italiener oder einen Deutschen neben sich auf der Schulbank sieht, wie heute ein Bearnese neben einem Burgunder oder einem Normannen seine Schulzeit absolviert. Früher einmal hätte man solche Vorschläge zweifelsohne als völlig utopisch abgetan. Aber wir stehen heute in einem Entwicklungsstadium, in dem der Wunschtraum von gestern zur Wirklichkeit werden muß, weil sonst die Freiheit keine Zukunft mehr hat.

Die zeitliche Dimension

Unter »zeitlicher Dimension« verstehe ich in diesem Zusammenhang den Erwerb eines »positiven Chronotropismus«.

Ich habe an anderer Stelle betont, daß sich der Europäer gern dreidimensional gibt. Genauer gesagt, er neigt dazu, den räumlichen Sinnesempfindungen den Vorrang vor seiner persönlichen Zeit einzuräumen, was höchstwahrscheinlich auf einen Mangel an Information zurückzuführen ist.

Der Begriff der *»persönlichen Zeit«* ist überaus subjektiv. Ein von jeder Nachricht abgeschnittenes Individuum verliert das Gefühl für die Zeit; desgleichen haben auch die in ihre religiösen Überzeugungen oder jahrhundertealten Traditionen eingeschlossenen Völker kein Gefühl mehr für den »Druck der Zeit«, der sich um so tyrannischer bemerkbar macht, als die Kollektivitäten, auf die er sich auswirkt, einen höheren Entwicklungsgrad, d. h. bessere Informationsmöglichkeiten erreicht haben.

Wir sind uns völlig darüber im klaren, daß die Chinesen und Tibetaner von der Zeit eine prähistorische Vorstellung haben, wir geben uns aber paradoxerweise keine Rechenschaft darüber, daß unsere eigenen Anschauungen vom »goldenen Zeitalter« der Jahrhundertwende beeinflußt bleiben; im Vergleich zu fortschrittlicheren Nationen, z. B. den Vereinigten Staaten, ist unsere Zeitauffassung rückständig.

Was uns völlig abgeht, ist eine tiefe, in unserem Sein verwurzelte Schau der zeitlichen Dimension, mit anderen Worten, der Sinn für das Kommende, für das im Werden Begriffene.

Der moderne Mensch darf sich nicht gegen den irreversiblen Ablauf der Zeit *auflehnen;* er soll ihn auch nicht fürchten, sondern mit allen seinen Kräften nach der Zukunft streben, sich in das Unabwendbare fügen und es, soweit dies möglich und vernünftig erscheint, steuern und lenken. Hier muß in unseren Geistern und Gemütern ein revolutionärer Umbruch gewagt werden! Als erstes gilt es, uns von den Nachwehen unserer Vergangenheit zu befreien, die Geschichte, das Greisenalter und das Schulwissen zu entmythologisieren.

Die Geschichte

Es hat seine Richtigkeit, wenn man in der Geschichte einen ständigen »Wiederbeginn« sieht, aber nur ein wenig kartesianischer Geist wird aus dieser Beobachtung eine Art Naturgesetz machen wollen. Wir täten weit besser daran, diesen ewigen »Wiederbeginn« unserem Herdengeist, unserem Mißtrauen vor allem Neuen, unserer Manie, stets aus der Vergangenheit Lehren ziehen zu wollen, zuzuschreiben. Vom heutigen Tage an hat uns die Vergangenheit keinerlei Lektionen mehr zu erteilen, mit Ausnahme dieser einen: daß die großen Staatslenker vergangener Zeiten uns nicht mehr als Vorbilder für unsere Entscheidungen, Optionen und Unternehmungen dienen können. Die Menschen wie die Gesellschaften müssen imstande sein, mit dem rasenden Tempo der Wissenschaft und der Technik Schritt zu halten. Wir brauchen neue Begriffe, neue Wege, neue Menschen, denn die gleichmäßige Zeitwalze der Vergangenheit hat einem neuen, beschleunigten Zeitbegriff das Feld geräumt.
Unter dem Druck der neuen soziologischen Kräfte droht die politische Hülle, die den ganzen Erdkreis umschließt, mit jedem Tag neue Spannungen auszulösen und schließlich das herkömmliche Gleichgewicht zu stören, die Ahnenstrukturen zu erschüttern und gefährliche, ja endgültige Risse hervorzurufen.
Wir leben in einer Zeit der rasch aufeinanderfolgenden

Mutationen, die von den Staatslenkern erkannt und interpretiert werden müssen. Das erheischt wache, anpassungsfähige und sachlich nüchterne Geister, die ein Gespür für jeden Wandel an den Tag legen, die ihn für ihre Sache auszunutzen verstehen anstatt ihn zu bekämpfen, die eine tiefe Einsicht in alle Verhaltensweisen ihr eigen nennen und sich nicht durch überraschende Umbrüche, durch unvorhersehbare Richtungsänderungen aus dem Sattel heben lassen; kurz Mensch von klarer, bildsamer Intelligenz.
Hiermit ist zur Genüge gesagt, daß solche Intelligenzen* nur junge Körper bewohnen können. So stoßen wir auf einen anderen Mythos unseres Jahrhunderts, den Mythos des Greisenalters.

Das Greisenalter

Man pflegt zu behaupten, die Weisheit sei ein Merkmal hohen Alters. Das mag für gestern gelten, ist aber heute ein verhängnisvoller Irrtum. Zu einer Zeit, da sich die Entwicklung überaus langsam vollzog (und diese Zeit liegt nicht sehr weit zurück), erlitten die Geschehnisse von einer Generation zur anderen kaum irgendwelche Änderungen; im wesentlichen glich das Heute dem Gestern, das Gestern dem Vorgestern. So konnte man mit Fug und Recht der Meinung sein, daß die Erfahrungen eines Lebens den alten Leuten das Privilegium einer brauchbaren Weltkenntnis vermittelte, die vielleicht die Vorbedingung für die echte Weisheit war.
Heute aber entwickelt sich die Welt in zehn Jahren rascher als früher in tausend Jahren Geschichte. Die Fortschritte der Wissenschaft und der Technik sind so riesig, daß ein Nobelpreisträger vom Anfang unseres Jahrhunderts heute

* Es gibt natürlich Ausnahmen.

in keinem Forschungslaboratorium etwas auszurichten hätte. Mehr noch, die modernen Forscher können den Kontakt mit ihrem eigenen Fachzweig nur mittels einer fortlaufenden Information, ja einer fortlaufenden Nachschulung aufrechterhalten. Was die persönliche Erfahrung anlangt, so dürfen wir uns ernsthaft die Frage stellen, ob ihr heute noch die Bedeutung zukommt, die ihr über Jahrhunderte die Menschen der Vergangenheit zuschrieben. Vor hundert Jahren hätte man eine solche Infragestellung eines uralten Leitsatzes für schlechthin absurd gehalten, heute liegen die Dinge völlig anders. Auf dem Gebiete der reinen Wissenschaft darf man unseres Erachtens die Frage für endgültig geklärt ansehen: Die persönliche Erfahrung ist ohne Wert. Einige werden behaupten, ich gefiele mir hier im Paradox; in Wirklichkeit spreche ich lediglich eine nur allzu oft verkannte Wahrheit aus.

Nehmen wir einmal an, es soll irgendeine Naturerscheinung untersucht werden, ein Gestein, ein Gewebe, ein Spiralnebel. In diesem Falle ist es beim heutigen Stand der Wissenschaft vergleichsweise einfach, aufgrund der augenblicklichen Gestalt dieser Gegenstände die »Zukunft« vorauszusagen.

Wie steht es jedoch mit der Vergangenheit? Welche Gesetze erlauben uns, die Form, den Aufbau, die Zusammensetzung des Gesteins vor zwanzig oder hundert Millionen Jahren zu bestimmen? Welche Kenntnis haben wir über den Zustand eines Gewebes vor drei Jahren, das wir heute unter die Lupe nehmen? Zur Bestimmung und Beschreibung einer Kometenbahn in der Vergangenheit stehen uns im besten Fall einige vage Hypothesen zur Verfügung, während wir mit größter Genauigkeit seine Laufbahn und künftige Entwicklung berechnen können.

Um über die Vergangenheit gültigen Aufschluß zu geben, müßten wir annehmen, daß das gesamte Universum einem strengen Determinismus unterworfen ist, dessen Gesetzmäßigkeit die Gelehrten entziffert hätten, oder daß unsere Wissenschaft Mittel und Wege endeckt hätte, den Ursprung aller Dinge zu ergründen, was auf das gleiche hinausliefe.

Muß ich hinzufügen, daß davon auch nicht im entferntesten die Rede sein kann? Die moderne Wissenschaft verwirft jeden nicht von Statistiken abgeleiteten Determinismus (und auch da noch kennt sie gewisse Ausnahmen, deren Erörterung außerhalb des Rahmens unserer Untersuchung läge).

In diesem Sinne darf wohl behauptet werden, daß die »Voraussage« statistisch unfehlbar ist, die »Zurücksage«* jedoch theoretisch unmöglich.

Diese Binsenwahrheit der Naturwissenschaften gilt selbstverständlich auch für die Geschichte und ganz allgemein für jede Wissenschaft, die unsere täglichen Beobachtungen zum Ausgangspunkt nimmt.

Jeder Versuch, ein vergangenes Ereignis – sei es neueren oder älteren Datums – zu rekonstruieren, erfordert Informationen, die der Natur der Sache nach nur unvollständig und fragmentarisch sein können; von den dabei unvermeidlichen Irrtümern sei hier noch nicht einmal die Rede! Dazu kommt, daß die Auslegung all dieser Informationen einen psychologischen Memorisationsvorgang voraussetzt, der beim Menschen stets in irgendeiner Weise subjektiv gefärbt ist.

Jeder, der die Vergangenheit zu rekonstruieren glaubt, rekonstruiert in Wirklichkeit *eine* Vergangenheit, für deren Echtheit niemand auf Erden Gewähr leisten kann. So muß also im Bereiche der reinen Wissenschaft festgestellt werden, daß die persönliche Erfahrung immer an unzulänglichen Informationen und außerwissenschaftlichen psychologi-

* Wenn wir unter »Voraussage« eine Prophezeiung für die Zukunft verstehen, so ist die »Zurücksage« eine »Prophezeiung für die Vergangenheit«. Man sagt die Zukunft »voraus«, die Vergangenheit »zurück«.

schen Einflüssen krankt, welche die Klarheit der Beobachtung trüben und einen subjektiven Schleier auf den anderen nicht zugänglichen Inhalt einer Erfahrung werfen.
Chemiker, Biologen und Physiker wissen *seit langem,* daß ein wissenschaftliches Experiment nur dann wertvoll und bedeutend ist, wenn es unzählige Male und wenn möglich von verschiedenen Experimentatoren wiederholt werden kann.
Damit soll nicht gesagt sein, daß der persönlichen Erfahrung jeder Wert abgeht; insoweit sie sich nicht überprüfen läßt, muß man ihr jedoch mit einem gewissen Mißtrauen begegnen.
Was für die Wissenschaft gilt, gilt auch für viele andere Bereiche, insbesondere für Politik und Wirtschaft. Es wäre sinnlos, sich der Evidenz zu verschließen, daß die »Erfahrungen« der Vergangenheit dem Tatmenschen nicht die geringste Hilfe bieten. Mehr noch! Die Erfahrung wirkt sich auf die, die sie hinter sich haben, nämlich auf die alten Leute, ausgesprochen hemmend aus.
Die französische Politik wimmelt von Beispielen für die »Pseudo-Weisheit« der greisen Staatslenker. Als erstes und traurigstes wäre die wissenschaftliche Grundforschung zu nennen. Regierung und Verwaltung sind sich darin einig, der für unsere Zukunft lebenswichtigen Arbeit unserer Forscher nicht die geringste Bedeutung beizumessen.
Die Regierung scheint sich kaum im klaren darüber zu sein, daß unser potentieller Reichtum weniger in unseren Erdgasvorkommen oder im arabischen Petroleum, als vielmehr in der Gehirnsubstanz unserer Akademiker und Studenten liegt.
Sie scheint auch nicht begriffen zu haben, daß der Erfolg unserer Forschung nicht nur von Krediten, sondern von der Aufhebung administrativer Schikanen abhängt, die unsere Wissenschaftler belasten und in zweitrangige, utilitaristische Arbeiten abdrängen.

Nun kann aber ein Forscher nur erfolgreich wirken, wenn er sich verstanden und unterstützt weiß; er vermag sich nur in einer Atmosphäre, in einer Umwelt frei zu entfalten, die ihm, nach der sarkastischen Formulierung unseres Ministers für wissenschaftliche Forschung, die »Frauen« und die »gute französische Küche« nicht ersetzen können. Die Forschung ist zuallererst eine Frage der geistigen Sammlung und der inneren Ruhe. Leute, die wir albern als »Genies« bezeichnen, sind in Wirklichkeit ganz gewöhnliche Staatsbürger, die ihre natürlichen Gaben und mehr noch ihre Neigung zum Schöpferischen der wissenschaftlichen Forschung zuführen; sie sind im eigentlichen Sinne des Wortes Künstler, denn die Forschung ist wie jeder schöpferische Akt eine künstlerische Leistung. Künstler und Forscher können nur um den Preis einer unermüdlichen Arbeit in Stille und Freiheit zum Erfolg gelangen.

Außerdem benötigen sie, um über sich selbst hinauszuwachsen, eine geeignete Umgebung, in der sie sozusagen die »Luft der Forschung« atmen. Sind da jene zu tadeln, die in anderen Ländern eine Atmosphäre suchen, die sie bei uns nicht finden? Der sogenannte »brain drain«, die Abwerbung von Wissenschaftlern und Forschern durch die Vereinigten Staaten von Amerika hat zum Teil seine Berechtigung: denn die Gelehrten finden jenseits des Ozeans Arbeitsbedingungen, die ihnen zu einer besseren Selbstverwirklichung verhelfen als das sehr oberflächliche Pariser Pflaster.

Leider ist die Forschung die Grundvoraussetzung für jeden Fortschritt, für Entdeckungen, Patente, technologische Neuerungen, die einem Staat die vornehmste Unabhängigkeit auf geistiger Ebene, die wirtschaftlich wirksamste sichert: eine Unabhängigkeit, die wir in den Wind schlagen. Wir könnten andere, ebenso bezeichnende Beispiele anführen! Frankreich erlebte vor anderthalb Jahren eine Periode der wirtschaftlichen Flaute, die viele Industrien, besonders aber den Schiffbau in Mitleidenschaft zog.

Um die Schwierigkeiten zu erklären, machte man eine Reihe von Gründen geltend, die Frachttarife, das Überangebot von Schiffen, die veralterten und unzulänglichen Strukturen, die hohen Löhne und was dergleichen mehr ist. Und die Regierung kam prompt zu dem Schluß, daß »die Infrastruktur und die Arbeitskräfte umgestellt werden müßten«!

Man spricht also von Umstellung der Schiffbauindustrie in einem Lande, das von drei Seiten vom Meer umgeben ist, das Handelsbeziehungen mit seinen Kolonien, mit der »Dritten Welt« und beinahe allen Ländern der fünf Kontinente unterhält!

Man spricht von »Umstellung«, während die Seetransporte eine wahre Mutation erleben. Wenn wir nicht eiligst die nötigen Maßnahmen ergreifen, sind unsere Schiffe morgen völlig überholt und außerstande, der ausländischen Konkurrenz standzuhalten. Man spicht von »Umstellung« auf einem Wandelstern, der mehr als zur Hälfte mit Wasser bedeckt ist, auf dem der Stille Ozean eine größere Fläche einnimmt als alles Festland und alle Inseln der Erde zusammen, dessen einzige Zukunft in der Ausbeutung der heute noch mehr oder weniger unerforschten Meeresgründe liegt! Es mag zugegeben werden, daß das Wort »Umstellung« damals in einem Augenblick der Panik ausgesprochen wurde; inzwischen hat sich die Lage auf diesem Industriesektor wesentlich gebessert. Aber der Zwischenfall ist überaus bezeichnend für eine gewisse Geistesart: man will momentane Schwierigkeiten durch absurde Maßnahmen bekämpfen, ohne an ihre Folgen für die Zukunft zu denken. Man darf sich die Frage stellen, ob sich die Staatsverwaltung auch nur die geringste Vorstellung von der Bedeutung der Meere für die zukünftige Entwicklung der Menschheit macht. In denselben Bereich gehört auch die »Dezentralisierung«, genauer gesagt die industrielle Verdichtung des Landes, von der man zwar von morgens bis abends spricht,

die aber ein frommer Wunsch bleibt. Die berühmte »Force de Frappe« (Atombewaffnung, die die Amerikaner mit dem Wort »deterrent« oder »Abschreckwaffe« bezeichnen), ein für unser einziges Land geradezu wahnwitziges Unterfangen, dessen weltweite Wirkung gleich Null ist, gehört auch hierher. Und die Liste ist leider nicht erschöpfend ...
Wo bleibt bei alle dem die »Weisheit« unserer Politiker? Paradoxerweise wäre das ein Fehlschluß. Ich möchte sogar behaupten, daß sie fähiger sind als ihre Vorgänger. Aber Michelet würde sagen, daß sie sich von einem wesentlichen Aspekt unseres Zeitalters keine rechte Vorstellung machen, »daß nämlich das Tempo der Zeit eine Wandlung erfahren hat«. Unsere Führer krümmen den Rücken unter dem Druck der Zeit und suchen Trost und Lehre in der Vergangenheit. Während die Entwicklung mit Riesenschritten forteilt, unternehmen sie nicht einmal den Versuch, auf sie einzuwirken, sondern wollen gegen Wind und Wetter die Gegenwart nach dem Muster der Vergangenheit organisieren; sie haben noch nicht begriffen, daß heute nicht mehr sein kann, was gestern war!
Um heute regieren zu können, braucht der Mensch einen zukunftsträchtigen Geist, einen behenden, rührigen Körper, eine auf Abenteuer eingestellte Intelligenz. Kurz, wir brauchen junge Staatslenker oder solche, die ihre Jugend bewahrt haben*. Die Weisheit liegt nicht mehr in den Erfahrungen der Vergangenheit, so umfassend und reichhaltig sie auch gewesen sein mögen. Die Weisheit besteht heute darin, gut unterrichtet, sachlich, unternehmungslustig, bescheiden zu sein!
Gut unterrichtet: Hierbei kommt es weit weniger darauf an, sich über die Vergangenheit zu informieren, als über seine Zeit und mehr noch über die vorausschaubare Zukunft.

* Die »Jugend des Geistes« ist nicht unbedingt vom Alter des Menschen abhängig. Man kann mit zwanzig »alt«, mit sechzig noch »jung« sein.

Sachlich: Gemeint ist die Freiheit des Geistes, alles ohne Voreingenommenheit zu betrachten, sich von allen Hemmungen loszumachen, die uns eine Geschichte von Groll und Ressentiments hinterlassen hat, Zweifel und Vergangenheitsduselei über Bord zu werfen, die unsere Konzepte und Wahrnehmungen subjektiv färben.
Unternehmungslustig: Ein kühl abwägender Verstand schließt keineswegs die Begeisterung aus; die Begeisterung ist ein Katalysator der sozialen Reaktionen, ohne den alle Kräfte verzettelt und zerstreut werden.
Bescheiden: Die Bescheidenheit ist eine seltene, nur den Allergrößten gegebene Tugend, die ihnen die wichtigste aller Erkenntnisse ermöglicht: daß niemand auf Erden unentbehrlich oder unfehlbar ist, daß man nicht im Irrtum beharren darf und abzutreten hat, wenn die Zeit zum Abtritt gekommen ist. Alles das sind Dinge, die ein jeder irgendwie in seinem Inneren spürt, und dennoch fährt die Mehrheit unter uns fort, dem Alter jeder Logik zum Trotz mehr Vertrauen zu schenken als der Jugend: und dabei waren alle wirklichen Propheten immer jung, alle guten Völkerhirten immer rührig!
Es wäre die Aufgabe der Anthropologen, uns zu erklären, ob es sich hier um das plötzliche Altern eines einstmals kühnen und unternehmenden Volkes handelt oder ob unsere kollektive, reichlich unzeitgemäße Ängstlichkeit nicht auf den doppelten Einfluß einer langjährigen Beschwichtigungspolitik und einer ferngelenkten Information zurückzuführen ist, die weit mehr entstellt als belehrt.
Ist es nicht mehr als merkwürdig, daß wir den vom Alter »unheilbar gebrandmarkten« Staatsmännern Vertrauen um vergangener Verdienste willen schenken und daß wir ihnen für vierzehn Jahre, d. h. in unserer schnellebigen Zeit für Jahrhunderte »carte blanche« geben; daß wir ihnen mehr Macht in die Hand spielen, als die absolutistischen Monarchen der Vergangenheit jemals besaßen!

Besagte Verdienste unserer Staatsmänner stehen hier nicht zur Debatte, aber man kann sich nicht genug über die Inkonsequenz unserer Politiker und Juristen ereifern, die unsere letzte Verfassung ausgebrütet haben. Denn der »Bestand« kann wie Äsops Zunge gut oder schlecht sein.

Etwas Gutes: weil Dauer und Bestand eine geplante, logische und kohärente Aktion ermöglichen, weil sie der Regierung die Verantwortung für die Gegenwart und die Zukunft übertragen;

Etwas Schlechtes: weil sie ohne ernsthafte Rekurs- oder Beschwerdewege auf lange Zeit hinaus der Mittelmäßigkeit Tür und Tor öffnen, weil sie dem demoralisierenden Einfluß der Regierungsroutine auf die Staatslenker nicht hinreichend Rechnung tragen, weil sie starren, in unserem Zeitalter überholten Vorstellungen Vorschub leisten, weil sie antiquierten, dem modernen Evolutionsrhythmus nicht mehr angepaßten, zum Stillstand und zum Rücktritt führenden Methoden den Weg ebnen.

Man kann mit gutem Recht behaupten, daß wir zwei Dinge miteinander verwechseln: Das Festhalten am Alten und die Regierungsbeständigkeit.

Ersteres ist unzeitgemäß und aus obengenannten Gründen zu verwerfen, während die Regierungsbeständigkeit angestrebt werden darf, wenn sie nicht zur Routine führt. Drei Voraussetzungen sind also unerläßlich:

– Die Regierungsdauer muß zeitlich begrenzt sein;

– Die Regierungsmitglieder müssen jung sein (wir haben weiter oben ausgeführt, was wir darunter verstehen);

– Der Wiederwahl oder Wiederernennung müssen Grenzen gesetzt sein. Zwei Hypothesen sind möglich: entweder ist die Tätigkeit der Regierung zufriedenstellend: dann steht der Verlängerung ihrer Amtszeit nichts im Wege. Oder aber ihre Amtsführung läßt zu wünschen übrig: in diesem Falle ist die Regierungsbeständigkeit weit schlimmer als der Regierungswechsel.

Der dicke Panzer der Insekten hemmt ihre Entwicklungsmöglichkeiten. Desgleichen verbietet uns die verknöcherte Struktur gewisser Verfassungsbestimmungen die Anpassung unseres politischen Verhaltens an die Erfordernisse der Zeit; sie schließen uns in einen eisernen Ring von Widersprüchen ein und gefährden damit unsere Zukunft.

Das Schulwissen

Ohne noch einmal auf das weiter oben Gesagte zurückkommen zu wollen, kann ich nicht ohne Erstaunen feststellen, welche Bedeutung die Franzosen beinahe instinktiv Diplomen, Auszeichnungen, sozialem Rang und Namen zumessen.

»Das Schulwissen konsolidiert die Persönlichkeit«, würden die Psychologen sagen. Wenn dies heißen soll, daß man dem Wissen moralische Achtung schuldet, so ist dagegen nichts einzuwenden, ganz im Gegenteil. Wenn jedoch diese auf »Wissen« begründete Persönlichkeit als »einflußspendend«, als »ausstrahlende Aura« gewertet wird, wenn man ihr quasi als Selbstverständlichkeit Führerqualitäten zuschreibt, erlaube ich mir einige bescheidene Vorbehalte anzumelden.

Es wäre sicherlich langwierig und würde einem wenig Freude einbringen, wollte man die tausendfachen Aspekte des Mythos vom Schulwissen herausstreichen. Ich möchte mich folglich darauf beschränken, die Gefahren einer vielgestaltenden Krankheit aufzuzeigen, die ich den »Kult der Diplome« nenne. Die Überschätzung der Diplome ist ansteckend wie die Beulenpest: »Man stirbt nicht daran, aber keiner bleibt von ihr verschont.«

Es ist selten, einem jungen Akademiker oder Ingenieur zu begegnen, der von seinem eigenen Wert nicht überaus eingenommen wäre. Unlängst hörte ich mit eigenen Ohren aus

dem Munde eines glänzenden Schülers einer unserer »Großen Hochschulen«, daß er sich mit rührender Bescheidenheit als »einer anderen Rasse angehörig« fühle.
Wir wollen über diesen naiven Jüngling nicht den Stab brechen, denn es wäre mehr als erstaunlich, wenn wir nicht alle einmal zu irgendeiner Zeit diesem frommen Narzißmus gehuldigt hätten; nur einige wenige Begabte sind von ihm verschont geblieben, deren ungewöhnliche Geisteskraft jede intellektuelle Anstrengung leicht erscheinen ließ und die ihren Erfolg für etwas Banales, Selbstverständliches ansahen.
Die eigentliche Gefahr liegt jedoch nicht hier, denn das Leben besorgt es häufig selbst, die rechte Wertskala – oft mit brutaler Härte – wiederherzustellen. Die Gefahr liegt in der Vorstellung, die sich solche jungen Leute oft von ihrer Zukunft machen.
Da sie alle davon überzeugt sind, durch die »große Tür« ins Leben zu treten, zweifeln sie auch nicht einen Augenblick daran, daß sie einer glänzenden Karriere, einer ruhmvollen Laufbahn entgegengehen. In Wirklichkeit stehen nicht wenige von ihnen zwanzig Jahre später – durch die Schuld einer vergilbten Bescheinigung – ohne Bildung, ohne Hoffnung, beinahe ohne Seele vor dem Nichts, sofern sie es nicht vorgezogen haben, den steilen, aber unbefriedigenden Pfad einer Spezialität einzuschlagen.
Der Wirbelsturm unseres Zeitalters trocknet Bescheinigungen und Diplome aus, verstreut die Kenntnisse in alle Winde, raubt dem Geist seine Frische, nagt am Wissensdrang und läßt die Allgemeinbildung verkümmern.
Das neue Gesetz der Erkenntnis ähnelt dem Leitspruch, den man einst den Fremdenlegionären mit auf den Weg gab: »Marche ou crève« (Marschiere oder verrecke!). Eine Alternative gibt es nicht!
Wer sich nicht einer fortlaufenden Schulung unterzieht, versetzt sich in die Unmöglichkeit, irgend etwas zu ver-

stehen, denn der Fortschritt macht nirgends halt; ein Diplom gibt höchstens noch das Recht, am Wettrennen um das Wissen teilzunehmen. Mit anderen Worten: das Schulwissen ist heute nichts anderes mehr als eine Eintrittskarte für die Zukunft, eine Zukunft, an der es aktiv teilzunehmen gilt, für die man sich mit den Waffen zu schlagen hat, die man wählte. Die Summe der Kenntnisse, die ein Diplom quittiert, bildet heute keine verwertbare Lebensbasis mehr; sie sind zerbrechlich wie Glas und können nur für einen modernen Menschen einen Wert darstellen. Nach dem Erhalt des Diploms bleibt also die Hauptarbeit noch zu leisten!

Wie entwickelt man bei den jungen Generationen die natürliche Aggressivität?

Unter »natürlicher Aggressivität« verstehe ich in diesem Zusammenhang Denk-, Arbeits- und Handlungsweisen, die den jungen Menschen völlig von den Hemmungen der Vergangenheit freimachen. Auf diesem Gebiet muß so gut wie alles noch geleistet werden; und das heikelste Problem wird zweifelsohne darin bestehen, die Lehrerschaft den Banden ihrer eigenen Erziehung, den Klauen der heimtückischen und alles zerfressenden Routine zu entreißen. Denn der Unterricht verbraucht den Menschen; er kann bei den gewissenhaftesten Lehrern beinahe unheilbare Verzerrungen hervorrufen, die einer wirklich dynamischen Unterrichtsmethode abträglich sind.

Aber auch hier beschränke ich mich auf eine rein zukunftsweisende Schau und überlasse Berufeneren die Lösung der technischen Probleme.

Der Biologe L. Cuénot schrieb über das Embryo, es sei »ein seinen eigenen Verhältnissen angepaßtes, die Zukunft vorbereitendes Wesen«. Ich möchte mir diese lapidare Formulierung gerne zu eigen machen und für das moderne Unterrichtswesen frei umdeuten.

Man verrichtet nur das gut, was man gerne tut, und man gelangt nur in solchen Rollen zum Erfolg, in denen man sich »wohl fühlt«. Ich weiß, daß jedes Lebewesen über eine erhebliche Anpassungsfähigkeit verfügt, aber es ist vielleicht nicht überflüssig, einmal auf die Fülle der verdrehten Vorstellungen hinzuweisen, die wir alle, samt und sonders, mit uns herumschleppen.

So haben wir die leidige Angewohnheit, unseren Kindern zu sagen: »Wenn du zum Studieren zu dumm bist, mußt du eben ein Handwerk lernen!« Am Ende meinen die unglücklichen Kinder, der Klassenprimus sei ein Halbgott,

ein Handwerk eine degradierende Tätigkeit. (Es kommt jedoch auch vor, daß der Klassenprimus in einer Anwandlung von Aufsässigkeit als Kretin verschrieen, der soziale Abstieg zum erstrebenswerten Ideal erhoben wird).
Das erklärt sich dadurch, daß wir der rein intellektuellen Tätigkeit den Vorrang geben, ihr einen Adel zuerkennen, den wir den anderen absprechen.
Wenn mich nicht alles täuscht, verdanken wir diese Auffassung den alten Griechen; besonders Plato hat uns in dieser Hinsicht einen zweifelhaften Dienst erwiesen. Selbst wenn wir der Meinung sind, das Abstraktionsvermögen sei eines der sichersten Kriterien der menschlichen Intelligenz, so bleibt die Frage offen, ob dieses Vermögen ausschließlich den Intellektuellen vorbehalten ist.
Entspricht der Augenblick der geistigen Sammlung, in dem der Athlet seine gesamten Nervenkräfte mobilisiert, nicht auch einer genauen Erfassung der zu vollbringenden Bewegungen und Gesten, um den Sieg davonzutragen? Ist die »Vista« der großen Rugbyspieler nicht eine abstrakte Analyse einer gegebenen Lage und ihrer möglichen Folgen?
Hat es je einen guten Handwerker gegeben, der seine Arbeit nicht zuerst im Geiste konzipiert hätte, einen Landwirt, der seine Ernte nicht schon im Augenblick der Saat »schaute«?
Wo immer eine bewußte Arbeit geleistet wird, wirkt auch der Geist, tut sich auch das Abstraktionsvermögen kund. Die Intelligenz ist ohne Zweifel die am weitesten verbreitete Eigenschaft, und wenn Pawlow dies nicht besorgt hätte, so würde ich nicht zögern, auch meinem Hunde ein Quentchen Intelligenz zuzuschreiben. Die Unzulänglichkeiten unserer Sinne sollte uns ein wenig Bescheidenheit einflößen: es mag eine Reihe parapsychischer Erscheinungen geben, die wir nicht verstehen und die andere Phylen zu Abstraktionsformen befähigen, von denen wir nicht die geringste Vorstellung haben.

Ich überlasse es den Psychologen zu eruieren, ob die Einbildungskraft vom Abstrakten wie vom Konkreten ausgehen kann, aber ich glaube mit Gewißheit behaupten zu können, daß der Vorzug, den wir der geistigen Tätigkeit geben, nicht in jeder Hinsicht berechtigt ist.
Im übrigen leuchtet ein, daß der echte Adel nicht so sehr in der Natur unserer Beschäftigung liegt, als vielmehr in unserem Willen, das zu Tuende recht zu tun.
Eine der ersten Aufgaben würde also darin bestehen, ein für allemal die sogenannten »geistigen« Berufe zu »demystifizieren« und die Würde der Handarbeit wiederherzustellen: Ein guter Landwirt ist für unser Überleben wertvoller als ein mittelmäßiger Mathematiker.
Freilich, ein Minimum von Schulbildung ist unerläßlich, aber ich frage mich, ob, sobald dieses Minimum einmal erreicht ist, eine Fußball- oder Rugbypartie nicht besser auf das Leben vorbereitet als eine lange Schulzeit um eines hypothetischen Abschlußzeugnisses willen.

Die Erziehung

Worauf es ankommt, ist eine *dynamische* Erziehung: sie soll den Tatendrang, die Unternehmungslust, den Willen zum Sieg durch eine geeignete Schulung des Körpers und des Geistes wecken.

Der Körper

Erfolgsmenschen sind selten Schwächlinge, und manche früheren Sportsleute legen ein erstaunliches Geschick im Geschäftsleben an den Tag.
Es gilt vor allem gegen das Vorurteil anzukämpfen, daß die körperliche Ertüchtigung nur auf Kosten der geistigen Fähigkeiten gefördert werden kann, daß der »Professor« notgedrungenermaßen eine zerfahrene, großköpfige, dickleibige Ulkfigur sein müßte! Sogleich wird die körperliche Untüchtigkeit eines Henri Poincaré, die schwache Gesundheit eines Pascal, eines Abel, eines Jacobi auf den Plan gerufen. Ja, man geht sogar so weit, durch ihre Gebrechen ihr Genie zu erklären!
In Wirklichkeit liegen die Dinge völlig anders, und der Gelehrte unserer Zeit entspricht nur noch selten diesem Zerrbild. Alle sind einstimmig der Meinung, daß die besten Ideen mit dreißig Jahren kommen und daß der Rest des Lebens dazu dient, diese Ideen auszuarbeiten und zu verfolgen.
Der Neuronenverlust, den wir beim Altern erleiden, mag diese Eigentümlichkeit zum Teil erklären; es ist aber auch möglich, daß das Absinken der Körpertätigkeit um die Dreißig herum die Blutzufuhr zum Gehirn beeinträchtigt. Erinnern wir an den Leitspruch des berühmten Dr. Besançon: »Niemals die Pferde abspannen!« Der liebenswürdige Greis verstand diesen Rat im übrigen in einem sehr weiten Sinne. Der Chemiker Chevreul hatte offenbar schon lange vor Dr. Besançon dieses Erfolgsgeheimnis entdeckt.

Der Geist

Die Erziehung des Geistes umfaßt selbstverständlich nicht nur den Unterricht, sondern auch die so häufig vernachlässigte Freizeit.
Da ich mich nur beim ganz Allgemeinen aufhalten möchte, will ich lediglich auf die zwei unentbehrlichen Forderungen einer guten Geisteserziehung hinweisen:
Sie muß
– zweckdienlich, d. h. fröhlich und anregend sein
– den Notwendigkeiten der Evolution entsprechen.

Ein fröhlicher Unterricht

Der Lehrer, die Atmosphäre, die Farben, die Bücher müssen fröhlich sein. In jedem Schulgebäude atmet man eine besondere Luft. Ich erinnere mich an das traurige Provinzgymnasium, in dem ich meine eigenen Studien absolvierte, und dessen Anblick mir bereits den kalten Schweiß auf die Stirne trieb. Es war keine Schule sondern ein klägliches Kindergefängnis.
Hier ist noch ungeheure Arbeit zu leisten, aber es wäre ungerecht, die enormen Anstrengungen nicht zu würdigen, die in Frankreich in den letzten Jahrzehnten gerade auf diesem Gebiete gemacht wurden.

Ein anregender Unterricht

Wenn man die Planung der Zukunft im Auge hat, muß man der Erziehung einige ganz bestimmte Ziele zuweisen:
1. Die Entwicklung der geistigen Konzentrationskraft;
2. die Aktivierung des Wisssensdurstes, der Einbildungs-

kraft und die Bekämpfung der Passivität und Schlafmützigkeit.

Das geistige Konzentrationsvermögen ist mehr als nur eine Qualität: es ist die Voraussetzung für jede geistig-produktive Tätigkeit.

Was einen guten von einem schlechten Schüler unterscheidet, ist weit weniger die eigentliche geistige Kraft (wie man das zu Unrecht gemeiniglich annimmt), sondern die angeborene Fähigkeit, die Geisteskraft auf einem bestimmten Gegenstand zu fokalisieren; der gute Schüler besitzt diese Gabe in höherem Grade als der schlechte. Im übrigen läßt sich diese Gabe bilden; Wissenschaftler und Schachspieler wissen das; sie sind imstande, sich geistig ganz von ihrer Umwelt loszulösen.

Im herkömmlichen Unterricht wirken zwei Faktoren dieser Naturgabe entgegen (vor allem in den unteren Klassen):

- die Überhäufung des Kindes mit Stoff, den es nicht bewältigen kann;
- die Länge der Schulstunden.

(Dazu kommen selbstverständlich die weiter oben genannten psychologischen Faktoren). Diese Unsitten begünstigen beim Schüler die intellektuelle Verzettelung, rufen Müdigkeit und Überdruß hervor. Um einem solchen Regime auf die Dauer standhalten zu können, bedarf es einer ganz besonderen Naturbegabung, die nur ein geringer Teil der Kinder mitbringt.

Unzählige Versuche und Tests haben bewiesen, daß man mit 15 bis 20 Schulstunden in der Woche weit mehr erreichen könnte als mit 25 oder 30, wie dies heute in höheren Schulen durchweg der Fall ist.

Es müssen Mittel und Wege ersonnen werden, die es den Lehrern ermöglichen, während kürzerer Zeit vom Schüler größere geistige Anstrengungen zu fordern. Dies würde eine Umstellung des traditionellen Lehrplanes mit sich bringen. Sie müßte unter dem Leitgedanken vor sich gehen,

auf allen unnötigen Plunder zu verzichten, der dem Kinde nichts gibt und für sein Leben und Fortkommen ohne jeden Belang ist. Es geht darum, aus dem Geist des Kindes – ein wenig, aber funktionell möbliertes, luftiges, wohldurchdachtes Haus zu machen und nicht mehr eine mit verstaubten Antiquitäten vollgestopfte Rumpelkammer.
»Die Jungen unserer Zeit können ihren Geist nicht mehr mit alten Stilmöbeln einrichten.« Wäre es nicht angebracht, dem Joga (während der Freizeit) einen gewissen Raum zuzubilligen, da er die völlige Entspannung erlaubt. Was unseren Athleten und hochgradig eingespannten Künstlern Segen bringt, kann den jungen Schülern sicherlich nicht schaden, denn das Lernen ist ebenfalls eine ermüdende Tätigkeit.

Die Anregung der geistigen Fähigkeiten

Sie müßte sich zum Ziele setzen, den Unterricht (besonders in den höheren Schulen) in ein faires Spiel umzuwandeln.
Man müßte Stunden im Lehrplan vorsehen, während derer sich die Schüler ohne Angst, sich lächerlich zu machen oder bestraft zu werden, frei aussprechen könnten.
Ein solcher Unterricht bringt eine Reihe Vorteile mit sich:
– eine tiefgreifende und günstige Veränderung des psychologischen Klimas zwischen Lehrer und Schüler;
– er wäre ein wirksames Bekämpfungsmittel der Passivität der Schüler, die zu einer kollektiven Geistestätigkeit angeregt würden (wir hätten es mit einer Lehrstunde zur Ausbildung der Phantasie zu tun)
– der Lehrer wäre somit besser in die Lage versetzt, seine pädagogischen Bemühungen den Erfordernissen der Situation anzupassen und gewisse Erklärungen und Präzisionen zu geben, die er ohne einen solchen Austausch für überflüssig gehalten hätte.

Es wäre auf diese Weise denkbar, die Schüler an die Verwaltung ihres eigenen Kapitals zu gewöhnen. Sie »lernen« nicht mehr passiv, sie »nehmen teil«. Diese und ähnliche Vorstellungen sind heute in Frankreich und in vielen anderen Ländern der Gegenstand lebhafter Diskussionen. Außerdem stellt das moderne Nachrichtenwesen den Spezialisten neue Unterrichtsmittel zur Verfügung, die die heutigen Erziehungsmethoden völlig umwandeln und die Leistungen um ein Beträchtliches erhöhen.

Es handelt sich hierbei übrigens um eine biologische Notwendigkeit, wenn man den Austausch zwischen* den Wissenschaftlern und denen, die aus der Wissenschaft Nutzen ziehen, auch in Zukunft aufrechterhalten will. Die neuen Unterrichtsmethoden entsprechen aber auch einer ethischen Notwendigkeit, indem wir einer größeren Anzahl von Jugendlichen den Zugang zu den geistigen Schätzen eröffnen: sie sind für den einzelnen eine Quelle unsäglicher Freuden, ein Unterpfand der Freiheit und eine Gewähr für die Aufrechterhaltung der menschlichen Würde.

Zu guter Letzt entsprechen die neuen Lehrmethoden einem wirtschaftlichen Erfordernis. Die Jugend von morgen, auf der nicht die traumatisierende Erinnerung an eine öde Schulzeit lastet, wird sich »wohler in ihrer Haut« fühlen, wird ihrer selbst sicherer sein und gerne auf die Auflehnung gegen eine Gesellschaft verzichten, die sich ihr gegenüber offen und verständnisvoll zeigt. Ein solcher Unterricht ist auch wirksamer.

* Heute ist das Wechselgespräch zwischen Wissenschaft und Bürger zum Stillstand gekommen, was niemand wundernehmen sollte: da die meisten Staatslenker über keinerlei wissenschaftliche Vorbildung verfügen, besteht zwischen den Wissenschaftlern und den Nicht-Wissenschaftlern keine gemeinsame Sprache; das Wissen nimmt eine esoterische Allüre an. Hierin liegt einer der Hauptgründe für die tödliche Gefahr, die der Menschheit durch den Fortschritt der Technologie droht.

Ein den Verhältnissen angepaßter Unterricht

Der Gemeinschaftsinn

Es ist mehr als verständlich, daß die alten, im Amt ergrauten Helden heute noch in ihrem Herzen den Zeiten nachtrauern, in denen ein Becquerel, ein Ehepaar Curie, ein Clément Ader, jeder für sich und zum Teil unverstanden, Wissenschaft und Technik auf eigene Faust betrieben.

Aber die Welt hat sich geändert: Ahmen wir jene Bergsteiger nach, die ihre Augen niemals nach rückwärts in den Abgrund wenden, und hüten wir uns, jemals dem Vergangenen nachzutrauern. Der Vergangenheit hinterherweinen ist heute eine unnütze, ja schädliche Haltung, denn wir sind angeseilt. Die Erde schwirrt in rasendem Tempo der Zukunft entgegen, wir müssen mit ihr Schritt halten, denn davon hängt unser Schicksal ab.

Die Beschleunigung des Fortschritts gibt den Ereignissen größere Dimensionen, wir benötigen neue Werkzeuge, um der veränderten Situation die Stirn zu bieten. Ob es sich nun um die Denkkraft, um Instrumente oder Territorien handelt, die Anpassung ist ausschließlich durch die Zusammenlegung, die Kollektivierung möglich.

Nur ein Forscher*team* kann noch etwas entdecken, nur ein Industriekomplex kann produzieren, nur eine Länder*gemeinschaft* kann sich in der Welt behaupten. Wer der Kollektivität nützen will, muß also an erster Stelle den Team-, den Gruppen-, den *Gemeinschaftsgeist* pflegen.

Eine solche Geisteshaltung verstößt gegen unsere Natur, und es gehört zu den Aufgaben des Unterrichts, den Teamgeist zu wecken (den man nicht mit dem weitverbreiteten Kasten- oder Cliquengeist verwechseln darf.

Man hat dieses Problem überall in der Welt auf originelle Weise zu lösen versucht; wir täten gut daran, auf diese verschiedenen Lösungen zurückzugreifen, um unsere typisch lateinische intellektuelle Eigenbrödelei zu bekämpfen. Fügen wir hinzu, daß eine moderne Freizeitpolitik den eigentlichen Unterricht sehr wesentlich unterstützen könnte.

Denken und Sprechen

Mit dem Denken geht es wie mit dem Atmen: Die Natur sorgt für das Nötigste und überläßt es einem jeden einzelnen, den Vorgang zu vervollkommnen.
Daher kann man das richtige Denken genau wie das richtige Atmen *erlernen.* Ich möchte mir nicht anmaßen, das Problem hier erschöpfend zu behandeln, und beschränke mich auf einen reinen Nützlichkeitsstandpunkt: Wo liegt das Interesse der Kollektivität?
Es ist für uns ohne jeden Belang, ob die Sprache dem Denken oder das Denken der Sprache vorausgeht: fest steht lediglich, daß eine Gemeinschaft nicht einem Turm von Babel gleichen darf und weniger noch einer von Apathie geschlagenen Menge. Die Fachleute diskutieren über die Natur des Zusammenhangs zwischen Denken und Sprechen, aber alle sind sich völlig einig darin, daß das Fehlen des Sprechvermögens jede organisierte Überlegung unmöglich macht. Mehr noch, ohne die Sprache ist eine Verständigung über die wesentlichen Grundbegriffe ausgeschlossen. Nun aber kommt es in einer Gemeinschaft auf eine *gemeinsame* Sprache an. Die moderne Wissenschaft ist für den Laien ebenso unzugänglich wie die abstrakte Kunst oder die schwarze Magie: nur der *Eingeweihte* kann in ihre Geheimnisse eindringen. Man könnte einwenden, daß dieser Sachverhalt nichts Neues ist: War Archimedes seiner Zeit nicht um 1500 Jahre voraus? Und Evarist Galois um 100 Jahre? Und trotzdem hat die Erde nicht aufgehört, sich um ihre Achse zu drehen.

Die eigentliche Neuheit besteht in der Macht unserer Erkenntnisse, eine Macht, die nicht unbedingt zu neuen Erkenntnissen führt, sondern deren Anwendung den Untergang des Menschengeschlechts zur Folge haben könnte.
Hier stellt sich für den Wissenschaftler eine grundlegende und gänzlich neue Frage. Die bekannte Formulierung Rabelais': »Eine Wissenschaft ohne Gewissen ist der Untergang der Seele« ist bereits überholt, weil völlig unzulänglich. Wenn der Geist des Forschers den tötenden Blitz erfindet, hat der Wissenschaftler nicht mehr das Recht, sich in den Turm der Wissenschaft einzuschließen: er ist verpflichtet, in die politische Arena hinabzusteigen, d. h. aktiv und wirksam am politischen Leben teilzunehmen. Denn er und er allein trägt die Verantwortung für die Massenvernichtungsmittel, die er ersonnen hat. Die öffentliche Meinung sollte endlich wachgerüttelt werden und aufhören zu meinen, die Regierung sei ausschließlich Sache der Bauern, Pianisten, Literaten, Juristen, Militärs und Schauspieler, kurz aller möglichen Leute mit der einen Ausnahme derer, die die Verantwortung für die nackte Existenz von drei Milliarden Individuen tragen.
Mit fünfzig Jahren ist die Schaffensperiode des Wissenschaftlers gewöhnlich beendet. Wird er fortfahren, sich seiner neuen moralischen Verantwortung zu entziehen; wird er sich weiterhin weigern, Ordnung ins Chaos, Mäßigung in die Maßlosigkeit zu bringen?
Wie dem auch sei, das Problem der Sprache erheischt eine Lösung, denn es ist für die Kollektivität von lebenwichtiger Bedeutung: die Information, die Organisation, die Entscheidungen, die getroffen werden müssen, hängen alle engstens mit der Sprache zusammen. Es wird von Tag zu Tag unerläßlicher, den Schülern ein logisches Denksystem mit auf den Weg zu geben. Die Einführung dichotomer Schemata in den Lehrplan würde sich auf die jungen Geister besonders segensreich und vorteilhaft auswirken.

a) Solche Schemata sind überaus einfach und entmutigen somit nicht die Schüler. Sie fußen auf dem Konkreten und Diskontinuierlichen und tragen deshalb auch nicht den Charakter des Künstlichen, Unnatürlichen, das den klassischen Mathematikunterricht kennzeichnet. Die »im Kopfrechnen Schwachen« können offenbar mit der kontinuierlichen Mathematik nichts anfangen.

b) Da solche Schemata von allgemeiner Gültigkeit sind, helfen sie Ideen zu formulieren und zu ordnen. Man braucht sich nur ein paar Reden bei der UNO anzuhören, um festzustellen, daß das »klare Denkvermögen« nicht jedermann gegeben ist, und ich fürchte, daß die genaue Unterscheidung Pascals zwischen dem »Geist der Feinheit« und dem »Geist der Geometrie« die Ursache so mancher verfehlten Berufung und mancher Hemmung sein dürfte.

Viele von denen, die sich rühmen (oder die bedauern), von der Mathematik niemals etwas verstanden zu haben, mögen die Opfer eines folgenschweren und sonderbaren psychologischen Fehltritts sein. Denn das Wort »Mathematik« bezeichnet im Unterricht zwei völlig verschiedene Dinge: Eine Geistesdisziplin (die Logik) und eine Technik*. Nur die Technik widert jene an, die für das »mathematische Spiel« nicht die nötige Begabung mitbringen.

Was nun die Logik anlangt, die ebenso verbreitet ist wie die bekannte »Prosa« von Monsieur Jourdain (aus Molières Lustspiel »Der Bürger als Edelmann«, so gehört sie zum naturgegebenen Gepäck des geistig gesunden Erdenbürgers. Ihre Ausbildung und Vervollkommnung ist eine Geistesübung, die jeden normalbegabten Schüler anspricht. Nach einer alten Tradition wird das Denkvermögen auf allerlei Art geschult, alle Unterrichtsfächer sollen mehr oder weniger dazu beitragen. Wäre es nicht lohnender, die Logik zu

* Sobald man sich einmal diese Logik zu eigen gemacht hat und die Technik beherrscht, wird die Mathematik etwas, was sie immer war: Ein Spiel, ja mehr noch, eine Kunst.

einem eigenen Lehrfach zu erheben, da sie ja schließlich als Disziplin existiert?
Wenn ich bei dieser Gelegenheit darauf hinweise, daß die Logik die Sprache definiert und damit den Denkvorgang strukturiert, so muß sich bei einem jeden von uns der Wunsch regen, die schüchtern bereits unternommenen Versuche in dieser Richtung mit neuer Energie fortzusetzen.
c) Diese Schemata bereiten insofern auf die Zukunft vor, als sie die Grundlage aller Verhaltenswissenschaften bilden (Mathematik der Entscheidung, der Tat usw.), ohne die die Staatslenker von morgen nicht mehr auskommen.
In unserem heutigen Lehrplan werden wir diese überaus nützlichen Fächer erst nach Beendigung der allgemeinen Studien in Angriff genommen. Nur wenige junge Leute sind dann imstande, sie aufzunehmen, zu verdauen oder mit ihnen eine Vernunftsehe einzugehen.
Man darf wohl annehmen, daß aus der Vernunftsehe häufiger eine Liebesehe würde, wenn die Verlobung früher stattfände. Für die Kollektivität wäre das ein bedeutender Gewinn.

Die Zeit

Ich spreche hier nicht von der »universalen« oder »aprioristischen« Zeit, der Einstein und Langevin den Garaus gemacht haben, nicht von den unzähligen persönlichen, kollektiven, biologischen und anderen Zeiten, sondern von der gewöhnlichen Zeit, in der man lebt, liebt und stirbt, von der Zeit der Dinge, von der Zeit, von der Ovid zu berichten wußte, daß sie alles verschlingt.
Es ist überaus merkwürdig, daß die Zeit, der man im individuellen und kollektiven Dasein eine so große Rolle beimißt, in der Erziehung mehr oder weniger vergessen wird; und noch viel merkwürdiger, wenn man sich die

Sache einmal genauer überlegt, daß die in der Schule gelehrte Zeit ausschließlich der Vergangenheit angehört, selten einmal der Gegenwart.

Die Europäer haben von der *kommenden* Zeit nur eine sehr vage Vorstellung, und das englische »wait and see« drückt recht treffend die europäische Haltung der Zeit gegenüber aus: man wartet eben, bis die Zeit ihre Arbeit begonnen hat. Auch die Franzosen kennen diese Einstellung, die sich in ihrer Redensart »le provisoire dure longtemps« (Das Provisorium ist stets von langer Dauer) widerspiegelt.

Wir müssen uns von der vorüberfließenden Zeit eine klarere Vorstellung machen, uns ein besonderes Gespür für den »Hauch der Zeit« anerziehen, den das Tempo der Evolution belebt; wir dürfen die Zeit nicht fürchten, wie auch der Seemann den Wind vom Meer nicht fürchtet. Man könnte sich sogar eine »Chronodynamik« ausdenken, eine Wissenschaft, die das Vorüberfließen der Zeit an unserer weltweiten Menschengemeinschaft studiert, wie man den Luftstrom auf den Flügeln eines Flugzeuges studiert; man könnte eingehende Untersuchungen über jene Grenzschichten vornehmen, in denen das Geschwindigkeitsgefälle bedeutend ist: ich meine damit den Entwicklungsrhythmus der Dritten Welt. Ist die Zukunftsplanung nicht bereits eine Art Chronodynamik?

Es wäre ungerecht, an dieser Stelle Louis Armand, Gaston Berger und einigen anderen nicht unseren lebhaften Dank dafür auszusprechen, mit größerer Scharfsicht als die Mehrzahl meiner Landsleute den lebenswichtigen Charakter des Zukunftsbegriffes erkannt zu haben.

Jean-Paul Sartre hatte bereits den Weg gewiesen, als er vor beinahe dreißig Jahren schrieb: »Das Faktum abwarten, heißt aus Prinzip das Wesentliche in die Zukunft projizieren.«

Dank dieser klarsichtigen Geister hat die Zukunftsplanung,

die getreue Vestalin alles Werdens, in deren Busen der berechtigte Stolz auf ihre Sendung neben der Angst vor der Verantwortung schlägt, die bereits auf ihren jungen Schultern ruht, die Pflicht vorauszuschauen und vorauszuarbeiten. Wir sollten uns darob jedoch keiner Täuschung hingeben: wie eine Schwalbe noch keinen Sommer macht, so macht die Zukunftsplanung allein noch keine Zukunft.

Wenn wir also, wie ich bereits festgestellt habe, uns alle den obenerwähnten »Chronotropismus« zu eigen machen sollten, so ist der beste Weg, ihn zu erwerben, eine rechte Erziehung.

Die Freizeit

Seit es Menschen gibt, hat es auch eine Freizeit, d. h. eine dem Spiel gewidmete Zeit gegeben*. Die Freizeitgestaltung ist im übrigen nicht das ausschließliche Privilegium des Homo sapiens; beinahe alle Wirbeltiere kennen und schätzen sie. Um sich davon zu überzeugen, genügt es, einmal den frenetischen Spielen einer Pavianfamilie zuzusehen oder junge Fischottern am Ufer eines eiskalten Gewässers zu beobachten.
Nichtsdestotrotz ist der Zweibeiner, von dem Sophokles behauptet, »er sei von allen Lebewesen das gefährlichste«, der Mensch, auch zugleich das verspielteste aller Tiere: diese Eigentümlichkeit des Homo sapiens ist den Staatslenkern aller Zeiten nicht entgangen, und sie wurde immer wieder zu politischen Zwecken ausgenutzt. Neuerdings haben sich jedoch hervorragende Soziologen, Friedmann an der Spitze, an die Aufgabe gemacht, die Freizeit unter einem völlig neuen und vielversprechenden Gesichtswinkel zu untersuchen. Sie wollen in der Freizeit keineswegs mehr eine »Atempause« oder eine Art »sozialer Belohnung« sehen, sondern sie halten die Freizeit für einen unerläßlichen Faktor des inneren Gleichgewichts, für eine unabdingbare Voraussetzung für die volle Entfaltung des Menschen.
Diese Vorstellung ist heute weitverbreitet und allgemein anerkannt, so daß es sich erübrigt, hier näher auf sie einzugehen; außerdem bildet sie nur einen Aspekt der zahlreichen Probleme, die die zukunftsplanende Schau uns stellt. Die Freizeitgestaltung muß in Zukunft für eine der wichtigsten Voraussetzungen für das Überleben gelten, denn von ihr hängt die Erhaltung des Individuums, der Gemeinschaft und der Menschen ab.

* Vergl. 2. Teil.

a) In der Tat: der Mensch wird nur während einer sehr kurzen Periode seines Daseins durch die Erziehung geformt und durch den Unterricht gebildet. In einer vernünftig organisierten Gesellschaft wird er hingegen sein ganzes Leben lang über hinreichend Freizeit verfügen. Der technologische Fortschritt, wie wir ihn heute kennen und morgen kennen werden, läßt dem modernen Menschen in einem Ausmaß Muße, das man noch vor dreißig Jahren für undenkbar gehalten hätte. In diesem Sinne trägt der Fortschritt der Wissenschaft und die Kollektivierung der sozialen Mittel zur Entfaltung der menschlichen Persönlichkeit bei.

Insofern die Freizeitgestaltung einen erzieherischen Charakter hat (und es liegt an uns, ihr einen solchen zu verleihen), kann ihr ständiger Druck auf das Individuum den Einfluß der Erziehung verlängern und sogar erweitern.

b) Als Erziehungs- und Bildungsmittel hat die Freizeit vor dem Unterricht einen unzweifelhaften psychologischen Vorteil, denn ihre Gestaltung ist das Ergebnis einer freien Entscheidung, während der Unterricht zum guten Teil dem Menschen auferlegt wird.

c) Ob man sich mit Gleichungen, Maschinen oder Maurerkellen abgibt, niemand kann heute mehr eine wirksame Tätigkeit ausüben, wenn er sich nicht in einem Fachzweig spezialisiert.

Die Organisation der Arbeit, die Aufteilung der Tätigkeit in Sektoren, die Erhöhung der Leistungsfähigkeit führen notgedrungenermaßen zur Spezialisierung der Maschinen, aber auch der Menschen; die Spezialisierung polarisiert Geister und Gemüter, läßt das Individuum verkümmern und raubt ihm die Möglichkeit, außerhalb seines engsten Wirkungskreises ein gesundes Urteil zu fällen.

Die üblen Auswirkungen der Spezialisierung sind zweifelsohne an dem Mangel an Interesse schuld, das die Wissenschaftler für die öffentliche Sache bekunden. Sie bedingen auch zum großen Teil den psychologischen Druck, den die »gelenkte« Information auf die Arbeitermassen ausübt, die eine eintönige Beschäftigung angewidert und reaktionslos läßt.

Die Führerkräfte sind gegen das Gift der Spezialisierung nicht immun: Viele von ihnen verlieren in der Enge der Rolle, die sie zu spielen gezwungen sind, den Abstand zu ihrer eigenen Person und die Urteilssicherheit, die sie einstmals auszeichnete.

Teilhard de Chardin stellt fest, daß die Maschine dem Menschen ermöglicht, »der Notwendigkeit zu entkommen, sich umzuformen und zu handeln«; er zog aus dieser Feststellung den Schluß, daß der Maschinismus einen kulturellen Faktor und einen Beitrag zur Freiheit darstellt.

In der Teilhardschen Schau ist also die Spezialisierung ein *antikultureller* Faktor, eine Aggression gegen die Freiheit, gegen die es den Menschen zu feien gilt: Und wie könnte er sich besser gegen die »Antikultur« wehren als durch die »Kultur«?

Nun aber bilden Erziehung und Unterricht keine Kultur, sie bilden nicht einmal das Saatgut für die Kultur. Sie können im besten Falle Anspruch darauf erheben, das Gelände durch die Gewöhnung des Schülers an die Logik vorzubereiten. Nach der berühmten Definition von E. Mach besteht die eigentliche Rolle der Logik darin, »die Abstraktionen mit den Wahrnehmungen in Verbindung zu bringen und die Abstraktionen untereinander abzustimmen«; deshalb ist es unerläßlich, der Logik Einlaß in den nicht spezialisierten Unterricht zu gewähren. Denn die Logik versperrt keineswegs der Einbildungskraft den Weg oder hemmt in irgendeiner Weise die Intuition; sie ist vielmehr das Bindemittel jeder geistigen Struktur und bereitet den Boden für die Kultur vor. Ja, mehr noch! Indem

sie Ordnung im Reich der Gedanken schafft, entwickelt sie den Hang zum Verstehen, zum Erkennen, zum Lernen.
»Die Logik ist ein Katalysator, der die unstete und labile Mischung in einem vollgestopften Kopf in eine feste und dauerhafte Verbindung in einem wohlgeordneten Kopf verwandelt«; das schließt weder Phantasie noch Träumerei aus ... Edouard Herriot pflegte zu sagen, daß die »Kultur das ist, was bleibt, wenn man alles vergessen hat«.
Obwohl ich diese etwas scherzhafte Formulierung nicht unterschreiben möchte, darf man doch aus ihr entnehmen, daß Kultur weit weniger Wissen als Frische des Geistes bedeutet, daß sie weniger ein Zustand als eine Haltung, als ein Hinneigen zum Werden ist.
Der Schulunterricht soll diese »Haltung« vorbereiten helfen. Die Freizeitgestaltung verrichtet ein übriges. Es gibt keine andere Methode, dem Menschen seine Würde, der Demokratie ihren Sinn zurückzuschenken.

d) *Die Lebensfreude*

Der Mensch des 20. Jahrhunderts ist im Begriff, seine Lebensfreude und damit sein Gleichgewicht und seine Gesundheit zu verlieren. Der »Erdenpilger« unserer Zeit ist der ständigen Schwächung ausgesetzt, die sich aus einer Verzettelung in Teiltätigkeiten und ständig wachsender Spezialisierung ergibt, er weiß nicht mehr, wie er sich der unablässigen Aggression eines angstvollen, lärmenden, gewalttätigen Gesellschaftslebens erwehren soll, und findet nirgends mehr die Zeit, sich auszuruhen und zu entspannen. Bleibt ihm überhaupt noch Zeit zum Leben?
Die Kollektivität hat die Pflicht, geistige »Grünplätze« anzulegen, in der Wüste des Daseins Oasen zu pflanzen, Aussichtspunkte einzurichten, kurz dem Leben einen Sinn zurückzuschenken. Denn die hektische Hast der modernen

Existenz versetzt die Gemüter in einen Zustand des Taumels, verzerrt den geistigen Ausblick und bringt uns in Gefahr, das Wichtigste zu vergessen: daß der Mensch weniger dazu geschaffen ist zu produzieren, als sich selbst zu verwirklichen.

Sicherlich, ein jeder von uns soll im Leben seinen Mann stehen, aber er soll auch zum eigentlichen Leben Zeit haben, er soll den Adel der Seele wiederfinden, den wir im »struggle for life« nur allzuoft aus den Augen verlieren.

Hier liegt die große Sendung der Freizeit, des Spieles in allen seinen Formen.

Ist das Spiel nicht die natürlichste und angenehmste Art, sich zu kultivieren? Es gibt eine Ethik des Spiels, deren Wert man gewöhnlich unterschätzt, wenn man überhaupt jemals etwas von ihr gehört hat! Der Spieler jedoch ist von dieser Ethik durchdrungen; das zu Unrecht verschriene Spiel leitet zur Beachtung der moralischen Werte an und führt auf geradestem Wege zur Suche nach dem Schönen.

Das Spiel ist der erste Elan des Menschen zur Kunst!

Die Erhaltung der Kollektivität

Die Freizeit ist also das letzte Bollwerk des Menschen, der letzte Deich gegen die Springflut des sozialen Zwanges, den das ohrenbetäubende Tempo und die Überspezialisierung des modernen Lebens mit sich bringt; die Freizeit darf aber auch als das wirksamste, ja vielleicht das einzige Mittel betrachtet werden, jeder nationalen Gemeinschaft im Rahmen der Europäischen Gemeinschaft ihre Kultur, d. h. ihre Eigenständigkeit zu erhalten.

Das politische Mosaikbild, das Europa heute bietet, ist nur insoweit verabscheuungswürdig, als es zum wirtschaftspolitischen Chaos führt. Wenn also der Körper einen Kopf benötigt, um Denken und Tun zu leiten, so brauchen die einzelnen Körperteile deshalb nicht auf ihre Eigenständigkeit zu verzichten; denn auch sie tragen zum zerbrechlichen Gleichgewicht des Lebens bei!

Die Freizeit ist, wie wir gesehen haben, das Tor zur Kultur, deren Eigentümlichkeit, deren Persönlichkeit sie gewährleistet; eine eigenständige Kultur ist auch die einzige Form der Unabhängigkeit, die man als edel, wünschenswert und realistisch bezeichnen darf. Die Pluralität der Kulturen bietet zugleich den sichersten Schutz gegen die Gefahr des Gigantismus, der heute die Vereinigten Staaten von Amerika bedroht, und der auch vor dem integrierten Europa von morgen nicht haltmachen wird.

Zwischen einem »Europa der Vaterländer«, jener totgeborenen Mißgeburt, die das politische Thalidomid der »nationalen Unabhängigkeit« auf dem Gewissen hat, und einem monolithischen, eintönigen, in seinen Kollektivmitteln genormten, in seine individuelle Kundgebungen uniformierten Europa ist Raum für ein *neues Europa*, für ein aus einheitlichen Konzepten geborenes, aber kulturell vielseitiges, für ein junges, freudiges, weil vielgestaltes und begeistertes Europa! Nur ein solches Europa kann eine neuhumanistische Bewegung auslösen und unterhalten, in welcher der Lebenshunger, aber auch die Lebensfreude zu ihrem Rechte kämen; ein solcher Neuhumanismus entspräche genau dem »neuen Zeitalter der Erde«, von dem Teilhard de Chardin spricht.

Wir sind überzeugt, daß wir den Dynamismus der Amerikaner nötig haben, daß wir alles tun und unternehmen müssen, um ihn uns anzueignen. Schenken wir unseren Freunden jenseits des atlantischen Ozeans als Gegengabe unseren Neuhumanismus, den sie trotz ihrer Errungenschaften, vielleicht sogar wegen ihrer Errungenschaften benötigen.

Unsere Vorfahren konnten leichthin behaupten, die Natur hätte uns mit allem versorgt. Heute wäre eine derartige Geisteshaltung Verstiegenheit und sträfliche Vogel-Strauß-Politik.

Wir möchten wetten, daß die Natur, als sie in unsere Gene die Aggressivität einschrieb, nicht die Wasserstoffbombe oder die biochemischen Gifte im Auge hatte; auch den »psychologischen Krieg« und seine Raffinessen hatte sie sicherlich nicht vorgesehen.

Wir sollten uns jedoch nicht vor den nüchternen Tatsachen verschließen: Es ist besser, wir finden für unsere gewalttätigen Triebe eine Abreaktion als einen Hemmschuh.

Die Griechen und Römer waren bereits dieser Ansicht. In neuerer Zeit haben einige polynesische Völkerstämme das Problem auf ihre Art zu lösen gesucht: sie unternehmen in regelmäßigen Abständen lange Reisen von Insel zu Insel, mit der einzigen eingestandenen Absicht, sich gegenseitig Geschenke zu verabreichen. Die Ethnologen haben Jahre gebraucht, ehe sie die Erklärung für dieses anscheinend paradoxe Verhalten fanden.

Professor K. Lorenz, dessen Arbeiten ich bereits eingangs erwähnte, schlägt einen anderen, geistvollen Ausweg vor: es war ihm aufgefallen, wie ähnlich das Benehmen einer plaudernden Schimpansenhorde dem einer streitenden Menschenversammlung ist. Der berühmte Ethnologe glaubt aus seinen Beobachtungen ableiten zu können, daß die wirksamste Waffe gegen die Gewalttätigkeit der Humor wäre*.

Der Humor ist ein zweischneidiges, nicht leicht zu hand-

* Es mag einleuchten, daß die Anwesenheit einiger Jerome K. Jeromes in unseren Nationalversammlungen zur Entspannung der Atmosphäre beitrüge und uns ständig daran erinnerte, daß »das Lachen eine Eigentümlichkeit des Menschen ist«.

habendes Schwert; die Virtuosität, mit der die Briten es führen, wäre bereits ein hinreichendes Argument, den Eintritt Englands in die EWG zu befürworten. Leider muß der Humor als eine individuelle Waffe angesehen werden, die sich im Kampf der Kollektivitäten sicherlich kaum bewähren würde.

Der Krieg ist ein rituelles, der Gewalttätigkeit dargebrachtes Opfer; wenn man darauf Wert legt, so muß ein Weg ersonnen werden, der den Bestand des Menschengeschlechts nicht gefährdet.

Ich würde aus diesem Grunde die weltweite Veranstaltung von kulturellen und sportlichen Treffen vorschlagen. Pierre de Coubertin hat sicherlich mehr für den Frieden getan als Gandhi oder Albert Schweitzer; es wäre ein wahrhaft tragischer Irrtum, die Bedeutung des olympischen Geistes als zukunftsfördernden Gesellschaftsfaktor zu verkennen.

Nehmen wir ein Beispiel: Was würde geschehen, wenn die Sowjets, die Amerikaner, die Europäer, die Chinesen und die Menschen der Dritten Welt beschlössen, sich jährlich zu einem weltumfassenden Turnier zu treffen, bei dem sie sich in einem vom Schach abgeleiteten Spiel messen würden*?

Man kann sich leicht die Summe der Vorbereitungen und Kontakte, der Reisen und Organisationsprobleme vorstellen, die sich aus einem solchen Vorhaben ergäben; es trüge den Keim zum Verständnis der Menschen untereinander in sich. Die Idee mag jedoch utopisch erscheinen. Ich selber glaube, sie wäre durchaus realisierbar. Spiele solchen Ausmaßes wären allein imstande, den menschlichen Gewalttätigkeitsinstinkten ohne Gefahr für die Menschheit Luft zu machen.

Solange der Krieg mit herkömmlichen Waffen ausgefochten wurde, stellte er – was man auch immer sagen mag –

* Capablanca, der weltberühmte kubanische Schachmeister, und sein Gegner Lasker haben bereits vor vierzig Jahren die Idee eines solchen Wettstreites lanciert.

einen Fortschrittsfaktor dar. Der biologische Vorgang der »Zerebration«, der Teilhard am Herzen lag, führt immer zum Spiel, aber zu einem Spiel, bei dem der Kopf und die Glieder die Waffen sind, zu einem Spiel, in dem nicht mehr Städte und Menschen, sondern Vorurteile und Scheinweisheiten vernichtet werden.

Ein solches Spiel würde der Menschheit das einbringen, was die Physiker als »Negentropie« bezeichnen und das ich ganz einfach die »Ordnung« nennen möchte. Es wäre leichtsinnig, behaupten zu wollen, daß unser Planet noch lange ohne sie auskommen kann.

Gedanken zum Spiel

Wenn man sich plötzlich der großen Schwierigkeiten und verborgenen Gefahren bewußt wird, die eine zu schnell gereifte, in vieler Hinsicht verwirrende Zivilisation mit sich bringt, wenn man plötzlich von dem Gefühl überwältigt wird, daß die Menschheit nicht auf die reiche wissenschaftliche Ernte vorbereitet war, so drängt sich einem sofort die Frage auf, ob die *Erziehung allein* jemals imstande sein wird, beim Menschen die unentbehrliche Mutation hervorzurufen, ohne die die unreifen Früchte der Wissenschaft verfaulen und zerstörende Dämpfe absondern.
Die Menschheit kann in zwei Kategorien aufgeteilt werden: Die erste schenkt dem Menschen Vertrauen, die zweite nicht. Letztere hält sich bei keinerlei Fragen auf: ihre gewöhnliche Waffe ist die Anwendung von Zwang.
In ihren Augen ist der Mensch nicht wirklich vervollkommnungsfähig, es geht ihr lediglich darum, ihn unschädlich zu machen, seine äußere und innere Freiheit zu begrenzen, seine Rechte und Bestrebungen abzudrosseln, kurz, ihn mehr oder weniger zugestandenermaßen im Zustand der Sklaverei zu halten, die je nach den Epochen diese oder jene Form annehmen kann.
Wenn man die Geschichte der Völker betrachtet, so wird es einem klar, daß die Verfechter dieser Theorie vom Menschen niemals die Waffen gestreckt haben, daß ihre Methoden – von einigen kurzen Zwischenperioden abgesehen – immer vorherrschend waren.
Aber der Brausewind der Zeit hat das Seelenleben wachgerüttelt, den Geist befreit, der den Schleier des Körperlichen lüftet und dem Intellekt Schwingen gibt, bis sich schließlich das geistige Wesen in die Lüfte hebt.
Die Furien, die nicht an den Menschen glauben, verschließen sich dieser Metamorphose, die ihr Verstehen übersteigt.
Die anderen jedoch haben den Sachverhalt längst erkannt: sie betrachten es als ihre vornehmste Aufgabe, dem Menschen bei seiner Selbstverwirklichung zu helfen. In unserem

Jahrhundert der dumpfen und grausamen Wissenschaft ist besondere Wachsamkeit am Platze, es müssen neue Waffen geschmiedet werden, mit denen wir unsere Freiheiten, unsere Rechte, unsere Persönlichkeit, d. h. unsere Würde verteidigen können.

Die edelste Form des Spieles könnte eine dieser Waffen sein*.

* Im »zukunftsplanenden Gemeinwesen« ist das Spiel unentbehrlich. Denn der Mensch nährt sich nicht nur von Logik und Pflicht. Er braucht ebensonötig Entspannung, Abreaktion, Phantasie, Gelegenheiten, seinen Überschuß an körperlichen und geistigen Energien anzubringen. Diese Notwendigkeit macht sich um so dringender bemerkbar, als die Gesellschaft logischer wird.

Das Spiel

Der gelbe Zwerg, das Gänsespiel, ehrliche oder unehrliche Spiele, Licht- und Schattenspiele, Liebesspiele und Glücksspiele, Spiele auf Leben und Tod, harmlose und verbotene Spiele, Kriegsspiele: die Welt spielt, die Welt hat immer gespielt!

Im Gegensatz zum Lachen, das nach der bekannten Formulierung eine Eigentümlichkeit des Menschen darstellt, wurde das Spiel von der überwiegenden Mehrheit des Tierreiches stets als ein natürliches Bedürfnis empfunden.

Um aber gleich wieder zum Sonderfall des »Homo sapiens« zurückzukommen: die ältesten Zivilisationen haben uns zahlreiche Beweise von der spielerischen Betätigung des Menschen zurückgelassen; sie zeigen, welch bedeutende Rolle dem Spiel bei unseren ältesten Vorfahren zufiel. Man muß sich wundern, daß man die Zeit der Enzyklopädie abwarten mußte, um die ersten Vermutungen über die soziologische Tragweite des Spieles zu finden. Erst unsere modernen Wirtschaftler sind sich darüber klargeworden, daß das Spiel ein wissenschaftliches Modell von ungewöhnlichem Reichtum darstellt.

Das Spiel ist so alt wie die Welt, es geht chronologisch jeder Kultur voraus und bildet die Grundlage jedes menschlichen Verhaltens und Handelns. So konnten Gelehrte wie Cournot, und in neuerer Zeit von Neumann, Morgenstern und ihre Schule auf dem Spiel eine Theorie der Entscheidung und des Handelns aufbauen; genauer gesagt, leiten sie die gesamte Verhaltenslehre beim Menschen vom Spiel ab; die Bedeutung ihrer Theorie übersteigt um ein weites ihre Anwendungsmöglichkeiten auf kommerziellem und gewerblichem Gebiet.

Die berühmte Kriegstheorie des nicht weniger berühmten preußischen Generals von Clausewitz ist ebenfalls kaum etwas anderes als die praktische Nutzanwendung des Spielmotivs der Rivalität, des Konflikts und des Kampfes. Der Mikrokosmos des Spieles ist eine getreue und erschöpfende Wiedergabe des Makrokosmos, in dem das wirkliche Leben verläuft.

So erklärt das Spiel die Verhaltensweise des Menschen; aber es kann noch mehr tun, es kann sie beeinflussen und verändern.

In der Tat, das Spiel ist ein Danaidenfaß, in das der Mensch seinen Überschuß an Aggressivität ausschütten kann; es bildet also die natürliche Ablenkung, derer unsere Menschheit so dringend bedarf. Es besteht nämlich kein Intensitätsunterschied zwischen dem kriegerischen, dem kommerziellen und dem spielerischen Wettbewerb, lediglich ihre Ausdrucksmittel sind verschieden. Es dürfte in diesem Zusammenhang genügen, auf die außerordentliche Faszination hinzuweisen, die die olympischen Spiele auf die Massen ausüben: die Berühmtheit gewisser Rekordmänner ist oft größer und dauerhafter als die der Politiker (wobei bemerkt werden muß, daß erstere sie oft mehr verdienen!). Die »Tour de France« zieht mehr Publikum an als die Reisen unseres Präsidenten der Republik, obschon die Sportler über bescheidenere Werbemittel verfügen. Wenn der sowjetische Schachmeister um den Weltmeistertitel kämpft, halten 25 Millionen seiner Landsleute den Atem an, als seien sie persönlich vom Ausgang der Partie betroffen. Eine unvorhergesehene und unerwartete Niederlage eines finnischen Skimeisters würde in seinem Land wie eine nationale Katastrophe empfunden.

Könnte man sich vorstellen, daß in einem olympischen Jahr ein Weltkonflikt ausbricht? Niemand ist in der Lage, das Gegenteil zu beweisen, und dennoch zeigt die Beobachtung, daß die Vorbereitung eines so wichtigen Ereignisses wie die Olympiade alle Zwistigkeiten dämpft. Freilich, nach den Wettspielen flammen sie wie Feuer unter der

Asche wieder auf. Immerhin winkt hier eine Hoffnung, leuchtet hier Heil in der grauen Monotonie der politischen Aktualität.

Die Machthaber von morgen müssen im Spiel ein geschmackvolles, verfeinertes und wirksames Mittel sehen, der natürlichen Aggressivität des Menschen einen Auslauf zu geben, denn dem modernen Krieg kann eine solche Rolle nicht mehr zukommen.

Von der allgemeinen Gefahr zu schweigen, die er für den Bestand der Menschheit darstellt, bietet er in seiner hundertprozentig mechanisierten Form auch keine Gelegenheit mehr zum direkten Kampf. Er verbietet die Heldentat, den Waffengang, die den Kampf, die Rivalität symbolisieren. Der moderne Krieg neigt immer mehr dazu, ein radikales, technologisches Experiment, ein kollektiver Selbstmord zu werden, der menschliche, ja staatliche Maßstäbe übersteigt und die letzte Konsequenz einer verwüsteten, seelenlosen Wissenschaft ist.

Es geht hier keineswegs darum, den früheren Konflikten nachzutrauern: aber so dramatisch und schrecklich sie auch waren, hatten sie dennoch, wenn man so sagen darf, das Verdienst, wie ein Abszeß die akuten Krisen des menschlichen Gewalttätigkeitsbedürfnisses zu fixieren, ein Spiel, wenn auch ein grausames zu sein.

Auch diese letzte Genugtuung bleibt uns in Zukunft versagt: der Krieg hat endgültig seinen Spielcharakter verloren. Seit Hiroshima ist er nur noch Grauen. Leider – oder glücklicherweise – hat dieser technologische Fortschritt beim Menschen nicht das Bedürfnis nach Aggressivität und Rivalität ausgelöscht; nun aber scheinen die modernen Staatslenker dieses angeborene Bedürfnis ihrer Mitmenschen vergessen zu haben. Dabei gefallen sie sich selbst gern in unfairen und regellosen Spielen: denn was sind ihre sich widersprechenden Maßnahmen, ihre irrigen Behauptungen, ihre lügenhaften Feststellungen, ihre unernsten Versprechen anderes als ein Spiel! Als das verabscheuungswürdigste Spiel der Heuchelei, der Ungerechtigkeit, des schlechten Gewissens?

Die Gewalttätigkeit fließt in unseren Adern und speist ohne Unterlaß den wilden Strom der Gewalttätigkeit unter den Völkern. Dieser Springflut von Gewalt und Zorn Einhalt zu gebieten, wird noch lange ein frommer Wunsch bleiben; er ist in der Maßlosigkeit seiner Zielsetzung ebenso illusorisch wie etwa der Wunsch, den Amazonas abzustauen oder die Mondbahn zu ändern. Selbst wenn solche Unternehmen rein theoretisch möglich wären, gehören sie praktisch dennoch in den Bereich des Unmöglichen.

Ich möchte hinzufügen, daß ein äußerer Anreiz anerkanntermaßen die unabdingbare Voraussetzung für jeden Fortschritt ist, daß das Fehlen jeglichen Wettbewerbs und jeglicher Gewalttätigkeit zum Untergang unserer Zivilisation führen würde.

Wenn wir einen nüchternen Blick auf die Geschichte der Kulturen werfen, so kann uns die Tatsache nicht entgehen, daß die Gewalttätigkeit stets überall zugegen war: das ist an sich nichts Verwunderliches, aber wir stellen gleichzeitig fest, daß sich dieser Gewalttätigkeitstrieb stets auf bestialische, menschenunwürdige Weise kundtat (von einigen wenigen Ausnahmen abgesehen).

Unsere moderne Zivilisation hat zwar zur Verfeinerung der Wissenschaft beigetragen, sonst aber ist sie brutal, ungeschlacht, klobig und primitiv geblieben, als sei der menschliche Genius außerstande, sich anders als nur im Töten und Vernichten erfolgreich zu betätigen.

Einige wollen wissen, daß die blinde Zerstörungswut und Brutalität die logischen und natürlichen Endziele der Gewalttätigkeit darstellen, daß man sie also mit in Kauf nehmen muß, sofern man an die Unveränderlichkeit der Instinkte glaubt. Ich möchte eher vermuten, daß es der Menschheit bislang an Mitteln der Abreaktion fehlte.

Der Krieg, den man gewöhnlich für ein notwendiges Übel oder, genauer gesagt, für eine unheilbare Krankheit hält, ist niemals der Gegenstand ernster Untersuchungen geworden. Die Moralisten aller Zeiten und aller Schulen haben ihn stets verworfen und ein für allemal zu einer schändlichen Krankheit erklärt, ein wenig wie den Aussatz, aber in geringerem Grade, denn kein kriegführendes Land wurde jemals in Verruf erklärt oder aus der Gesellschaft der Staaten ausgeschlossen.

Ein Übel verurteilen, heißt noch lange nicht ein Übel heilen! Das Aussprechen frommer Wünsche kann eine vornehme, edle Haltung kennzeichnen, oft sogar von Mut zeugen: aber es ist nicht wirksamer als der Fluch des Zauberers oder der Spruch des Medizinmannes.

Die etwas konkreteren Versuche der letzten fünfzig Jahre (Völkerbund, UNO) haben (bis jetzt) noch keinerlei nennenswerte Resultate gezeigt, weil sie sich darauf beschränken, ständig auseinanderklaffende politische und wirtschaftliche Interessen schamhaft mit dem Mäntelchen des Idealismus zu bekleiden; außerdem lassen sie immer trotz der Unzulänglichkeit ihrer Mittel repressive Absichten durchblicken, anstatt konstruktive Lösungen vorzuschlagen. Die UNO macht nicht die geringsten Anstalten, den Kranken zu behandeln, geschweige denn ihn zu heilen, sie begnügt sich mit der Feststellung der Krankheit und mit einigen – von wenig innerer Überzeugung getragenen – Isolierungsmaßnahmen. All diese Unternehmen haben das Fehlen jeder kohärenten Doktrin gemein!

Die Staatslenker sollten sich folgende Feststellung Merleau-Pontys zu Herzen nehmen: »Der Mensch ist kein vernunftbegabtes Tier. Das Aufkommen der Vernunft und des Geistes läßt bei ihm eine in sich abgeschlossene Triebsphäre niemals unberührt.«

Wenn man einmal erkannt hat, daß die Gewalttätigkeit untrennbar zur menschlichen Natur gehört, daß man sich mit dieser Tatsache um so eher abfinden muß, als sie eine Voraussetzung für den Bestand der Menschheit darstellt, muß man auf Mittel sinnen, ihr einen Ausfluß zu bieten, der niemandem Schaden bringt.

Alle sportlichen, intellektuellen, wissenschaftlichen, künstlerischen und kulturellen Spiele und Turniere bieten sich uns als Lösung dar, wenn die Teilnahme massiv, national, ja weltweit ist.

Wir denken an eine Welt, in der die Maschinen zwei Stunden täglich arbeiten, damit der Mensch volle sechs Stunden spielen kann! Handelt es sich da um eine Traumvision, um ein Hirngespinst?* Ganz nüchtern gesehen, kann die Menschheit einen Atomkrieg** nur dann vermeiden, wenn es ihr gelingt, eine brauchbare Lösung für zwei brennende, lebenswichtige Probleme zu finden:

1. Die definitive Rückkehr zu den herkömmlichen Waffen
2. Die Aufholung des Rückstandes der »Dritten Welt«

Es liegt auf der Hand, daß eine mechanische Zivilisation (und die unsere wird morgen eine solche sein), die diese beiden entscheidenden Probleme nur teilweise zu lösen imstande wäre, das Überleben der Menschheit noch nicht gewährleisten könnte, denn der »Wille zur Macht«, der Dr. Adler so sehr beschäftigte, ist zweifelsohne eine unheilbare Krankheit beim Menschen. Rückfälle bleiben immer zu befürchten, und es gilt, für plötzliche Anwandlungen von Gewalttätigkeit einen geeigneten Ausfluß bereitzustellen. Man kann sogar voraussehen, daß ein solcher Ausfluß um so nötiger wird, als die Mechanisierung unserer Zivilisation mit allen ihren Folgen fortschreitet.

* Miesmacher werden einwenden, daß eine solche Welt nicht viel amüsanter zu sein braucht als die unsere. Wir werden jedoch später nachweisen, daß dieser Einwand nicht gerechtfertigt ist.

** Der Atomkrieg wird hier nur als Beispiel genannt. Denn durch die moderne Chemie, Biochemie und Physik stehen der Menschheit noch viel schrecklichere Waffen zur Verfügung.

Den Regierenden wird die Aufgabe zufallen, die Freizeit so zu gestalten, daß sie nicht zu verhängnisvollem Müßiggang führt, sondern zu Wettkämpfen, entspannenden und bildenden Beschäftigungen benutzt wird; in diesem Falle werden Wissenschaft und Technologie entscheidend zum Anbruch einer Ära des Friedens, der Kultur und der Lebensfreude beitragen.

Für viele ist die These, nach der das »Ministerium für Freizeitgestaltung« bald das »Verteidigungsministerium« in den Hintergrund drängen wird, nicht nur eine prophetische Vorausschau, sondern eine einfache Evidenz. Wir gehen dem »Zeitalter der Muße« entgegen, und in der Muße liegt unser Schicksal und unser Glück: Unser Schicksal, weil sie der Tribut ist, den die Menschheit für den Fortschritt der Wissenschaft zu zahlen hat, unser Glück, weil ihre sinnvolle Benutzung bewaffneten Konflikten Einhalt gebietet und uns endlich zu den Formen einer höheren Zivilisation aufsteigen läßt.

Die Freizeit ist auch die positive Seite der unerläßlichen Kollektivierung der Mittel, die uns das rasende Tempo unserer Verbraucherzivilisation auferlegt und die die letzten technischen Errungenschaften möglich machen.

Wir dürfen uns darüber nicht beklagen, denn nur so verfügt das Individuum über die nötige Handhabe, die verloren geglaubte Persönlichkeit und Menschenwürde wiederzufinden und zur Entfaltung zu bringen, und zwar in einem Ausmaß, das sich unsere Ahnen niemals träumen ließen.

Wenn man von diesen kurzfristigen Vorteilen einer »Freizeit-Kultur« absieht, mag man sich fragen, ob sich das vorgeschlagene Heilmittel auf lange Sicht nicht als schlimmer entpuppt als das Übel, ob eine »Freizeit-Gesellschaft« sich als lebensfähig herausstellt, ob die »Freizeit« nicht den Fortschritt bremst und schließlich völlig zum Stillstand bringt, was zu einem langsamen aber unvermeidlichen Untergang der Menschheit führen würde*.

Mit anderen Worten: Muß nicht befürchtet werden, daß eine »Freizeit-Kultur« den Menschen langsam von seinen lebenswichtigen Pflichten abbringt und so zur Verknöcherung und Verkalkung der Zivilisation führt, daß das Spiel die Rolle des »Opiums« übernimmt, für das Karl Marx die Religion hielt?

Ich möchte hier keine politische Debatte eröffnen und mich auf keine Kontroverse einlassen. Zu diesem Thema wurde bereits aus berufenerem Munde alles gesagt! Ich beschränke mich darauf, auf einige Aspekte des Spiels aufmerksam zu machen, die man häufig ignoriert oder absichtlich außer acht läßt und die wesentlich zu seiner Rehabilitierung beitragen.

Wenn man heute vom »Spiel« spricht, denkt man fast unwillkürlich an Spielsäle, Roulett, Geldspielapparate, kurz an eine Welt der Nichtigkeit und des Lasters, in der die schrankenlose Leidenschaft, die Geldgier und der Aberglaube herrschen. Sicherlich, eine solche Welt gibt es, wie es auch Krankenhäuser, Irrenanstalten, Krebsbekämpfungszentren, Kranke und Sieche gibt. Die Schilderung der Welt des Spiels, die uns Dostojewskij hinterlassen hat, erinnert an die Beurteilung der Gesunden durch Dr. Knock: die Literatur hat uns vom Spiel immer nur die pathologischen Aspekte gezeigt.

Der Schriftsteller wendet sich an ein breites Publikum. Wir verstehen durchaus, daß er gelesen werden will, daß er es für seine Aufgabe hält, Neugierige zu warnen. Wenn man das Spiel jedoch im verzerrenden Spiegel einer parteiischen und tendenziösen Literatur beurteilt, gleicht man

* Man mag sich auch die Frage stellen, ob die Verabreichung der Freizeit in »hohen Dosen« auf die Dauer nicht ebenso monoton und öde anmuten wird wie heute die Arbeit am laufenden Band. Wir möchten diesen Aspekt des Problems nicht dramatisieren, aber es ist eine der Gefahren jeder technischen Zivilisation.

einem Menschen, der all seine Kenntnis vom Leben aus der Schilderung von Kranken, Alkoholikern und Irren bezieht. Immerhin wird so seit einigen Jahrhunderten verfahren; was wunder, wenn die meisten unserer Zeitgenossen den Begriff »Spiel« mit etwas schlechthin Unmoralischem verbinden. Diesen verhängnisvollen Irrtum haben jedoch die Psychologen, Mathematiker, Soziologen und Wirtschaftler niemals begangen. Freilich, in der Welt des Spieles finden wir Rauschgifthändler, Süchtige, Kranke, Spitzbuben, Scharlatane. Hüten wir uns jedoch, vor lauter Bäumen den Wald nicht mehr zu sehen. Die Welt des Spiels ist grenzenlos, sie ist ebenso vielseitig und vielgestaltig wie das Leben selbst.

Es ist sicherlich kein Zufall, wenn das Spiel einen Pascal, einen Fermat, die Bernoulli, einen Laplace dazu anregte, aus der »Kunst der Mutmaßung« eine Wissenschaft abzuleiten, der als »Wahrscheinlichkeitsrechnung« eine große Zukunft beschieden war; die Bemerkung eines H. Poincaré über die »Scheinbegründung«, die die Definition der Wahrscheinlichkeit darstellt, die subtilen Analysen eines Pius Servin über die »Struktur des Aleatorischen« hindert heute die »Wissenschaft des Zufalls« nicht, sich mit einem vergleichsweise guten Gewissen vor uns zu zeigen; auf alle Fälle bildet sie den Schlußstein der modernen Wissenschaft von der lebenden und toten Materie.

Man darf also ruhig behaupten, daß Ritter de Méré, ein eingefleischter Glücksspieler, der Vorläufer der theoretischen Physik und der modernen Biochemie war, wenn man an die Gelehrten denkt, die auf seinem Wege fortgeschritten sind*.

* Die theoretische Physik ist für Spezialisten ein hinreißendes Spiel geworden, dessen Regeln (im Gegensatz zu dem, was man vor hundert Jahren glaubte) nicht völlig festliegen; die Spielfiguren sind zahlenmäßig variabel; zu Anfang des Jahrhunderts zählte man drei oder vier, heute hat man mehr als zweihundert gefunden: ich meine die Elementarteilchen.

Denn sowohl historisch wie naturgemäß gehören Spiel und Zufall zusammen. Ich möchte hier auch nicht den Versuch unternehmen, den »Zufall« zu definieren, den zweifelsohne bereits die Jäger der Steinzeit kannten, aus dem die griechischen Philosophen, die Gelehrten des 17. Jahrhunderts, die Atomphysiker unserer Zeit und die Spieler aller Zeiten Hoffnung, metaphysische Träumereien, Grundsteine zur allgemeinen Erkenntnis schöpften: für die Spieler jedoch war das Wort Zufall stets gleichbedeutend mit der ruhmreichen und berauschenden Unsicherheit des »Risikos«. Im Spiel ist das ganze Leben enthalten, so daß sich die Gelehrten ebenso über das Wesen des Zufalls streiten wie über den Ursprung unserer Milchstraße (zwischen beiden Fragen besteht im übrigen ein engerer Zusammenhang, als man auf den ersten Blick glauben mag).

Ich beende meine Untersuchung mit einer kurzen Analyse des Schachspiels, aber alle Spiele, einschließlich der sportlichen, können zerlegt und zergliedert werden und offenbaren häufig ein komplexes Gewebe, über das die Glätte der Oberfläche hinwegtäuscht. Das Spiel ist ebenso mannigfaltig wie das Leben, es hält für den Menschen unermeßliche Schätze bereit, aus denen er bis zum heutigen Tage nur wenig geschöpft hat. Und warum auch?

Die sokratische Ironie, die Zwiegespräche Platos haben jahrhundertelang Wissenschaft und Philosophie mit Stoff versorgt.

Im Verlauf des christlichen Zeitalters haben Generationen trotz Nächstenliebe und Jenseitsbetrachtungen nichts anderes gekannt als ein schales Kollektivdasein oder persönliche Ängste, aber niemandem wäre es in den Sinn gekommen, daß die Stunde der Apokalypse geschlagen hat. Auch die Christen hielten es für abgemacht, daß die Erde fortfahren würde, sich um ihre Achse zu drehen, sofern sie nur dem Worte Gottes lauschten und den Willen des Vaters im Himmel erfüllten.

Plötzlich aber geschah der Einbruch der gottlosen Wissenschaft, die alle religiösen Ukase über den Haufen warf, die den tausendjährigen Glauben erschütterte, das biblische Gebäude hinterlistig unterhöhlte, die Religion gefährdete und nun das mühsam Stein um Stein zur Ehre der Erkenntnis aufgerichtete Baudenkmal bedroht.
Die Menschheit stellt sich ängstliche Fragen; aber sie schwankt zwischen flüchtigen Zweifeln und naiver Bewunderung; nur ein Gedanke kommt ihr nicht einen Augenblick: daß ihre gesamte Zukunft in Frage gestellt sein könnte. Sie meint, im schlimmsten Falle könne ein Gebäude zusammenbrechen: das richtet man wieder auf!
Aber die Wissenschaft macht nicht halt; sie rast schneller voran, sie läßt Berge und Täler hinter sich, stört die jahrhundertealte Ordnung, erschüttert das menschliche Gewissen und zerbricht auf ihrer dämonischen Jagd alles, was sich ihr in den Weg stellt, und sei es auch der Mensch selber!
Langsam verwandelt sich der Zweifel in Angst, die Furcht nagt an den Gemütern, schleicht sich in die Körper ein, hemmt die Lebensfunktionen und bedroht die Gesundheit der ganzen Welt.
Was sollen wir in dieser Lage tun? Uns gedulden? Den Kopf in den Sand stecken wie der Vogel Strauß?
Von der Wissenschaft verlangen, daß sie ihre Beute losläßt? Sie denkt nicht daran!
Oder sollen wir warten, bis aufgrund irgendeiner übernatürlichen Gnade die Dämonen zu Engeln werden?
Die Gottgläubigen mögen sich zu einer solchen Haltung bekennen, obschon ich nicht annehme, daß sie ihnen von ihrer Religion vorgeschrieben wird.
Aber die vielen anderen, die Millionen von Erdenbürgern, die nichts sein wollen als Menschen, die nichts von einer hypothetischen Allmacht erhoffen, deren Flügel sie niemals streift?
Für sie sieht die Wahrheit höchst einfach aus:

– entweder sie geben sich der dunklen Verzweiflung hin, sie weichen den Ausdünstungen des Nihilismus, der sie ebenso gut zu einer vollständigen und kläglichen Selbstaufgabe wie zu traurigen Exzessen führen kann,
– oder sie entschließen sich wie die Gläubigen – wenn auch mit weniger Selbstsicherheit – mutig und entschieden, dem Sturm zu trotzen und nicht unterzugehen.
Man behauptet in der Bretagne, ein guter Schwimmer sei selten ein guter Seemann; ich möchte annehmen, daß sich das Gleichnis vom bretonischen Seemann recht gut auf alle Menschen anwenden läßt, die den Problemen ihrer Zeit gegenüberstehen.
Ich bin weit davon entfernt, anzunehmen, daß ein Gottgläubiger nicht gelegentlich einmal seinem Mitmenschen hilfreich unter die Arme greift, aber seine erste Regung ist stets, sich selbst erst einmal zu retten, und ich könnte mir vorstellen, daß das Kollektivinteresse nicht immer mit seinen persönlichen Belangen zusammenfällt. Aus diesem Grunde bewundere ich den Gläubigen, ja ich beneide ihn, aber wenn es um die Rettung eines sinkenden Schiffes geht, setze ich mein Vertrauen lieber in den Nicht-Gläubigen.
Im ersten Abschnitt habe ich versucht aufzuzeigen, wie der Anbruch des Atomzeitalters und des wirtschaftlichen Fortschritts notwendigerweise zu einem doppelten Riß im soziologischen Gebäude führt: zu einem wirtschaftspolitischen und zu einem technologischen. Ich habe nachgewiesen, daß die eigentliche Gefahr weniger in den heute vorhandenen Massenvernichtungsmitteln besteht als vielmehr in der unabwendbaren Gewißheit, daß wir diese Waffen eines Tages gebrauchen müssen, wenn es uns nicht gelingt, die Risse auszubessern. Es scheint mir leider ebenso evident, daß wir von unserer eigenenen Generation nicht mehr viel zu erwarten haben, und weniger noch von der voraufgegangenen. Die beiden letzten Generationen können wohl schöne Reden halten, aber ihre Taten verurteilen sie.

Es ist reichlich paradox, wenn eine rührige, turbulente, idealistische und freiheitsliebende Jugend von Männern kritisiert und verurteilt wird, die außerstande waren, den technologischen Krieg zu verhindern, die weder den Rassismus noch die Hungersnot aus der Welt geschafft haben, und die heute noch Heuchelei und Doppelzüngigkeit zu ihren politischen Idolen erheben, neben denen die eines Fouché verblassen.
Wie sollte die unverdorbene, nicht entartete Jugend solche Männer verstehen oder schätzen?
Die Jugend der Welt ist heute mit den Verdammten dieser Erde der einzige gesunde Teil der Menschheit: der elementarste Anstand fordert, daß wir schweigen und unsere Kräfte zusammenraffen, um die vergangenen Fehler wiedergutzumachen. Solche Feststellungen entspringen keineswegs einer Grundhaltung billiger Schwarzseherei, sie lassen sich aus den Beobachtungen der täglichen Ereignisse ableiten, die für keinen ein Geheimnis sind. Sie beweisen zur Genüge, daß unsere Generation nicht mehr der schlammigen Fahrbahn der Routine entkommen kann.
Es wäre ernüchternd, hier fortzufahren.
Eine Schlußfolgerung drängt sich uns auf: Selbst wenn wir von den besten Absichten beseelt ernsthaft den Gefahren steuern wollten, die uns bedrohen, so bedeutete die Vergangenheit ein schweres Handikap für uns; es würde uns nicht leichtfallen, unser Gewissen »umzuschulen«.
So bleibt uns nur eine einzige Hoffnung, die Jugend. Wir müssen die Jugend so erziehen, daß sie sich mit Aussicht auf Erfolg auf die Suche nach dem Menschlichen machen kann.
Hier möchte ich einen Einwand aus dem Wege räumen:
Ich habe über meine Generation ein sehr hartes Urteil gefällt (für das ich persönlich verantwortlich zeichne). Da mag es merkwürdig anmuten, daß ebendiese Generation nun plötzlich als Erzieher auftreten soll.

Um es sogleich vorwegzunehmen: wenn ich hier von »meiner Generation« spreche, so habe ich vorwiegend die Lenker und Leiter dieser Generation im Auge, die sich erdreistet haben, mittelbar oder unmittelbar zu lenken, zu leiten und zu orientieren.

Denn in ihrer breiten Masse gesehen ist die heutige Generation vor allem eine Herde unschuldiger Opfer, die für die Fehler ihrer Hirten teuer genug zu zahlen hatte (damals waren wir selber jung, und jeder weiß, daß immer die Jungen für die Sünden ihrer Väter büßen).

Ich denke hier nicht an diese oder jene Nation im besonderen, die jungen Franzosen waren nicht die einzigen, die geblutet haben! Kommen wir jedoch wieder zum Problem der Jugenderziehung zurück:

Es ist vergleichsweise einfach, für die Schüler und Studenten ultramoderne Schulkomplexe zu erbauen, in denen in der günstigsten Hypothese ein leicht verbesserter Lehrplan zur Anwendung kommt.

Die Fülle der audio-visuellen Lehrmittel, die die moderne Technik der Lehrerschaft zur Verfügung stellt, ermöglicht außerdem eine bessere Schulung des mittelbegabten Schülers.

Wenn wir hinzufügen, daß der Einfluß der modernen, mit allen Geheimnissen der Kinderpsychologie und der Berufsberatung vertrauten Lehrer bei den Jugendlichen ständig wächst, so daß er nach und nach zum entscheidenden Faktor des Unterrichts wird, so darf man voll der Zukunft vertrauen.

Hüten wir uns jedoch, die Lage zu rosig zu beurteilen.

Da wir von unserer eigenen Erziehung völlig durchdrungen sind, stellen wir die bei uns in Anwendung gebrachte Erziehungsmethode nicht in Frage, wenngleich wir auch überzeugt sind, daß ein paar Retuschen und Verbesserungen wünschenswert erscheinen.

Wie ist es nun, wenn wir uns den Fall einmal etwas näher

ansehen? Stellen wir uns einmal einen Planeten vor, auf dem Bewohner unserer Art lebten, die jedoch nicht unsere Sprache sprächen und sich mit dem äußeren Augenschein ihrer Beobachtungen begnügen müßten. Wenn ein solcher Beobachter einmal nacheinander ein Pariser Gymnasium, eine Hühnerfarm, eine Kälberzucht und eine übervölkerte Volksschule besucht, so käme er sicherlich zu dem Schluß, daß bei den Erdbewohnern ein Gemeinschaftsritus vorherrscht, der letztlich darauf hinausläuft, den »Zöglingen« zu festgesetzten Stunden nach den örtlichen diätetischen Gegebenheiten eine statistisch dosierte Nahrung zu verabreichen, um zu einem marktgerechten Durchschnittserzeugnis zu gelangen, ganz gleich, ob es sich dabei um Schüler oder Kälber handelt.

Man könnte sagen, daß der Unterricht den Schülern eine gesunde, ausgeglichene, rationelle geistige Nahrung verabreicht, bei der jedoch die Kräuter und Larven fehlen, die der guten Poularde ihren Geschmack verleihen. Viele unserer Erziehungsmethoden erinnern an die Rezepte der amerikanischen Farmer, denen es lediglich darum geht, die Fleisch- und Eierausbeute zu steigern. Ist es da verwunderlich, wenn unsere Schüler und Studenten aufbegehren und nicht länger wie Kälber oder Farmgeflügel behandelt werden wollen?

Die Rebellion der Studierenden erscheint mir in keiner Weise beunruhigend (außer vielleicht für den Seelenfrieden unserer Spießbürger!), sie ist im Gegenteil gesund und beweist, daß unsere Jungen einen klaren Blick für die Wirklichkeit bewahrt haben und mehr Mut an den Tag legen als die älteren Generationen in einer ähnlichen Lage*.

* Zu Anfang riefen die Gewerkschaften überall Tadel und Mißbilligung hervor; die Reaktion der bürgerlichen Kreise war oft hart, da diese offenbar der Auffassung huldigten, die Erklärung der Menschenrechte gelte nicht für die Arbeiter. Die Ähnlichkeit zwischen der heutigen weltweiten Studentenbewegung und den frühen Arbeiterbewegungen ist augenscheinlich.

Man möchte der Meinung sein, daß die Jugend nach den Hekatomben von Toten der beiden letzten Weltkriege sich wohl ein Mitspracherecht erworben hat. Man darf sich auch fragen, ob ihr der in Friedenszeiten verabreichte Unterricht in seiner heutigen Form nicht den unerfreulichen Eindruck vermittelt, für irgendwelche Zwecke »aufbereitet« zu werden, bei deren Festsetzung sie keinerlei Stimme im Kapitel haben.

Dem Unterricht haften dieselben Fehler an wie einer Laboratoriumsapotheke: sie enthält alle Heilmittel für den normalen Durchschnittskranken. Außerdem läßt sie keinerlei Wahl: Das Kind wird als »krank« erklärt und entsprechend »behandelt«.

Meine Darstellung mag ein wenig simpel erscheinen: es dürfte kaum angehen, einen eigenen Lehrplan für jedes Kind auszuarbeiten und seine Zustimmung einzuholen.

Außerdem liefert uns die moderne Pädagogik überzeugende Beweise für ihre Wirksamkeit, sei es auch nur durch die große Menge von Gelehrten, über die man sich nie genug verwundern kann. Wie teuer werden diese Erfolge jedoch erkauft?

Wenn man das Problem ausschließlich in der Schau der Zukunftsplanung betrachtet, die absichtlich alle örtlichen, technischen oder beruflichen Gegebenheiten beiseite läßt, so kann man über den Unterricht im allgemeinen folgende Feststellungen machen:

1. Der Unterricht ist nicht dem Schüler angepaßt, sondern der Schüler muß sich dem Unterricht anpassen.
2. Er ist obligatorisch, d. h. nicht frei akzeptiert.
3. Er fordert die Schüler zum Lernen auf, bringt ihnen aber nicht das Lernen bei.
4. Er will nicht den Zweifel, sondern die Gewißheit säen.
5. Er stellt die Geister vor Schwierigkeiten mit ausgesprochen passivem Charakter; der Unterricht bringt den Lernenden nur wenig dynamische Beispiele.

6. Er begünstigt in seinen höheren Formen die intellektuelle Virtuosität, ohne die »efficiency« zu pflegen.
7. Er entwickelt gleichzeitig mehr den analytischen als den synthetischen Geist.

Ehe wir auf diese verschiedenen Feststellungen näher eingehen, möchten wir ein paar Worte über ihre Tragweite aussprechen. Man behauptet, Europa sei rückständig; es hinke auf wissenschaftlichem, technischem und wirtschaftlichem Gebiet den Vereinigten Staaten nach.

Man wiederholt uns ständig, daß 60 % der neuen Techniken in den Vereinigten Staaten entdeckt werden (und das entspricht den Tatsachen), daß der Anteil von amerikanischen Patenten unsere Wirtschaft erdrückt, daß die amerikanischen Wissenschaftler den unseren überlegen sind, daß die amerikanischen Techniker mehr verstehen und so weiter und so fort.

All diese, von einer übertriebenen Bewunderung alles Amerikanischen getragenen Behauptungen sind ebenso wenig glaubwürdig wie die von einigen offensichtlich antiamerikanischen Staatsmännern und Politikern vertretenen Meinungen und Ansichten.

Man braucht nur einmal die letzten Erhebungen der OECD. (Organisation für wirtschaftliche Zusammenarbeit und Entwicklung) und anderer internationaler Organismen anzuschauen, um festzustellen, daß Westeuropa heute mehr Wissenschaftler zählt und mehr neue Techniken ausarbeitet als die Vereinigten Staaten von Amerika.

Was die Grundlagenforschung anlangt, so ist es einfach unrichtig, von einem europäischen »Rückstand« zu sprechen.

Freilich, wenn es darum geht, die Entdeckungen auszuwerten und marktfähig zu gestalten, ändert sich das Bild. Amerika zeigt sich auf diesem Gebiet seinen europäischen Konkurrenten um ein Vielfaches überlegen!

Schematisch kann man die Situation so skizzieren:

– Westeuropa verfügt über ein größeres »Hirnkapital« als die Vereinigten Staaten

– Amerika bringt es fertig, dank seinem Kult für Neuerungen, seiner Entschlußkraft und seinem Organisationssinn einen großen Teil der europäischen Erfindungen an sich zu reißen und zu vermarkten (und ich wüßte nicht, warum es deshalb zu tadeln wäre).

Es handelt sich da um einen überaus gewöhnlichen, ja geradezu banalen Vorgang. Ähnlichen Verhältnissen begegnet man in allen Breiten und in jedem Maß. Die Japaner fischen in den ghanesischen Gewässern auf industrieller Grundlage Thun, schicken diesen Thun nach Japan, wo er tonnenweise verarbeitet und in Büchsen eingemacht wird. Dann verkaufen die Japaner ebendiesen Thunfisch in ... Ghana.

Angesichts einer solchen Sachlage Feuer und Mordio zu schreien wäre ungeschickt, ungerecht und zwecklos! Um da Abhilfe zu schaffen, müssen völlig andere Wege eingeschlagen werden.

Zunächst einmal müssen wir uns darüber klarwerden, daß die Fortdauer eines solchen Zustandes uns auf lange Sicht abträglich ist, daß die Zeit »nicht für uns arbeitet«. Die Amerikaner greifen heute noch gern auf die europäische Wissenschaft zurück, sie sind aber dabei, ein mächtiges wissenschaftliches Arsenal zu schaffen. Dazu benutzen sie einerseits ihre eigenen Finanzmittel (die enorm sind!) und andererseits die Gelder, die wir ihnen infolge unserer Trägheit im Unternehmen zur Verfügung stellen (und die uns selber fehlen).

Zweitens gilt es zu begreifen, daß die Macht eines Landes heute (und mehr noch morgen) weniger auf der Zahl seiner Fabriken und Industriekomplexe beruht als auf dem Können seiner Gelehrten und dem Überfluß seiner gutgeschulten Kader. »Über die Zukunft eines Landes wird in der Gehirnrinde entschieden.«

Die Analyse der heutigen Lage ist vergleichsweise einfach:
Wir verfügen über einen Vorteil, die Zahl und Qualität unserer Gelehrten. Diese Stellung muß bewahrt und weiter ausgebaut werden.

Unser schwacher Punkt ist unsere Abneigung gegen alles Neue und ihre unvermeidliche Folge, unser Mangel an Unternehmergeist.

Der zweite Punkt verdient unsere besondere Beachtung.

Die Abwerbung amerikanischer Gelehrter und amerikanischer Spezialisten auf wirtschaftlichem und organisatorischem Gebiet stellt keine Lösung, sondern höchstens ein zweifelhaftes Provisorium dar.

Die Wahrheit muß nicht unbedingt »amerikanisch« sein; und wenn sie es tatsächlich wäre, so müßte man sie unseren europäischen Verhältnissen anpassen können: wir besitzen keinerlei Beweise dafür, daß dies möglich ist.

Folglich bleibt uns nur, unsere eigene Wahrheit zu entdecken, unsere eigenen Waffen zu schmieden. Wir müssen

- immer mehr Gelehrte ausbilden
- unternehmungslustige, aggressive, neuerungsbedürftige Führungskräfte schulen.

Wenn wir dieses Programm verwirklichen, folgt der Rest von selbst.

Alles läuft also darauf hinaus, Erziehungs- und Unterrichtsmethoden auszuarbeiten, die es erlauben, *gleichzeitig* erlesene Wissenschaftler und qualifizierte Techniker zu schulen.

Soweit ich unterrichtet bin, haben weder die Amerikaner noch die Europäer dieses Problem in befriedigender Weise gelöst.

Die Amerikaner haben sich zu sehr auf ihre Dollars verlassen (aber das ändert sich heute!) und die Intelligenz vernachlässigt, da sie der Meinung waren, sie anderweitig kaufen zu können.

Die Europäer wiederum haben aus den obengenannten

Gründen – und aus einigen anderen, die unmittelbar mit der europäischen Auffassung vom Unterrichtswesen zusammenhängen – eine Generation brillanter, aber wenig auf Taten erpichter Intelligenzen herangezogen. Daher meine kritischen Bemerkungen zum europäischen Lehrsystem.

Der Lehrplan wird dem Schüler nicht angepaßt, sondern aufgezwungen

Der Tatbestand ist unbestreitbar und bedauerlich.
Bedauerlich für die Zukunft des Kindes, denn die ersten Schuljahre können sein Verhalten unwiderruflich bestimmen und festlegen. In den meisten Fällen ist dagegen nichts einzuwenden, es könnte aber sein, daß einige besonders empfindsame, feinbesaitete, zu Größerem geborene Individuen durch die erste Berührung mit dem Schulleben in einer Weise orientiert werden, die ihnen später keine vollständige Selbstverwirklichung mehr erlaubt.
Plato hatte bereits vor mehr als 2000 Jahren erkannt, daß »der freie Mann nichts als Sklave erlernen darf«.
Wir werden sehen (es handelt sich hier um eine ganz allgemeine Beobachtung), daß der verformende Zwang im Unterricht sich auf die hochbegabten Elemente nachteiliger auswirkt als auf den Durchschnittsschüler.
Im übrigen liegt es auf der Hand, daß der »obligatorische« Charakter des Lehrplanes die Endleistung der Schüler beträchtlich schwächt. Bis zum Abitur »verlieren« die Schüler eine große Anzahl von Stunden, die sie widerwillig über sich ergehen lassen. Diese Tatsache hätte die Erzieher schon seit Jahrzehnten beschäftigen sollen. Alle Psychologen wissen, daß sich die Persönlichkeit des Kindes im Spiele freier äußert als in der Arbeit.
Das Spiel, das vom Kinde als der Gegenpol zur schulischen »Zwangsarbeit« aufgefaßt wird, fesselt seine Aufmerk-

samkeit, führt zur Sammlung seiner geistigen Kräfte, zur Mobilisierung seiner psychischen Potenzen und ermöglicht es der verborgenen Natur, sich frei und zwanglos auszudrücken, denn das Spiel ist Zeitvertreib.

Aus diesem Grunde muß dem Spiel ein bedeutender Platz in der Jugenderziehung eingeräumt werden.

Nur wenige stellen sich gegen eine solche Forderung. Viele Erzieher zweifeln jedoch mehr oder weniger am pädagogischen Wert des Spieles. Ihre Haltung ist durchaus verständlich, wenn man die herkömmlichen Spiele im Auge hat. Sie wird ins Gegenteil umschlagen, wenn sich die Fachleute der Jugenderziehung einmal ernsthaft über die neuen Formen des erzieherischen Spieles beugen (hier tun sich unbegrenzte Möglichkeiten auf!).

Eines steht jedoch fest: Wir unterschätzen die Geisteskraft des Kindes und geben ihr nur wenig Gelegenheit, sich kundzutun.

Man denke nur an die unglaubliche Frühreife eines Mozart, eines Gauss oder – auf bescheidenerem Niveau – all der zahlreichen Kinder von sechs und sieben Jahren, die mit Leichtigkeit die Fertigkeit eines Erwachsenen erreichen, wenn ein Spiel sie wirklich fesselt.

Es wäre unvorsichtig, solche Sonderfälle zu verallgemeinern, aber nichts ist falscher, als dem Kinde die Gabe der Abstraktion abzusprechen, anzunehmen, der Unterricht müsse zunächst mit einer paläolithischen Phase beginnen und das moderne Stadium erst viel später erklimmen.

All diese Stadien kommen in der nachembryonalen Phase vor, aber mit drei oder vier Jahren tritt das Kind in sein Zeitalter, ich möchte beinahe sagen, in seine Zeit ein.

Die ersten Unterrichtsjahre des Kindes sollten also diesen beiden Erfordernissen gerecht werden:

– der Unterricht soll anziehend, das heißt spielerisch in seiner Gestaltung sein;

– er soll dem geistigen Stand von »Erwachsenen in Kleinformat« und nicht mehr von intelligenzlosen Primitiven entsprechen (was Kinder nicht sind!).

Die Schüler lernen nicht das Lernen!

Unsere Kritik ist nicht neu, aber leider immer noch zeitgemäß. Denn man fährt fort, die Kinderköpfe mit einem Kunterbunt von Fakten und Zahlen vollzustopfen, denen man am Ende ein paar »Stichproben« entnimmt, um das zu beurteilen, was man pompös mit dem Namen »Kenntnisse« belegt. Man füttert den jungen Schüler mit Lesen, Schreiben, Rechnen, einigen historischen Fakten, man wirft ihm zusammenhanglose Informationen vor und verlegt die Erklärung des *Zusammenhangs* auf später.
Später aber ist es zu spät, denn dann hat man ein für allemal die Gewohnheit angenommen, aufzuspeichern, ohne nach dem Zusammenhang zu fragen.
Diese Bemerkung gilt nicht für die überdurchschnittlichen Schüler; denn ihre Begabung besteht ja gerade darin, den Plunder der Informationen und Daten, mit denen man sie überhäuft, zu organisieren, zu ordnen, zu verstehen.
Glücklich der Schüler, der über kein »photographisches« Gedächtnis verfügt oder der eine so ausgeprägte Persönlichkeit sein eigen nennt, daß er die ihm vorgesetzte Ordnung (oder Unordnung) einfach nicht akzeptiert.
Das junge Kind verfügt noch über alle seine Gehirnwindungen und über 15 bis 20 Milliarden Neuronen; es besitzt einen »Denkapparat«, wie es eine vollständige Muskulatur besitzt. Das Denken ist angeboren wie das Laufen, aber das rechte Denken muß wie das rechte Laufen erlernt werden.
Zu einer Zeit, als kein Bedarf an Athleten bestand, konnte man vielleicht die Natur walten lassen. Die Begabtesten setzten sich durch, und das war hinreichend. Im 20. Jahr-

hundert entspricht eine solche Kräfteverschwendung nicht mehr dem Gebot der Stunde. Die Menge der täglich aufzunehmenden Informationen wächst ohne Unterlaß. Andererseits hat die moderne Gesellschaft die Pflicht, eine Generation von »Rekordmännern« auszubilden. Wir haben die Gründe dafür angeführt. (Man mag die Tatsache bedauern, aber das ändert nichts)

Für den Unterricht lassen sich aus Obenstehendem zwei neue Forderungen ableiten, die eine unmittelbare Folge des beschleunigten Evolutionsrhythmus sind:

– Die Schüler müssen lernen, Informationen in Sparten einzureihen,

– Die Schüler müssen verstehen lernen.

Der Unterricht soll also weniger darauf bedacht sein, den Kindern Kenntnisse einzutrichtern (dazu bleibt ihnen das ganze Leben), als auf Analogien hinzuweisen und Beziehungen aufzuzeigen.

Welche Rolle fällt dabei dem Spiel zu?

Es soll dem Kind die Notwendigkeit des selbständigen Denkens klar vor Augen führen!

Jeder Schüler kann mit Fleiß und Beharrlichkeit lesen, rechnen und leichte Aufgaben lösen lernen, wenn er mechanische Gedächtnisvorgänge unzählige Male wiederholt*.

Bei Kombinationsspielen ist jedoch eine solche Methode völlig aussichtslos; zu Gedächtnis und Übung kommt etwas anderes: das Erfassen der Situation. Außerdem sind allen diesen Spielen trotz der Verschiedenheit des Spielmaterials und der Regeln gewisse strategische und taktische Aspekte gemein, wenn sie auch gelegentlich in anderem Gewande auftauchen. Dem Spiel – vor allem dem Kombinationsspiel – fällt also die bescheidene, aber nicht unbedeutende Aufgabe zu, Hilfsmittel im herkömmlichen Unterricht zu sein.

* Ein solches »Lernen« kann den Jugendlichen sehr viel weiterbringen, in gewissen Fällen bis in die großen technischen Hochschulen.

Der Unterricht will nicht Zweifel, sondern Gewißheit säen

Dieses heikle Problem hängt teilweise mit dem Vorhergehenden zusammen.

Allerdings bezogen sich meine Bemerkungen bis jetzt vornehmlich auf die unteren und mittleren Klassen; nun möchte ich nicht ohne Einschränkung behaupten, daß der *Zweifel* auf allen Stufen ein Bestandteil des Unterrichts sein müßte.

Der Zweifel ist ein zweischneidiges Schwert, das nur von einem geschickten Kämpfer verwendet werden kann, und ich möchte gleich eingangs darauf hinweisen, daß jede Überspitzung dieser Forderung unangebracht wäre.

Denn ich verstehe hier unter *Zweifel* nicht eine systematische und endgültige Infragestellung aller Grundsätze, wie sie die Skeptiker befürworten, ich denke auch nicht an den methodologischen Zweifel eines Descartes, sondern ich fordere von den Erziehern den Verzicht auf eine allzu große, selbstherrliche Gewißheit.

Es liegt auf der Hand, daß die Schüler bei ihrem Bestreben, die Dinge zu erfassen, selbst ein wenig Zweifel auf ihre intellektuelle Nahrung streuen können, um sie so zu würzen und den Wissensappetit anzuregen.

Eine wirksame Erziehung zielt weniger darauf hin, Kenntnisse zu übermitteln, als einen unaustilgbaren Wissensdrang wachzurufen, der in jedem Lebensalter die Frische des Geistes gewährleistet, ohne die das Schulwissen, und sei es auch noch so umfassend, in kürzester Zeit der Verkümmerung anheimfällt.

Das Problem ist insofern heikel, als es sich nicht allein auf das Unterrichtswesen bezieht. Für die begabtesten Schüler stellt es sich überhaupt nicht. Und es würde sich für keinen Schüler auf irgendeiner Stufe seiner Ausbildung stellen, wenn die Lehrer und Professoren selbst über wirkliche Kultur verfügten.

Ich habe hier nicht den Hochschulunterricht im Auge, den eigentlichen Vermittler der französischen Kultur; aber es ist zu befürchten, daß die Gymnasiallehrer sowie die Lehrer der technischen Schulen (einschließlich der technischen Hochschulen) gelegentlich die Eitelkeit aller Selbstsicherheit und den befruchtenden Charakter des Zweifels vergessen.

Wenn ein Lehrer durch übertriebene Selbstsicherheit sündigt – was vorkommt –, so kann man schwerlich von einem Schüler eine kritische Überprüfung des Gesagten erwarten, zumal nur »eine einzige Wahrheit« gelehrt wird.

Das Ergebnis bleibt dann auch nicht aus: Anstatt seinen kritischen Geist zu üben, übt ein solcher Schüler sein *Gedächtnis*, besteht mit Erfolg seine Examen (warum auch nicht?), wird ein ausgezeichneter Techniker, der ganz in seinem Fachzweig aufgeht: Wir haben somit einen Roboter, aber keinen Menschen vor uns. Ein solcher Roboter ist noch nicht einmal ein guter Staatsbürger, denn die Demokratie zeigt nur dann all ihre Tugenden, wenn die Wählerschaft wirklich kultiviert ist.

Der ungeheure Einfluß der Skandalpresse, der Druck der »Regierungswahrheit« und des Fernsehens auf die öffentliche Meinung, der Erfolg der Werbung und Propaganda beweisen zur Genüge, daß es dem Durchschnittserdenbürger vor allem an kritischem Geist fehlt. Der Herdengeist der Mengen sollte uns wenig betrüben, wenn die Hirten es gut mit ihr meinten. Aber die Lage wird brenzlig, wenn es um die wirtschaftliche Zukunft eines Landes geht, die ständig hochqualifizierte Führerkräfte und Wissenschaftler erheischt.

In unserem Zeitalter der Mutation kommt den Begriffen Wissenschaftler, Techniker und Ingenieur nur noch eine provisorische Bedeutung zu. Ein Wissenschaftler, der sich nicht weiterbildet, ist zehn Jahre später kein wirklicher Wissenschaftler mehr; das gleiche gilt vom Studienrat, vom

Ingenieur oder Techniker. Die Schachspieler sind davon seit langem überzeugt.

Der internationale Großmeistertitel ist mindestens so schwer zu erringen wie der Nobelpreis. Und dennoch wird er dem Sieger nur für eine Zeit von fünf Jahren zuerkannt. Nach fünf Jahren muß er ihn durch neue Siege bestätigen, oder er verwirkt sein Recht, an hohen Ausleseturnieren teilzunehmen.

Dies weise Beispiel zeigt die Hinfälligkeit alles Erworbenen, aller Titel und Ämter.

Fassen wir unseren Gedanken noch einmal zusammen: Eine wirkliche Kultur ist ohne den Zweifel undenkbar; denn alles intellektuelle Wissen verstaubt mit den Jahren, wie hoch sein Niveau auch zu einem gegebenen Zeitpunkt einmal sein mochte.

Wenn Studienräte und Ingenieure wie die Schachgroßmeister nur fünf Jahre auf Rang und Titel Anspruch hätten, wenn sie nicht bis an ihr Lebensende atmen dürften, wie das heute der Fall ist, so wären die schwierigsten Probleme unseres Zeitalters damit gelöst oder würden sich überhaupt nicht stellen.

Das Spiel kann hier zwar nicht die Rolle des Doktor Mirakulus übernehmen, aber es liefert uns wertvolle Fermente für den Zweifel und die Infragestellung.

Ein in die tägliche Routine seines Lehrpensums und seiner in allen Einzelheiten ausgearbeiteten Übungen eingeschlossener Lehrer läuft Gefahr, nicht genügend aus seinem erzieherischen Mikrouniversum herauszutreten und, ohne es zu wissen, einen eigentlichen »Verpuppungsprozeß« einzuleiten, der nicht nur ihn selbst und seinen Unterricht, sondern auch seine Schüler erfaßt.

Dieser außerordentlich heimtückische Prozeß wird durch die Natur des zu behandelnden Lehrstoffes begünstigt, der erst in sehr viel höheren Klassen anregend und bereichernd wird. Zur Entlastung der Pädagogen muß hinzugefügt

werden, daß sie sich oft von moralischen Erwägungen leiten lassen und der Ansicht sind, ihren Schülern mehr zu bieten, wenn sie sich an einen stark strukturierten, streng methodischen Lehrplan halten, als wenn sie freiere, geschmeidigere, nuanciertere Unterrichtsmethoden zur Anwendung bringen: auch hier ist der Weg zur Hölle mit guten Vorsätzen gepflastert.
Wenn man nun dem Spiel Einlaß in den Unterricht gewährt, braucht diese Klippe nicht umfahren zu werden, denn sie existiert dann nicht! Wenn das gewählte Spiel reichhaltig genug ist, verschwinden die scharfen Trennwände zwischen den leichten Fragen (des Lehrpensums) und den anderen, denn Lehrer und Schüler tauchen gleichzeitig ins Unbekannte, ins wechselnde und vielseitige Universum des Spiels: Larven spielen niemals. Der stärkste Spieler lebt in ständiger Symbiose mit der Unsicherheit. Er befindet sich in der glücklichen Lage, nicht ignorieren zu können, wie wenig er weiß und wie gebrechlich und hinfällig seine spärlichen Kenntnisse sind.
Die segensreiche geistige Unsicherheit des Spielers kann sich günstig auf das Verhalten von Lehrer und Schüler auswirken; wenigstens darf man das hoffen.

Der Unterricht ist arm an dynamischen Beispielen

Mit diesem Problem rühren wir an einen anderen Aspekt des Unterrichts: der Unterricht soll ja nicht nur künftige kultivierte Staatsbürger ausbilden, sondern Führerkräfte schaffen, die den Kampf gewohnt sind, die sich und die Kollektivität zu verteidigen verstehen, kurz Menschen, die den Erfordernissen ihrer Zeit gerecht werden.
Jedes Schulfach ähnelt einem harten, erstarrten Alpengipfel, dessen Majestät regungslose, mehr oder weniger vereiste Abhänge schützen. Der Aufstieg zu einer solchen Spit-

ze mit seinen Schwierigkeiten und Gefahren ist sicherlich eine Schule des Muts, der Kaltblütigkeit, der körperlichen Ertüchtigung, das wird niemand bestreiten wollen.

Die Frage ist nur, ob der Alpinismus eine ebenso gute Vorbereitung auf das Leben wie Rugby bietet: Die Ähnlichkeiten und Unähnlichkeiten zwischen den beiden Sportarten finden sich auch im Vergleich zwischen dem Unterricht und dem Spiel wieder. Es bedarf keiner langen Reden noch kybernetischer Beweise, um zu verstehen, daß Bergsteigen und Teamspiele die Männer auf verschiedene Weise bilden.

Im ersten Fall sind die Schwierigkeiten zahlreich, die Gefahren allgegenwärtig und unermeßlich, aber letztlich hängt alles, oder so gut wie alles, von der technischen Virtuosität und den positiven Kenntnissen des Bergsteigers ab, denn ein Berg ist ein Berg, und die Naturelemente haben keinerlei eigene Reaktion: die Wetterkunde zeichnet sich nicht durch Neuerungen aus, Fels und Eis ändern nur wenig ihr Gesicht, obschon auch hier kein absoluter Verlaß auf die Präzision der Naturerscheinungen ist und auf Improvisation niemals gänzlich verzichtet werden kann. Bei einer Rugby-Mannschaft kann die eigene Stärke ausschließlich an der des Gegners gemessen werden. Die *Rivalität* führt hier zwei neue Begriffe in den Kampf ein: die vernünftige Anpassungsfähigkeit der Verteidigung, das aggressive Verhalten gegenüber einem aggressiven Gegner.

Der Alpinist mag sich damit begnügen, mutig, erfahren, kräftig, nervlich ausgeglichen zu sein und die größtmöglichen Vorsichtsmaßnahmen zu treffen in der Hoffnung, daß sie ausreichen werden. Der Athlet und Rekordmann muß jedoch der *Stärkere* sein, um zu siegen.

Auf den ersten Blick scheint der Unterschied klein; in Wirklichkeit ist er jedoch grundlegend, denn im Leben sind die Schwierigkeiten vielgestaltig und *wandelbar*, man kann sie nur in den seltensten Fällen voraussehen, denn sie nehmen oft die Gestalt einer Aggression an; ist es da verwunderlich, wenn viele große Mannschaftsspieler auch in ihrem Leben große Erfolge verzeichnen.

Nun aber muß die klassische Erziehung in ihrer heutigen Form für eine schlechte Variante des Bergsports gehalten werden, wenn man von einigen Nuancen absieht. Sie vermittelt Kenntnisse, Informationen, Arbeitsmethoden; sie liefert Waffen zum Kampf, lehrt aber nicht, sich ihrer zum Angriff oder zur Abwehr zu bedienen.

Erst beim Wettbewerb taucht die Rivalität in einer sanften, beinahe rituellen Form wieder auf, denn die Mitbewerber sind samt und sonders Schüler mit den gleichen Waffen, und die Prüfung läßt keinerlei Raum für Improvisation und Originalität: der Geist der Erfindung und der Neuerung fehlt beim Unterricht und bei den Examen der höheren Schulen völlig.

Diese Feststellung will keine Kritik sein, sondern die Quittierung einer beim herkömmlichen Unterrichtswesen unvermeidlichen Lücke. Denn der klassische Unterricht soll die Geister formen, wohingegen das Leben Kämpfer erheischt.

Hier stoßen wir an die Grenzen des Unterrichts überhaupt, was meine These bestätigt, daß er die Menschen nur unvollkommen schult: Um weiterzugehen, müßten wir andere Wege einschlagen. Nur das Spiel kann da helfen; aber nicht *ein* Spiel, sondern mehrere Spiele. Zunächst einmal alle brutalen Sportarten, die dem Wettbewerbsgeist freien Lauf lassen, die am besten geeignet sind, den Menschen auf den Lebenskampf vorzubereiten.

Die Psychologen haben eine große Anzahl von unwiderlegbaren Argumenten zusammengetragen, um die Skeptiker davon zu überzeugen (denn solche gibt es), daß der Charakter des werdenden Menschen am besten durch die Mannschafts- und Wettbewerbsspiele gestählt werden kann.

Unter »Wettbewerbsspiele« alle Kombinationsspiele, alle Karten- und Glücksspiele* sowie alle Sportarten.

Der Mensch muß, um sich selbst zu verwirklichen, zwei Heldentaten vollbringen. Er muß

– durch eine geeignete Schulung den Sieg über sich selbst davontragen;

– durch das belebende Beispiel des Spiels andere überflügeln.

Daneben gibt es für ihn kein Heil!

Die Virtuosität

Das Fehlen des Wettbewerbs in unserem Unterrichtssystem ist von einigen weiteren Schwächen begleitet, die das Gesamtbild noch verschlechtern und unsere Zukunft wenig rosig erscheinen lassen. Ohne noch einmal auf das eingangs Gesagte zurückzukommen, möchte ich daran erinnern, daß die Aggressivität eines jeden einzelnen nach einem Ausfluß und einem Betätigungsfeld verlangt.

Wenn der Mensch sich nicht mit Konkretem messen kann, sucht er unbewußt Ersatz für seine mangelnde Aktivität, das heißt, er übt sich in Geistesspielen, in der Virtuosität: diese zweitrangigen Qualitäten streuen dem Zuschauer Sand in die Augen, vertragen sich aber nur selten mit schöpferischer Kraft und Unternehmungslust.

Ein fügsamer, anpassungsfähiger, schnell reagierender Geist legt Zeugnis für eine rege Intelligenz ab, er sagt aber nichts über die Wirksamkeit des Menschen aus: man kann mit derselben Virtuosität falsch oder richtig räsonieren; die Schüler Zelos aus Elea haben das zur Genüge unter Beweis gestellt!

* Der Zufall ist ein Gegner wie jeder andere, mit der einen Einschränkung, daß er sich als besonders intelligent und gefährlich erweist.

Niemand kann zugleich Schlangenmensch und Gewichtsheber sein. Die Wahl ist Sache des Gemeinwesens.
Nun aber kann der Unterricht allein diese Wahl nicht treffen. Unser herkömmlicher Lehrplan bringt mehr Schlangenmenschen als Wuchtkolbenkünstler hervor.
Wer ist nicht schon jenen brillanten Zeitgenossen begegnet, die trotz haarspalterischer Geistesschärfe außerstande sind, das Wesentliche vom Unwesentlichen zu unterscheiden? Wer erinnert sich nicht an geschickte Reden, die mit großem geistigen Aufwand eine notorisch schlechte Sache verteidigten und ihr zum Siege verhalfen? Die dialektische Spitzfindigkeit ist eine schreckliche Waffe gegen den Menschen; eine ihrer raffiniertesten und schädlichsten Anwendungsweisen ist die Auslegung von Statistiken. Wir sollten uns den folgenden Satz des Philosophen Alain zu Herzen nehmen: »Wer etwas beweisen will, geht immer von der Hypothese aus, die er niemals zu beweisen gedenkt, daß sein Beweis Allgemeingültigkeit hat.«
Der Hochschulunterricht, und besonders die Vorbereitungslehrgänge für die großen französischen »Technika« liefern denen, die diese Kur von höchster Virtuosität und Ochserei überlebt haben, einigen Stoff zum Nachdenken. Man lehrt dort unzählige überflüssige Einzelheiten, die für den zukünftigen Wissenschaftler und Techniker von keinerlei Nutzen sind, während es dem Ingenieur an echter Bildung mangelt, die man ihm aus unerfindlichen Gründen vorenthält.
Ich gebe zu, daß seit einigen Jahren Bemühungen im Gange sind, um diesem Übelstand abzuhelfen und den Lehrplan zu verbessern. Aber weder die Struktur der Wettbewerbe, noch der Geist des Unterrichts haben eine wesentliche Änderung erfahren. Man hält die höhere Mathematik nach wie vor für eine Schule der Virtuosität, und man behandelt den Schüler nach dem Grad der Virtuosität, zu dem er sich aufgeschwungen hat.

Die große Gefahr dieser Ausbildung liegt nicht in der Virtuosität als solcher*, sondern in ihrer gewohnheitmäßigen Handhabung, die bald zu einer »zweiten Natur« wird: der künftige Ingenieur neigt dazu, alles mit dem Maße der Virtuosität und der geistigen Fertigkeit zu messen.

Mit einem Wort, die Virtuosität wird zum Selbstzweck, man sieht in ihr das ideale Ausdrucksmittel der Aggressivität und einen Weg zum persönlichen Fortkommen. Die Gemeinschaft hingegen, für die Taten wichtiger sind als Argumente, macht dabei ein schlechtes Geschäft.

Die bittere Kritik, die heute an unseren »Technokraten« geübt wird, zeigt deutlich die nachteiligen Auswirkungen der Virtuosität. Niemand wird bestreiten, daß die Technokraten ebenso unentbehrlich sind wie das Steuerwesen oder die Sozialversicherung, und sei es auch nur, weil sie eine Brücke zwischen einer esoterischen Wissenschaft und den Staatslenkern bilden. Die Technokraten sollten die Speerspitze jeder wirtschaftlichen Ausweitung sein. Wenn sie es nicht sind, so hat das zwei Gründe:

1. Die meisten sind vom Virus der Virtuosität verseucht
2. Die wirkliche Auslese vollzieht sich nach der Absolvierung der großen Technika: die unternehmungsfreudigsten Ingenieure, die trotz der abstumpfenden Schul- und Studentenjahre ihren Kampfgeist bewahrt haben, gehen in den privaten Sektor.

Es ist für einen Ingenieur bezeichnend, wenn er die Verwaltungslaufbahn vorzieht: er tut durch seine Wahl kund, daß er die gutbezahlte, kampflose Sicherheit den Zufälligkeiten einer glänzenden, aber problematischen Laufbahn im Privatbetrieb vorzieht.

Der andere ist eine Spielernatur, der Technokrat will *nichts*

* Es läßt sich nicht bestreiten, daß dieser Typ der Auslese die mittleren Begabungen begünstigt und die überdurchschnittlichen in den Hintergrund drängt, die sich für geistige Turnübungen wenig eignen: Wenn man mir »Poincaré« entgegenhielte, würde ich »Galois« antworten.

aufs Spiel setzen. Wie kann man wohl von einem solchen Beamten in irgendeinem Arbeitszimmer eines Ministeriums Unternehmungskühnheit und Neuerungsgeist erwarten? Derartige Wunder kommen vor, sie sind aber selten.

Die »Technokraten« verdienen keinerlei Tadel; ihre Ausbildung ist an allem schuld. Was ihnen so bitter fehlt, ist die Schule des Risikos und der Tat: diese Schule kann nur das Spiel sein ...

Beim Spiel sind schöne Reden und dialektische Auseinandersetzungen wesenlos: der Stärkere gewinnt. Die Erklärung der Niederlage gehört bereits nicht mehr in den Bereich des Spiels. Wie Clemenceau im ersten Weltkrieg, so denkt auch der Spieler an nichts anderes als an den Sieg. Um zu siegen, überlegt, entscheidet, riskiert und handelt er. Alles andere ist Floskel und Literatur.

Aus diesem Grunde ist die Praktik des Rugby eine bessere Lebensschule als die »Nationale Verwaltungsschule«.

Der Unterricht pflegt mehr den analytischen als den synthetischen Geist

Als »allgemeine und sich gegenseitig ergänzende Gedankenvorgänge« sind Analyse und Synthese notgedrungenermaßen die Hauptbestandteile eines jeden Unterrichts. Zwei Bemerkungen sind jedoch am Platze:

1. In den niedrigen Klassen (und in gewissen Lehrfächern sogar während der gesamten Schulzeit) wird vom einzelnen zum Vielfachen vorgegangen (vom Einfachen zum Zusammengesetzten).

2. Der Schüler lernt und überlegt weit mehr als er beurteilt. Aus diesem Grunde wird der Intellekt mehr auf die Analyse als auf die Synthese hin ausgerichtet. Wenn man weiß, daß die Synthese stets ein auf Grundsätzen aufgebautes Wissen zur Anwendung bringt und daß die Analyse gerade

darin besteht, die Grundsätze herauszufinden, mag es einem rätselhaft erscheinen, wie sich aus der Nebeneinanderstellung der weiter oben angeführten Beobachtungen eine Kritik oder auch nur ein Vorbehalt ableiten läßt. Im übrigen scheint die Methode, die sich auf frühere Erkenntnisse stützt, um dem Kinde Neues verständlich zu machen, a priori unanfechtbar oder im Unterrichtswesen wenigstens unvermeidlich.

Die analytische Darstellung des Stoffs erweist sich als eine unabdingbare pädagogische Voraussetzung bei allen noch nicht beherrschten Lehrfächern: Sprachen, Geschichte, Naturwissenschaften usw. Leider geht es mit der Erziehung wie mit den Verkehrsmitteln in unserer modernen Gesellschaft: der neuzeitliche Mensch sucht vor allem die Wirksamkeit und zieht die Reise im Flugzeug den Freuden der Postkutsche vor.

Die heutige Erziehung zielt ebenfalls zu sehr auf Leistungsfähigkeit und »Rentabilität« ab. Dazu meint Auguste Comte: »Das allgemeine Problem der geistigen Erziehung besteht darin, in wenigen Jahren eine gewöhnlich mittelmäßige Intelligenz auf einen Entwicklungsstand zu bringen, der im Laufe der Jahrhunderte von einer großen Zahl von hochbegabten Genies erreicht wurde, die ihr ganzes Leben und alle ihre Kräfte nacheinander auf ein und denselben Gegenstand konzentriert haben.«

Wenn man im Unterricht schnell vorankommen will, ist man dazu verurteilt, vom synthetischen Endprodukt auszugehen, die Wissenschaft als etwas Vollendetes, Abgeschlossenes darzustellen, als ein lückenloses Geschenk des Himmels, wobei notwendigerweise das Wesentliche vergessen wird, der Zweifel, die Anstrengungen, die Mühen, die Irrtümer und Fehlschläge der Pioniere der Forschung.

Die synthetische Vorwegnahme der Ergebnisse macht die Wissenschaft zu etwas Ätherischem, Körperlosem, führt vom Menschen und den Wechselfällen der Erfindung ab.

Zuname: ....

Vorname: ....

Beruf: ....

Wohnort: ....

Straße: ....

Nehmen Sie bitte auch diese Adresse in Ihre Informationskartei auf:

....

....

....

868200

Bitte als Postkarte frankieren

Abteilung Kundeninformation der Verlage

Claassen · Econ
Marion von Schröder

D-4000 Düsseldorf 1

Postfach 1102

So nimmt in der höheren Schule die synthetische Darstellung den breiteren Raum ein. Daraus ergeben sich schwerwiegende Folgen, günstige und ungünstige.

Wenn der Schüler leichtgläubig ist und weder die vollkommene Fertigung noch die Brauchbarkeit des ihm übermachten Werkzeugs in Frage stellt, spricht alles dafür, daß er einmal ein guter Handwerker wird und sein Werkzeug sinnvoll benützt. Allerdings besteht auch die Gefahr, daß er das Werkzeug in eben dem Zustande an seinen Nachfolger weitergeben wird, in dem er es selber empfing. Leichtgläubige Menschen folgen nur selten dem Rate Montaignes, »ihr Hirn mit dem ihrer Mitmenschen zu messen«. Außerdem handelt es sich in dem von mir zitierten Fall um »leichtgläubig Geborene«, die niemals der geringste Zweifel anhaucht und die gute Gründe anführen, niemals ein Handwerkszeug zu kritisieren, das den Beweis seiner Brauchbarkeit erbracht hat. Solche Menschen sind und bleiben gute Arbeiter; Erfinderseelen sind sie nicht!

Jene Schüler jedoch, die ohne skeptisch zu sein nicht gerade zur Vertrauensseligkeit neigen, fühlen sich von der Analyse angezogen, sobald sie einmal spüren, daß die Wirklichkeit weniger einfach ist, als es ihre synthetische Darstellung vermuten läßt. So stellt man fest, daß zum Erstaunen der Dialektiker die synthetische Darstellung des Stoffes bei begabten Schülern den Hang zur Analyse weckt.

Daraus ergeben sich mancherlei Gefahren.

Zunächst einmal läuft die synthetische Darstellung des Stoffes darauf hinaus, ihn als etwas Fertiges, Vollendetes vorzusetzen; der Schüler wird nicht zur Synthese angehalten und im synthetischen Denken geschult.

Ferner verführt ein solcher Unterricht die Vertrauensseligen, sich auf den Lorbeeren des erworbenen Wissens auszuruhen; er begünstigt also nicht die Infragestellung oder den Zweifel, die Urquelle alles schöpferischen Denkens.

Was aber die von Natur weniger leichtgläubigen Schüler

anlangt, so bedürfen sie einer großen Kaltblütigkeit, um nicht der Grübelei zu verfallen, wenige nur haben gute Aussichten, überragende Menschen zu werden.
Die überwiegende Mehrzahl der Lernenden bleibt in den Problemen der Analyse stecken, an denen sie Gefallen finden: sie laufen Gefahr, es ihr ganzes Leben lang beim Versuchen und Anfangen zu belassen. Ein grüblerischer Geist scheut sich vor Entscheidungen und Taten. Zwischen einer solchen Haltung und der Devise des Boxers: »Erst zuschlagen, dann überlegen« muß ein goldener Mittelweg gefunden werden.
Der Betriebsleiter, der die Probleme des wirklichen Lebens zu lösen hat, steht immer komplexen Aufgaben gegenüber, die echte Führerqualitäten erfordern, nämlich:
1. die Fähigkeit, eine komplizierte Situation in Kürze zu analysieren und auf einige einfache Grundelemente zurückzuführen,
2. Entschlossenheit,
3. die Liebe zum Neuen.
Eine Führernatur muß also in hohem Maße den Geist der Synthese, einen kämpferischen Geist, den Zweifel und die Frische des Geistes besitzen.
In seiner heutigen Form ist der Unterricht ungeeignet, moderne Betriebs- und Staatsführer heranzubilden. Auch kann das Spiel helfen. Nach dem heutigen Stand der Dinge ist das Schachspiel die beste Lebensschule.
Wie komplex das Leben auch immer erscheinen mag, es reicht niemals an die Komplexität des Schachspiels heran. Freilich, die Verächter des Spieles werden einwenden, daß es die Schwierigkeiten ihres konkreten Zugriffs beraubt, daß es über den Ernst des wirklichen Lebens hinwegtäuscht, daß es an den Platz der wechselvollen Welt des menschlichen Ringens eine kodifizierte, idealisierte, unrealistische Welt setzt, deren einzige Gefahr in der Enttäuschung der Niederlage liegt.

Solche Argumente wären ernst zu nehmen, wenn es darum ginge, zwischen dem Schachspiel und dem wirklichen Leben eine Wesensverwandtschaft, ja eine ausgesprochene Homäomorphie festzustellen. Aber davon kann hier nicht die Rede sein. Uns geht es lediglich darum, den Geist und den Körper der Führerkräfte von morgen zu schulen und zu trainieren.

Genau wie die Kenntnis der abstrakten Arithmetik dazu befähigt, Kühe, Geldstücke oder Elementarteilchen zu zählen, so verhelfen die geistigen Übungen des Schachspiels dem Intellekt zu Beweglichkeit, Denkkraft und Unternehmungsfreude, deren Auswirkungen sich nicht ausschließlich auf das Spiel beschränken.

»Das Scheibenschießen bereitet auf das Hasen- und Menschenschießen vor!«

Im besonderen habe ich darauf hingewiesen, daß die intelligente Praktik des Schachspiels die Fähigkeit entwickelt, »einfach« zu denken (diese Fähigkeit ist das Gegenstück zur Virtuosität), sich zu konzentrieren und in der scheinbaren Komplexität ein elementares Netz von starken und schwachen Punkten wahrzunehmen.

Das Schachspiel lehrt uns auch, den Gegner nicht zu *unterschätzen,* rasch die Entscheidungen zu treffen, die die Lage erfordert, wobei der Psyche und den etwaigen Reaktionen des Gegners Rechnung zu tragen ist.

Schlußbetrachtung über das Spiel

Wir haben auf die Bedeutung des Spiels in allen seinen Formen in einem engbegrenzten, aber wesentlichen Bereich, nämlich dem des Unterrichts, hingewiesen. Dabei bilde ich mir nicht ein, als neuer Kolumbus unbekannte Kontinente entdeckt zu haben. Jeder weiß, daß das Spiel bei Wissenschaftlern und Erziehern auf zunehmendes Interesse stößt.

Im Verlaufe der letzten Jahrzehnte sind zahlreiche Werke über das Spiel geschrieben worden, von denen einige behaupten, die Kultur wäre dem Spiel entsprungen, wohingegen andere im Spiel ein Überbleibsel der Kultur erblikken wollen. Alle Verfasser sind sich aber darin einig, daß das Spiel viele Vorteile mit sich bringt. Einige fügen jedoch so viele Wenn und Aber hinzu, daß man zu der Auffassung kommt, sie kennen vom Spiel nur die äußere Hülle oder sind so mit einem bestimmten System verhaftet, daß ihre Beurteilung des Spiels zugleich scharfsinnig und parteiisch ist.

Hat man nicht behauptet, das Spiel sei ein Luxus, eine völlig unproduktive und unschöpferische Beschäftigung? Wieder einmal ist bewiesen, daß man vom Spiel nur dann sinnvoll sprechen kann, wenn man es selber *ohne übertriebene* Spezialisierung praktiziert hat. (Es mag allerdings auch sein, daß die Bezeichnung »Spiel« Beschäftigungen umfaßt, die mit »Spiel« in unserem Sinne überhaupt nichts mehr zu tun haben.)

Stellen wir dementgegen fest:

1. Die heutige Welt wird von brutaler Gewalttätigkeit beherrscht. Der in unserer Erbmasse verankerten Aggressivität muß ein Auslauf geboten werden, sie darf weder verdrängt, noch ausgeschaltet werden*. Die Spieltätigkeit liefert uns hier ein ideales Mittel zur Abreaktion.

2. Der moderne Fortschritt erfordert einen immer wachen Erfindergeist. Jede Gesellschaft ist also gezwungen, ein Erziehungssystem ausfindig zu machen, daß ohne Unterlaß Forscher »produziert«. Diese müssen über eine ausgeprägte Logik verfügen, dürfen aber nicht die Gefangenen dieser

* Jeder kennt den »circulus vitiosus« der »Nicht-Gewalt-Anwendung«, die, indem sie der Gewalt die Nicht-Gewalt entgegensetzen will, über die Selbsterniedrigung zur schlimmsten Form der Gewalt führt. Das Negerproblem liefert uns ein Beispiel für diese uralte Wahrheit: »Die Anarchie führt zur Tyrannei; die Tyrannei zur Anarchie!«

Logik oder des rationalen Denkens bleiben, wenn sie in den Bereich des Erfinderischen hinaustreten wollen: denn erfinden heißt wagen; die Kühnheit ignoriert Logik und Genauigkeit. Die herkömmliche (oder verbesserte) Unterrichtsmethode soll dem Schüler den Geist der Logik einimpfen; die Kühnheit jedoch wird er im Spiel erlernen.

3. Die moderne Zivilisation hat »Produktion« und »Verbrauch« auf ihr Panier geschrieben. Unsere Führerkräfte müssen folglich mit allen Formen des Kampfes, des Wettstreits, der erneuernden Improvisation, der Teamarbeit vertraut sein. Der sportliche Wettbewerb, die individuellen oder Mannschaftsspiele sind also für die Heranbildung der Jugendlichen von ausschlaggebender Wichtigkeit.

4. Der moderne Mensch, der in der Dürre und Enge der Überspezialisierung lebt, den das Gebot der Produktivität wie ein Alptraum verfolgt, der sich ständig der Aggression des Lärms, des Tempos und der Lebenswut ausgesetzt sieht, kann sein seelisches Gleichgewicht nur in der Freiheit, in der Freizeit finden.

Das Spiel ist nicht das einzige Mittel der Freizeitgestaltung, aber es hat sich seit je als besonders wirksam erwiesen. Aus diesem Grunde muß dem Spiel in der künftigen Organisation der Muße ein breiter Raum vorbehalten werden.

5. Das Spiel will einen Ausgleich für die Wechselfälle und Enttäuschungen des Berufslebens bieten, es steht aber nicht im Gegensatz zur Religion: es stellt sogar einen überaus moralischen Gesellschaftsfaktor dar, was einige Exegeten des Spieles vergessen, ja leugnen wollen.

6. Zwischen dem Spiel auf der einen, der Wissenschaft und Kunst auf der anderen Seite bestehen überaus enge Bande, so daß man von einigen Spielen mit Fug und Recht behaupten kann, sie gehören in den Bereich der Wissenschaft oder der Kunst (Vergl. Schachspiel). So wird das Spiel, jenes unvergleichliche Entspannungsmittel für den modernen Menschen, zugleich eine Quelle innerer Bereicherung.

Das Spiel ist eine Kulturquelle, an der die Menschen in Freiheit und Freude schöpfen, es trägt zur Selbstverwirklichung und zur Entwicklung der Persönlichkeit bei: es fördert die Achtung vor der Menschenwürde, jenes vielgehißte Panier, das gefährlich im Winde des Fortschritts flattert und dessen in alle Gegenden verstreute Fetzen nur noch die Spuren einer Botschaft tragen, auf deren Weisheit sich niemand mehr besinnt.

Ich sagte, daß wir einer Ära der Freizeit entgegengehen. Es wäre kindlich anzunehmen, daß ihre vernünftige Gestaltung allem lästigen sozialen Zwang von heut auf morgen ein Ende setzen könnte, es wäre utopisch zu glauben, daß die Gewalttätigkeit aus dem Herzen der Menschen verschwindet.

Wir dürfen indes hoffen, daß das Spiel als natürlicher Bundesgenosse der Moral zur Ausbildung von Körper und Seele beiträgt, daß es die »menschliche Bestie« überwinden und den Wunsch Nietzsches zu verwirklichen hilft: »mit der tiefsten Verzweiflung die unüberwindliche Hoffnung zu formen«.

Zweitausend Jahre Christentum, mehrere Jahrhunderte tätiger Wissenschaft haben aus unserem Dasein weder die Traurigkeit noch die Angst, noch die Häßlichkeit verbannt. Warum sollten wir nicht einmal neue Wege einschlagen?

Freilich, wir müssen unsere Passivität abschütteln, den Panzer der Vorurteile durchbrechen, Routinen und Mythen abschaffen, die aus der Menschheit eine blökende Herde gemacht haben.

Hüten wir uns vor den bösen Hirten: schenken wir der Jugend unser Vertrauen, die beobachtet, beurteilt und verdammt, ehe sie selber unser Geschick in die Hand nimmt.

Schlußfolgerung

Herausforderung, Protest, Fortschritt, Mutation ...
All diese Begriffe gehören dem Wortschatz des »kleinen Anarchisten« wie auch dem des Journalisten und des Philosophen an: sie sind auf aller Lippen und drücken die Unruhe und Verwirrung aus, in die ein halbes Jahrhundert rasenden Fortschritts unsere Zeitgenossen versetzt hat.
Wie jene bekannten Politiker, die »zwar nicht wissen, was sie tun sollen, aber schnell handeln möchten«, haben auch Staatsmänner und Bürger die Notwendigkeit des Handelns, ja des schnellen Handelns erkannt! Aber es ist völlig müßig, sich nachträglich bei Situationen, Ideen und Ereignissen aufzuhalten und die Geschichte neu zu schreiben. Stellen wir beiläufig fest, daß im politischen Spiel wie auf dem Schachbrett der vorletzte Fehler noch zum Siege führen kann, während der letzte die Niederlage besiegelt*; die Salonstrategen und Wunderärzte gleichen Gänschen, die Gänseherden auf die Weide führen möchten.
Lassen wir den Athleten der Politik ihre Manie, die Reaktionen ihrer Gegner aus deren vergangenen Reaktionen abzulesen, und den Siegern des Wahlkampfes das Vergnügen, sich mit Kühnheit und Glut ins Spiel der Regierungskombinationen zu stürzen: die Zukunftsplanung kennt nur eine einzige Frage: »Was tun?« Die politischen Parteien haben für diese Frage im allgemeinen wenig übrig, denn es ist immer leichter, Arme zum richtigen Handeln als Köpfe zum richtigen Denken zusammenzutrommeln.
Unsere Zeit leidet an der Tatsache, daß ein guter Regierungschef und Staatsführer von synthetischer Geistesart sein muß, während sich die wirklichen Synthesemänner von allen politischen Dingen fernhalten und auf die Führung der öffentlichen Geschäfte einen geringen, um nicht zu sagen gar keinen Einfluß ausüben.

* In einer gegebenen Situation ist bei gleichmäßig und gerecht verteilten Chancen der Sieger »par définition« der im Augenblick Überlegene (oder, wenn man präziser sein will, der weniger schlechte).

Die am weitesten schauenden und in ihren Wirkungsbereichen kundigsten Geister unseres Jahrhunderts verwenden all ihre Schaffenskraft und manchmal ihr Genie auf die Erschließung der unermeßlichen Möglichkeiten ihres Fachzweiges und überlassen es weniger Berufenen, die Entscheidungen für die Gesamtheit zu treffen. Die größten Männer der Vergangenheit zogen – von einigen wenigen Ausnahmen abgesehen – stets die getreue Dienerin des Menschen, die Wissenschaft, dem Menschen vor. Darf man sich darüber wundern?

Der echte Wissenschaftler ist ein leidenschaftlicher Mensch, ein Künstler, beinahe ein Mystiker, dessen persönliche Ethik sich schlecht mit der etwas eigentümlichen, aber unvermeidlichen Moral verträgt, in deren Schatten sich das politische Geschehen abrollt. Außerdem belohnt die Wissenschaft den Gelehrten reichlich für die an sie verschwendete Mühe. Wir haben es beim Wissenschaftler und seiner Wissenschaft nicht mit einer Vernunftsehe, sondern mit einer Liebesehe zu tun, in der einer der beiden Gatten außerdem über die Gabe der ewigen Jugend verfügt. Eine solche Verbindung brechen wäre in den Augen vieler Wissenschaftler ein Sakrileg. Und welcher Gelehrte würde es übers Herz bringen, aus ihr Profit zu schlagen?

Ich selber möchte meinen, daß der Gelehrte die Wissenschaft nicht zu merkantilen Zwecken ausschlachten darf, daß er seinem Geschick nur treu ist, wenn er ein Gelehrter bleibt; außerdem könnte eine aus Gelehrten und Wissenschaftlern gebildete Regierung beim Volke leicht Hoffnungen wecken, die die harte Wirklichkeit nur allzubald enttäuschen würde. Denn der Gelehrte ist nur in den seltensten Fällen ein Mann der Tat und des Entschlusses. Der Politik haftet hier etwas Doppelsinniges an, das nicht nur in der Sprache, sondern auch im Denken begründet liegt. Das Wort Politik ist nicht eindeutig im heutigen Sprachgebrauch und man kann nur bedauern, daß die Einsteinsche

Mutation nicht zugleich auch eine Mutation der Ethik und der Konzepte mit sich brachte.
Es war schon zu Platos Zeiten schwierig, sich des »horn- und federlosen Zweifüßlers« anzunehmen; heute ist regieren ein so komplexes Unterfangen, daß es tiefgreifende Umwandlungen unserer Sitten, unserer Ausdrucksweise, unserer Methoden erfordert. Man tritt Moral und Logik nicht ungestraft mit Füßen: List, Schurkerei und Feigheit schwächen die staatlichen Einrichtungen und diskreditieren die Menschen; die Liebhaber reiner Bergluft können die dicke, verpestete, erstickende Atmophäre der modernen Politik nicht ertragen. Wäre es nicht höchste Zeit, daß sie den Menschen einmal ein anderes Gesicht zeigte, wie dies im Verlauf der Geschichte gelegentlich der Fall war?
Wenn die Auslese der Staatsführer nach präzisen Kriterien und nicht mehr nach dem Maßstabe der Redegewandtheit, der vergangenen Verdienste und der Vermögensverhältnisse vonstatten geht, wenn das Regierungsamt erst einmal die persönliche Verantwortung der Regierenden und den Verzicht auf jede spätere öffentliche Tätigkeit nach sich zieht, wird die Politik aufhören, eine jämmerliche Jagd nach Macht zu sein, und zu dem werden, was sie wirklich ist, ein Sacerdotium, ein Priesteramt!
Erst wenn dem so sein wird, darf man hoffen, daß die Hüter der öffentlichen Sache hochgeschätzt, beachtet und respektiert und nicht wie heute als ein »kleineres Übel«, ein Provisorium, ein Notbehelf geduldet werden, daß Herrscher und Beherrschte endlich in gegenseitigem Vertrauen einen aufrichtigen, konstruktiven und dauernden Dialog einleiten, daß Gelehrte, Philosophen, Künstler und Denker aller Richtungen und Tendenzen nichts mehr daran hindert, ohne Vorbehalt und Widerwillen an der enthusiastischen Planung einer neuen Lebensart mitzuarbeiten!
Wenn das Volksvertrauen erst einmal durch eine überaus wünschenswerte Läuterung der politischen Sitten und Ge-

pflogenheiten wiederhergestellt ist (da das Beispiel stets von oben kommen muß, wird es Pflicht der künftigen Staatslenker sein, den eben geschilderten Weg zu beschreiten, da sie sonst nicht mit der Hochschätzung ihrer Untertanen rechnen können), gilt es, dem Begriff »politische Wissenschaften« seinen vollen Gehalt wiederzugeben.

Die Geschichte lehrt, daß der politische Opportunismus, die »Navigation auf Sicht«, für kurze Zeit die Aufmerksamkeit der Wählerschaft von ihren Mängeln und Gebrechen ablenken und mit den virtuosen Akrobatien der Spezialisten beschäftigen kann. Es bleibt jedoch bestehen, daß sich eine so ärmliche Auffassung von der Staatskunst nur für begrenzte Ziele eignet, daß außerdem stets der Aufprall auf irgendeine Klippe zu befürchten ist.

– Politik ist Schiffahrt auf hoher See.

– Die Gesellschaftsdoktrin ist ihr Kompaß!

Die Jugend hat dies klar erkannt, was ihrem »Protest« bereits einen großen Wert verleiht.

Wir können aber gewiß sein, daß die Einführung moralischer Prinzipien in die Politik Schwierigkeiten bereitet.

Die Definition eines Ideals, die mit jeder zielstrebigen revolutionären Bewegung Hand in Hand gehen muß, wird von manchen für *illusorisch* oder *überflüssig* gehalten.

Für illusorisch erklären sie jene, die größtes Interesse an der Fortdauer der gegenwärtigen Verhältnisse haben, Arrivierte, Profiteure, Angsthasen, Zweifler, Agnostiker, und wie sie alle heißen mögen!

Sie bilden eine zahlreiche und gut bewaffnete Gruppe.

Für überflüssig erklären sie Menschen, die sich einbilden, mit Idealen bereits reichlich versorgt zu sein; hierher gehören die Marxisten und einige Gläubige.

Die Truppe dieser Widersacher ist gefährlicher, weil sie es ehrlich meint; im übrigen steht sie dem revolutionären Tun nicht grundsätzlich ablehnend gegenüber, wenn sie sich auch gelegentlich antirevolutionär gibt.

Der Marxismus kennt praktisch nur ein aus dem Zusammenhang gelöstes Ideal, die kollektive Ordnung. Dieses ist jedoch zum Verschwinden verurteilt, wenn es sich nicht wandelt. Wenn es sich aber wandelt, tritt es von selber in den revolutionären Vorgang ein.

Was nun die Gläubigen betrifft, so müßten sie sich leicht davon überzeugen lassen, daß die Definition eines Ideals zwei Haupttugenden, die absolute Toleranz und die Gewährleistung der Menschenwürde, notwendigerweise mit einschließt, daß selbst die beste menschliche Doktrin unvollkommen ist, daß ihrem psychischen Raum stets eine Ausdehnung fehlt, die nur die Religion zu geben vermag.

Wir gehen also einem harten Kampf entgegen; doch das soll uns nicht verdrießen, denn wir verfechten eine gerechte Sache; außerdem bleibt uns keine Wahl: wenn wir überleben wollen, müssen wir als Sieger aus der Schlacht hervorgehen, und der Sieg wird nur unser sein, wenn wir an ihn glauben! Die Begeisterung der Jugend wird, wenn sie sich nicht vom rechten Wege abbringen oder schwächen läßt, unsere beste, ja unsere entscheidende Waffe sein.

Ferner müssen wir gründlich mit jener rückständigen Auffassung aufräumen, daß die Ausarbeitung einer politischen Doktrin ausschließlich Sache der Historiker, Juristen und Philosophen sei.

Abgesehen davon, daß die Tatsachen zur Genüge die Hinfälligkeit einer solchen These beweisen, liegt es auf der Hand, daß die Politik wie jede andere sinnvolle menschliche Betätigung heute nicht mehr ohne die Hilfe der exakten Wissenschaften auskommen kann.

Lassen wir davon ab, das Pferd vom Schwanz her aufzuzäumen! Wenn es darum geht, abstrakte, aber auf den Menschen zugeschnittene Strukturen aufzubauen, so fordert die elementarste Logik, daß wir uns an die Ethologen, d. h. in unserem Falle an die Kybernetiker, Ethnologen und Psychologen wenden; erst dann können Historiker,

Juristen und Soziologen auf die Bühne treten, um die abstrakten Strukturen bewohnbar und funktionell zu gestalten; schließlich kommen die Wirtschaftler, Militärs und Techniker, denen die Aufgabe zufällt, den obengenannten Strukturen Bestand, Entwicklungsfreiheit und Fortleben zu sichern.

Im übrigen mag es genügen, tolerant und vertrauensselig zu sein. In einer solchen Gesellschaft wird der Mensch immer genug Kunst, Wissenschaft und Nächstenliebe finden, um unbeirrt auf dem Wege der Selbsterfüllung voranzuschreiten.

Anhang

Das Schachspiel als zukunftsplanende Wissenschaft

Man stellt häufig die Frage, ob das Schachspiel eine Wissenschaft, eine Kunst oder lediglich ein Zeitvertreib sei.
Die grundverschiedenen Antworten, die von Fachleuten aller Disziplinen, Künstlern, Schachmeistern und kultivierten »Sonntagsspielern« gegeben werden, deuten bereits darauf hin, wie heikel die Frage ist: in Wirklichkeit ist sie falsch gestellt.
Man läßt nur allzugern die Kriterien außer acht, die über das Wesen des Schachspiels Aufschluß geben könnten. Im übrigen ist es unmöglich, ein überaus komplexes und vielseitiges Phänomen durch eine einfache Antwort zu erklären. Man muß sich wundern, daß zahllose überragende Geister versucht haben, eine falsche Frage richtig zu beantworten.

Erste Frage:
Ist das Schachspiel eine Wissenschaft?

Zunächst einmal muß klargestellt werden, was wir unter dem Wort »Wissenschaft« verstehen.
Ist Wissenschaft ein einfaches Synonym von »Wissen« oder bezeichnet das Wort eine Gesamtheit von organisierten, kodifizierten Kenntnissen über diese oder jene Kategorie von Erscheinungen?
Sollen wir den epistemologischen Aspekt der Frage untersuchen oder sollen wir uns von vornherein auf ihren Inhalt beschränken?
Oder sollen wir Lord Kelvin beipflichten, bei dem die Wissenschaft erst mit den *Zahlen* beginnt?
Ich persönlich neige dazu, in der Wissenschaft vor allem

eine Ausdrucksweise zu sehen. Ich spreche von »Wissenschaft«, wenn ihre Sprache in zwei Punkten von der Sprache des täglichen Lebens abweicht:

1. sie muß allgemeingültig, d. h. auf alle Wissenschaften anwendbar sein;

2. sie muß vom Sprachrhythmus abstrahieren können, d. h., ihre Aussage darf in keiner Weise von der Anordnung der Wörter, der Musik des Satzes, dem Reichtum der Symbolik beeinflußt werden; der Stimmungsgehalt eines Wortes oder einer Ausdrucksweise darf bei der wissenschaftlichen Sprache keinerlei »Druck« auf den Leser oder Zuhörer ausüben*.

Unsere Definition dürfte, von einigen Nuancen abgesehen, von allen Wissenschaftlern akzeptiert werden. Wenn dem so ist, stellt das Schachspiel ohne Zweifel eine Wissenschaft dar.

Wenn ich zum Beispiel erkläre: Bei der »Spanischen Partie«, die X gegen Y austrug, wählte Schwarz beim 7. Zug die Marshall-Verteidigung, wissen 50 oder 100 Millionen Schachspieler sofort, worum es sich handelt. Der Satz bedeutet in Patagonien, in Norwegen wie in Wladiwostok:

1.	e2 – e4	e7 – e5
2.	Sg1 – f3	Sb8 – c6
3.	Lf1 – b5	a7 – a6
4.	Lb5 – a4	Sg8 – f6
5.	0 – 0	Lf8 – e7
6.	Tf1 – e1	b7 – b5
7.	La4 – b3	0 – 0

* Jeder weiß, daß der Rhythmus eines wohlausgewogenen Gedichtes, daß die Melodie einer schönen Prosa dem Inhalt eine neue Dimension verleiht, eine innere Resonanz, eine »Emergenz«, wie die Wissenschaftler sagen, die bei großen Schriftstellern und Dichtern zum Teil wichtiger sind als die Aussage als solche; sie sind jedoch nicht »meßbar« noch allgemeingültig, da sie ihrer Natur nach im Subjektiven wurzeln.

Er bedeutet dies und nichts anderes. Die Stellung auf dem Schachbrett ist nach einem internationalen Schlüssel eindeutig bestimmt.

Die Marshall-Variante der Spanischen Partie ist also ein unmißverständliches, mit größter Genauigkeit festgelegtes Element bei einer Bevölkerung von 10^{30} möglichen Stellungen in diesem Stadium des Spiels*.

Meines Wissens kann keine Wissenschaft Anspruch auf größere Genauigkeit erheben. Die Mathematik besitzt in den diophantischen Gleichungen keine so präzise Sprache: die Untersuchung einer biquadratischen Gleichung der Formel (I) $Ax^4 + By^4 = Cz^2$ bestimmt einen numerischen Gleichungstyp und gibt unter gewissen Voraussetzungen, denen A, B und C entsprechen müssen, Methoden und Wege zu seiner Lösung an.

Der Satz ist allgemein gehalten, in seiner Ausdrucksweise nuanciert. Wenn wir die Analogie weiter verfolgen, stellen wir fest, daß die Gleichung (I) ihrer Formulierung nach dem Ausdruck »Spanische Partie« entspricht. Man kann der Schachsprache schwerlich übelnehmen, präziser als die der Mathematik zu sein. Eine leichte Einschränkung ist jedoch am Platze: Die Schachsprache ist nur in der Anfangsphase der Partie wirklich wissenschaftlich. Wir werden später sehen warum.

Mit seinen 64 (8 x 8) schwarzen und weißen Feldern, seinen 16 weißen und 16 schwarzen Figuren (eigentlich je 8 Figuren und je 8 Bauern) erscheint das Schachspiel in den Augen des Laien einigermaßen kompliziert, aber übersichtlich.

Uneingeweihte fürchten gelegentlich, daß das Schachspiel – wie alle Spiele, die sie kennen, einschließlich des Bridge – nur geringe Möglichkeiten bietet, die ausgetretenen Pfade zu verlassen, wenn man einmal über eine gewisse Übung

* Wir werden das Spiel später genauer kennenlernen.

verfügt. Die Meister, so glauben sie, studieren sorgfältig die Gewinnvarianten und weichen niemals von ihnen ab. Der geschultere der beiden Spieler sei unweigerlich der Gewinner*.

Solche Befürchtungen sind nicht nur unbegründet, sie sind geradezu lächerlich: Beim ersten Zug verfügt Weiß über 20 Möglichkeiten, Schwarz über die gleiche Anzahl. Nach dem ersten Zug gibt es also 20 x 20 = 400 Stellungen. Nach dem zweiten 72 084, nach dem dritten 9 140 000; nach dem zehnten Zug ist die Zahl der möglichen Positionen 10^{74}; bei unbeschränkter Zugzahl (Wiederholungen und unregelmäßige Züge ausgeschlossen) ist die Zahl der Stellungen $10^{18\,900}$, ungefähr 10^{1075}, wenn man die unerlaubten Züge mitrechnet.

Selbst ein Astronom wäre außerstande, sich diese phänomenalen Größenordnungen vorzustellen, und selbst das Bridge-Spiel mit seinen 5.10^{28} möglichen Blättern erscheint unbedeutend neben den Schachkombinationen. Da die Avogadrosche Zahl 6.10^{23} ist, kann man, um ein vertrautes Bild zu gebrauchen, das Bridge-Spiel in die Größenordnung der Moleküle verweisen. Nach dem 10. Zug der Schwarzen hat das Schachspiel die heute bekannten Größen des Weltalls um ein weiteres überschritten.

Man kann also feststellen, daß Partien von nur zehn Zügen über mehr Möglichkeiten verfügen als die Summe der Elementarteilchen des gesamten, unseren Teleskopen zugänglichen Kosmos. Sobald die Schachpartie dieses Stadium überschritten hat, ist irgendein Vergleich mit der uns zugänglichen Natur nicht mehr möglich.

* Es sei hier zugestanden, daß sogar einige der großartigsten Spieler ihrer Zeit, darunter der berühmte Kubaner Capablanca, der Meinung waren, man müsse das Schachspiel erneuern und komplexer gestalten (so wurde unter anderem die Schaffung eines dreidimensionalen Schachspiels angeregt). Aber seit 1910 haben die Anschauungen über das Schachspiel wie über alle anderen Experimentalwissenschaften eine tiefe Änderung erfahren.

Von allen Experimentalwissenschaften liefert uns nur die Biochemie und vor allem die Chemie der Makromoleküle Größenordnungen, die sich mit denen des Schachuniversums vergleichen lassen*. Und auch da hat der Vergleich nicht etwa die bestehenden, sondern nur die theoretisch möglichen Makromoleküle zum Gegenstand**.
In der Mathematik führt z. B. die Mengentheorie sehr rasch zu ungeheuren Größenordnungen, deren Bearbeitung keine Schwierigkeiten bietet. Die Dinge liegen jedoch völlig anders, wenn die Zahl aufhört, ein reines Konzept zu sein.
Die Sinne sind ebenso außerstande wie die Phantasie, die gewaltigen Ausmaße des Schachuniversums zu erfassen. Zwar ist es möglich, es in Zahlensymbolen zu umreißen, aber seine physikalischen Dimensionen sind unvorstellbar.
Bedenken wir, daß sich das Licht mit einer Geschwindigkeit von 300 000 km, d. h. 300 Milliarden Millimetern in der Sekunde fortpflanzt, daß ebendasselbe Licht in einem Jahr ungefähr 10^{19} m/ms zurücklegt, daß die äußersten erkennbaren Grenzen des Universums 5 Milliarden Lichtjahre entfernt liegen, was in Millimetern ausgedrückt einer Distanz von 5.10^{28} mm entspricht, daß diese Zahl verglichen mit dem Schachuniversum lächerlich niedrig liegt! (Sie entspricht in der Tat den sieben ersten spielbaren Zügen einer Partie).
Unter solchen Umständen kann man nur den Kopf schütteln, wenn jemand behauptet, es sei bereits alles über die Schachtheorie gesagt worden.

* Wir haben hierbei keinerlei versteckte Anspielung auf eine »mystische« Parallele zwischen der Komplexität des Schachspiels und der des Lebens und seines Ursprungs im Auge.

** Wenn wir z. B. mit den Buchstaben A, B, C und D die vier Nucleotiden bezeichnen, welche die Kette der Desoxyribonucleinsäure (DNS) bilden können, und die aus nebeneinandergesetzten Elementen A oder B oder C oder D kombinierte Kette A . . . B . . . C . . . D . . . Information nennen, so erhalten wir $4^{1}0.00/10^{6}025$ Möglichkeiten.

Die einigen Tausende von Bänden, die bis jetzt über das »königliche Spiel« verfaßt wurden, erforschen noch nicht einmal einen Stecknadelkopf des Schachuniversums*.
Stellen wir zusammenfassend fest, daß bereits nach wenigen Zügen die Möglichkeiten beim Schachspiel ungeheuer werden und sich nur schwer ausdrücken lassen. Das Schachspiel ähnelt in dieser Hinsicht der Astronomie: Man kann am Himmel dieses Spiels einige Sterne, einige Sternbilder, einige Weltennebel, auch einige Kometen unterscheiden. Aber damit ist unsere Kunst am Ende ...
Dabei lasse ich einige geniale Kombinationen außer acht, die man mit den strahlenintensiven Supernovae vergleichen könnte und die gelegentlich in den Hirnen eines Morphy, eines Aljechin, eines Tal reifen: die Gedankenblitze solcher Meister lassen den Beobachter sprachlos und versöhnen ihn mit der »Bestie Mensch«.
Es ist also ausgeschlossen, dem Schachspiel – besonders in seiner Anfangsphase – den Charakter einer Wissenschaft abzusprechen. Im übrigen gibt es andere (nicht von unserem Kriterium erfaßte) Gründe, die dem Schachspiel die Bezeichnung »Wissenschaft« sichern.
Die Erforschung des dem Schachspiel eigenen Determinismus, das Verständnis der Ordnung, die die Herbeiführung und Evolution der Positionen bestimmt, sind rein wissenschaftliche Betätigungen, die von den klassischen Wissenschaften wie der Mathematik, der Physik und der Psychologie ausgehend wie alle anderen Wissenschaften in die

* Was hier vom Schach gesagt wird, gilt von allen Bereichen der Wissenschaft; die Praktik des Schachspiels könnte einige überselbstsichere Geister zur Bescheidenheit anleiten und ihnen nahelegen, ein wenig über den Zweifel nachzudenken, der ihnen völlig fern zu liegen scheint. Die fortschrittlichste Elektronik ist und bleibt für alle Zeiten außerstande, auch nur einen Bruchteil des Schachuniversums zu erforschen. Der Bau von Maschinen, die nach von Menschen erstellten Programmen automatisch zu spielen imstande sind, stößt bereits auf erhebliche Schwierigkeiten und führt zu kläglichen Ergebnissen.

Metaphysik einmünden. Hier berühren wir freilich ein völlig anderes Problem, das im Rahmen unserer kurzen Skizze vom Schachspiel keinen Platz hat.

Zweite Frage:
Ist das Schachspiel eine Kunst?

So unglaublich es scheinen mag, man findet in Frankreich, der Heimat eines Philidor und eines La Bourdonnais, überragende Männer, die dem Schachspiel jeden künstlerischen Wert absprechen. Als Beweis möchte ich nur die völlige Gleichgültigkeit anführen, die Universität und Unterrichtsministerium für das Schachspiel an den Tag legen.
Bei uns wird das Schachspiel für einen antiquierten und ergötzlichen Zeitvertreib gehalten, dem der pittoreske Rahmen des »Café de la Régence« am besten steht. Damit verrät unser Land einen erschrecklichen Mangel an Wissen und Kultur. Sagen wir es ganz offen: die Tatsache, daß wir auf diesem Gebiet von winzigen, aber hochkultivierten Ländern wie Island oder Israel (um nur die beiden zu nennen) um viele Längen überflügelt werden, trägt kaum zum Prestige eines Staates bei, der sich gern seiner geistigen Ausstrahlung in der Welt rühmt.
Wir teilen nämlich (in dieser Hinsicht) mit Griechenland und Albanien die traurige Ehre, zu den rückständigsten Ländern von Europa zu gehören. Obschon wir uns in der Vergangenheit auf bedeutende Meister dieses Fachs berufen können; unter den Nationen der Welt nimmt Frankreich auf dem Gebiet des Schachs den 40. Rang ein!* Aber die Frage bleibt: Ist das Schachspiel eine Kunst?

* Nach dem Kriterium des Schachspiels ist der Franzose dem Durchschnittskolumbianer unterlegen. Er scheint sich vor allem weniger für das Zeitgeschehen zu interessieren, er ist weniger lernbegierig oder er ist sich seiner Bildungslücken weniger bewußt. Zu diesem Thema ließe

Wenn wir mit Hegel annehmen (und wer fühlte sich in so erlauchter Gesellschaft nicht zugleich stolz und unruhig?), daß die Kunst das wahrnehmbare Gesicht der Idee ist, daß sie allein ermöglicht, die Idee durch die Form auszudrücken, so wüßte ich nicht, wie man das Schachspiel aus dem Bereich der Kunst verweisen könnte.

Zunächst einmal ist das Schachspiel wirklich schöpferisch. Unzählige berühmte Partien sind allen Liebhabern bekannt, manche bereits seit vielen Jahrhunderten; darunter finden sich auch die unsterblichen Partien von Andersen, Nimsowitsch, Rubinstein usw.

Die Analyse dieser Meisterwerke gibt über Technik, Stil, Temperament und ganz allgemein über die Persönlichkeit ihrer Schöpfer ebenso tiefen Aufschluß wie etwa die Bilder eines Rubens oder die Kompositionen eines Beethoven.

Unter der glänzenden Fassade von Technik und Virtuosität erscheinen wie chinesische Scherenschnitte die tiefen menschlichen Motivierungen, die Gefühlswelt, die Vorlieben, die Intelligenz, die geheimsten Konzepte des Spielers, mit anderen Worten, sein »Ich«.

Freilich, um all diese Hintergründigkeiten zu erfassen, muß man etwas vom Schachspiel verstehen. Das gilt jedoch von allen Künsten und von allen Wissenszweigen: ein Minimum von Bildung ist unerläßlich, um den Geist zu entfalten.

So kann man die ironische Antwort Picassos an einen seiner Verächter recht gut auf das Schachspiel anwenden: »Mit der Malerei geht es wie mit der chinesischen Sprache: man muß sie erlernen, wenn man ihre Schönheit begreifen will!«

Von der Tatsache abgesehen, daß jede Meisterpartie eine Freske darstellt, die das Rationale spürbar und formell

sich manches sagen! Immerhin darf nicht verschwiegen werden, daß mehrere große französische Denker das Schachspiel kennen, schätzen und sogar praktizieren.

erfaßbar macht, wie dies bei jeder Kunstschöpfung der Fall ist, liefert sie uns ein Miniaturbild des Spielers, das in unzähligen feinen und feinsten Strichen wie ein goldener Faden das Gewebe durchzieht.

Wer für das Schöne empfänglich ist und durch die Kunst hervorgerufene Gemütsbewegung nicht für entbehrlich hält, kann dem Zauber dieses Spieles nicht widerstehen.

Ein für kulturelle Werte auch nur ein wenig aufgeschlossener Mensch kann sich nicht der Faszination entziehen, die der Sieg des Geistes über Materie, Raum und Zeit, die die Magie der plötzlich belebten Figuren und Felder, die die beseelte Ausstrahlung der toten Materie, die das harmonische Nebeneinander von höchster Prägsamkeit und unerschöpflichem Ideenreichtum auf jeden Beobachter ausübt.

Die tiefe Gemütsbewegung, die uns bei der Herbeiführung gewisser atemraubender Kombinationen erfaßt, kann niemanden täuschen: sie ehrt den Geist, die edelste Komponente des Menschen, sie ehrt das Schöne, »die spürbare Kundgebung der Idee«, um noch einmal die Worte Hegels zu gebrauchen.

Gut, mag man einwenden, ich leugne nicht den ästhetischen Wert einer Schachpartie; haben wir es aber hier nicht mit einer entarteten, entgeistigten Kunst zu tun, da ihr ein Wesensbestandteil alles Schöpferischen fehlt, die völlige Unentgeltlichkeit? Denn der Künstler (da wir ja den Schachspieler einen Künstler nennen wollen) wird vor allem vom Wunsch zu siegen getrieben!

Dem ist so, aber warum sollte sich die Kunst auf rein neutralem, passivem Gebiet bewegen und darauf verzichten, dem Menschen bei seiner Selbstverwirklichung zu helfen?

Und wie kann man ihm besser helfen, als daß man den Lehm mit den feinen Fingern der Kunst knetet?

Ich möchte den Skeptikern und Gegnern des Schachspiels raten, sich mit einer anderen Branche des Schachspiels zu befassen, die ich das »künstlerische Schach« nennen möchte. Hier treten wir aus dem Bereich des Kampfes in den der reinen, selbslosen Schöpfung.

Das »künstlerische Schach« entnimmt dem Schachspiel seine Regeln, seine materielle Grundlage, aber der Begriff der Zeit verschwindet. Außerdem stehen die Schöpfungen der Schachkünstler nicht unbedingt in konkretem Zusammenhang mit der Wirklichkeit*; mit anderen Worten: Ein Schachproblem entstammt nicht immer einer gespielten Partie.

Das Schachproblem oder die »Schachstudie« liegt abseits von allem Naturalismus. Das »künstlerische Schach« will nichts anderes sein als freie Schöpfung; es hält sich nur insofern an die Regeln der inneren Ästhetik, als es den Stoff thematisch ordnen will.

Die Grundidee des Schachproblemschöpfers ist niemals das »Rätsel«; er will einen Gedanken darlegen und seinen Reichtum ausschöpfen. Dank seiner Ausdrucksfreiheit, seiner Unabhängigkeit von allen kämpferischen Erwägungen ist das »künstlerische Schach« noch schöner als das Schachspiel selbst**.

Dritte Frage:
Ist das Schachspiel ein Sport?

Ich möchte hier nicht versuchen, aus (übrigens unwiderlegbaren) etymologischen Argumenten die Folgerung zu ziehen, das das Schachspiel ein Sport ist, da der Sport ja vom Begriff her ein Spiel sein muß. Da wir den Sport als eine Leibesübung auffassen, kann das Schachspiel nicht zu den Sportarten gerechnet werden.

* In der Praxis sind sogar beinahe alle Schachprobleme »gestellt«.

** Ich möchte bemerken, daß in diesem Bereich des »l'art pour l'art« die Franzosen mehr Talent zeigen als im »Wettspiel«. Mögen unsere Staatslenker und Erzieher darin mehr sehen als einen bloßen Zufall!

Und trotzdem sind dem Sport und dem Schach mancherlei Kennzeichen gemeinsam.
Wenn es gilt, Willenskraft und Mut zu stärken, Selbstbeherrschung zu üben, den moralischen Sinn zu entwickeln, das nervliche Gleichgewicht wiederherzustellen, stehen sich Sport und Spiel nicht gegenüber, sie erfüllen aber auch nicht denselben Zweck: sie ergänzen sich gegenseitig.
Wenn wir hier vom »künstlerischen Schach« absehen, das eine reine Kunst ist und darum nur die Vorzüge der Kunst besitzt (die Summe aller Vorzüge, würden die Philosophen sagen), hilft das Schach die menschliche Persönlichkeit entfalten und – wie auch beim individuellen Sport – ihre verborgenen Fähigkeiten zu Tage zu fördern.
Man könnte also ruhig sagen, das Schachspiel sei ein »zerebraler« und in den meisten Fällen ein individueller Sport. Das gilt vom gewöhnlichen Amateurschach. Bei den Meistern und Großmeistern liegen die Dinge anders. Die internationalen Großmeister sind Halbprofessionelle und öfter noch Professionelle, deren gesellschaftliche Funktion darin besteht (und das haben sie mit allen Rekordmännern gemein), durch ihr Beispiel ihre Spezialität zu fördern.
Das allgemeine Spielniveau hat sich im Verlauf der letzten Jahrzehnte derart gehoben, daß es unmöglich ist, ohne eine entsprechende Vorbereitung zu internationalem Rang zu gelangen. Die internationalen Meister und Großmeister sind beinahe ausnahmelos übergewöhnlich begabte Spieler, die die Anfangsgründe des Schachs zwischen 5 und 6 Jahren erlernt haben und sich seitdem täglich vier bis sechs Stunden am Schachbrett schulen.
So wird der Großmeister ein wahres Wunder an Vituosität und Sachkenntnis, der über Technizität und Wissenschaft seine Menschlichkeit vergäße, wäre das Schachspiel nicht ein an sich edler und vornehmer Gegenstand. Spieler solchen Niveaus vollbringen verblüffende Leistungen, die eine eiserne – geistige und körperliche – Gesundheit erfordern.

Ein internationales Turnier besteht im Durchschnitt aus 15 bis 20 Runden von je einer Partie. Jede Partie dauert ungefähr 6 Stunden. Man darf ruhig sagen, daß ein Turnier in Nerven und Gedankenenergieverbrauch einem Staatsexamen entspricht. Nicht selten spielen internationale Großmeister vier oder fünf Turniere im Jahr.
Wenn man nun bedenkt, daß jeder Großmeister von einem Team von Trainern (selbst Meister, manchmal Großmeister) und Schachtheoretikern begleitet ist, daß die Vorbereitung eines Treffens sorgfältige Dokumentations- und Trainingsarbeit erheischt, so kann es nicht wundernehmen, wenn nur ganz wenige Spieler auf die Dauer solchen Anforderungen gewachsen sind. Eine gute Gesundheit und gute Nerven sind die unabdingbare Voraussetzung zum Erfolg. Der Schachmeister ist also von früh bis spät auf körperliche Form bedacht, denn ein Turnier ist eine Art Marathonlauf, bei dem intellektuelle Qualitäten nicht allein entscheiden. Die geringste Unpäßlichkeit beeinträchtigt die Frische des Spielers und kann unter unglücklichen Umständen seine Laufbahn gefährden.
Gesundheitliche Schäden sind bei großen Turnierspielern vergleichsweise häufig: vor kurzem mußte einer der glänzendsten Spieler unserer Zeit, Michael Tal, der sich den Weltmeistertitel mit 24 Jahren erwarb, seine Karriere unterbrechen. Tal ist nach wie vor ein unvergleichlicher Spieler, aber sein körperliches Leiden bedeutet für ihn bei Turnieren ein schweres Handikap.
Neben den Turnieren gibt es andere Formen von Schach-Treffen: eines der theatralischsten ist die sogenannte »Simultanpartie«, bei der sich der Meister auf mehreren Brettern mit mehreren Gegnern mißt. In Nord- und Südamerika sowie in Osteuropa sind Simultanpartien sehr beliebt: dort hat man häufig Gelegenheit, Veranstaltungen beizuwohnen, die über die Denkkraft und körperliche Ausdauer der Schachmeister erschöpfend Aufschluß geben.

Simultanpartien gegen 50 Spieler sind keine Seltenheit, aber es sind bereits Simultanpartien gegen 150, 200, ja sogar 400 Spieler veranstaltet worden. Großmeister Stahlberg hat 36 Stunden lang gegen 400 Spieler gekämpft. Das Ergebnis war das folgende:

Gewonnen: 364
Unentschieden: 14
Verloren: 22

Die Partie wurde in Buenos Aires im Jahre 1941 ausgetragen.

Nun gibt es aber noch unglaublichere Leistungen, die »blinden« Simultanpartien. In diesem Fall spielt der Meister »blind«, d. h. ohne die Schachbretter jemals zu sehen, vor denen seine Gegner sitzen.

Der absolute Weltrekord auf diesem Gebiet gehört dem sowjetischen Spieler Koltanowski, der 1960 in San Franzisko »blind« auf 56 (!!) Brettern spielte. Koltanowski gewann 50 Partien und machte 6 remis. Diese Leistung bedarf keines Kommentars!

Die blinde Simultanpartie erfordert vom Meister eine ungewöhnliche Konzentrationskraft und ist in der UDSSR prinzipiell verboten, da die Russen der Meinung sind, die Anstrengung könne dem Blindspieler dauernden Schaden zufügen. Es wäre unangebracht, die Leistung des »Blindspielers« etwa mit der des »Wunderrechners« vergleichen zu wollen. Denn bei der Simultanpartie verhalten sich die Gegner nicht passiv wie die Zahlen. Sie finden von Zeit zu Zeit überraschende Züge, die ein Elektronen»hirn« völlig außer Betrieb setzen würden!

Blindspieler sind ausnahmelos starke Spieler, die das Fehlen des Schachbrettes und der Figuren nicht sonderlich zu behindern scheint. Aber diese »Schachphänomene« im eigentlichen Sinne des Worts gehören nur selten zu den Spitzenspielern ihrer Zeit.

Niemand wird bezweifeln, daß eine Simultanpartie gegen

200 Gegner vom Meister einen erheblichen Denkaufwand erfordert; aber man vergißt häufig, daß dieser im großen Saal im Lauf der Partie unzählige Kilometer zurücklegt und auch körperlich völlig auf dem Posten sein muß. Für den Simultanspieler ist die körperliche Gesundheit ebenso unentbehrlich wie die geistige.
Der amerikanische Großmeister Fine, von Beruf Psychoanalytiker, stellte sehr richtig fest, daß es beim Simultanspieler darauf ankäme, »gute Beine und einen raschen Blick« zu haben. Das Schachspiel ist kein Sport, aber das Schachspiel ist ohne Sport nicht denkbar.

Vierte Frage:
Ist das Schachspiel ein Zeitvertreib?

In diesem Punkt sind Meinungsverschiedenheiten unbekannt: Man kann das Schachspiel ignorieren (wie es in Frankreich nur allzu häufig geschieht), wer aber nur die geringste Vorstellung vom Schach hat, kann sich seiner geradezu magischen Anziehungskraft nicht entziehen. Sie wirkt sich bereits auf den Anfänger aus.
Ich möchte hinzufügen, daß der unwiderstehliche Reiz dieses Spiels den Charakter einer Besessenheit annehmen kann und aus diesem Grunde eine gewisse Gefahr bedeutet, die es nicht zu unterschätzen gilt: Das Schach ist ein ideales Mittel, die Intelligenz der Jugend zu formen, es stellt für Menschen jeden Alters eine unvergleichliche geistige Nahrung dar. Man muß sie jedoch mit Maß verabreichen, denn es ist schon vorgekommen, daß ein Student alle anderen Betätigungen über dem Schachspiel aufgab oder daß Erwachsende ihre Berufspflichten darüber vernachlässigten. Fälle der *Schachbesessenheit* sind beobachtet worden, sie gehören in den Bereich der Pathologie.
Im Mittelalter bereits wurde das übergroße Interesse, das

die Geistlichkeit und die Beamten für das Schachspiel bekundeten, für bedenklich gehalten: Die Kirche (Konzil von Paris von 1212) und mehrere französische Könige, vor allem der heilige Ludwig, schritten gegen das Schachspiel ein, aber der Erfolg ihrer Verbote war nicht sonderlich nachhaltig.

Die Maßnahmen hinderten das »königliche Spiel« in keiner Weise, sich in ganz Europa zu verbreiten: bereits im 16. Jahrhundert wurde es in allen intellektuellen Kreisen gepflegt.

Seitdem hat das Schachspiel an Volkstümlichkeit stets gewonnen, wenn man von einigen wenigen Ländern absieht, insbesondere Frankreich, das jedoch Spieler vom Rang eines Legal, eines Philidor, eines La Bourdonnais hervorgebracht hat. Zwei Gründe machen aus dem Schachspiel eines der interessantesten und fesselndsten Spiele:

Der erste ist zweifellos der ungeheure Reichtum des Schachuniversums, dessen sich der Spieler schon bei den ersten Zügen bewußt wird, die ihn bezaubern und bestechen. Er fühlt sich von der Schachwelt aufgesogen, er tritt im wörtlichen Sinn aus der täglichen Wirklichkeit heraus und begibt sich ins Reich der Phantasie, wo ihn ebensoviel Gefahren wie Auswege erwarten.

Hierbei ist bemerkenswert, daß sich das Gefühl der »Evasion« dem Anfänger mehr aufdrängt als dem Experten. Letzterer verfügt über ein Arsenal von Regeln und Informationen, während sich der Neuling gänzlich auf seine Intuition, auf seine Logik und oft auf seine Naivität verlassen muß.

Der zweite Grund ist in der Tatsache zu suchen, daß das Schachspiel noch nicht zu den »desakralisierten« Gegebenheiten gehört, daß sein unwiderstehlicher, beinahe mystischer Zauber von seiner Transzendenz herrührt.

Die Unüberschaubarkeit des Schachuniversums verleiht diesem Spiel eine geheimnisvolle Aura, läßt etwas von seiner inneren Gewalt durchscheinen, die den menschlichen Geist zugleich fasziniert und erdrückt: das Ergebnis ist eine schmerzliche und beglückende Ahnung des Unerkennbaren, des Unerreichbaren.

Der »Gott des Schachs« wiederum flößt Furcht und Hochachtung ein; er ist wohlwollend und bescheiden und will nichts anderes als Bewunderung und Enthusiasmus wecken.

Man darf nur bedauern, daß das französische Fernsehen, welches sich so gerne für die »Loterie Nationale« oder die staatliche Sparkasse verwendet und sich mit rührender Obsorge der Verbesserung der Pferderasse und gelegentlich des sonntäglichen Wettens für Pferderennen annimmt, es bis dato noch niemals für nötig erachtet hat, auch nur eine einzige Sendung dem Training von Schachspielern oder der Vorbereitung zu einem großen Schachturnier zu widmen.

Es ist nicht weniger merkwürdig, daß unser Minister für Volkserziehung, der nach dem Vorbild seiner Romanhelden sein eigenes Leben jahrelang »aufs Spiel« gesetzt hat, der in der Kunst das »Anti-Schicksal« sieht und sie in den Dienst der Tat stellen will, eine wichtige Waffe im Kampf gegen die Absurdität des Daseins vernachlässigt: das Spiel.

»Der Mensch ist, was er tut«, hat Malraux gesagt.